국제인증
자격증

MOS
엑셀 2013
Expert 1, 2

MOS Microsoft Excel 2013 Expert 1, 2

| 김종철 지음 |

www.cyber.co.kr

■ 도서 A/S 안내

성안당에서 발행하는 모든 도서는 저자와 출판사, 그리고 독자가 함께 만들어 나갑니다.

좋은 책을 펴내기 위해 많은 노력을 기울이고 있습니다. 혹시라도 내용상의 오류나 오탈자 등이 발견되면 "좋은 책은 나라의 보배"로서 우리 모두가 함께 만들어 간다는 마음으로 연락주시기 바랍니다. 수정 보완하여 더 나은 책이 되도록 최선을 다하겠습니다.

성안당은 늘 독자 여러분들의 소중한 의견을 기다리고 있습니다. 좋은 의견을 보내주시는 분께는 성안당 쇼핑몰의 포인트(3,000포인트)를 적립해 드립니다.

잘못 만들어진 책이나 부록 등이 파손된 경우에는 교환해 드립니다.

저자 문의 e-mail : kjc006@nate.com(김종철)

본서 기획자 e-mail : coh@cyber.co.kr(최옥현)

홈페이지 : http://www.cyber.co.kr   전화 : 031) 950-6300

머리말

MOS(Microsoft Office Specialist)는 컴퓨터 활용 능력을 신뢰성 있게 평가하는 국제 IT자격증입니다. 현재 170여 개국, 9,500여 개 시험센터에서 시행되는 국제 자격증은 세계 어디서나 인정받을 수 있습니다. 국내에서는 기업 및 대학에서 신입사원 선발, 인사고과, 학점인증, 졸업인증 등 다양한 분야에서 활용되고 있습니다.

필자는 MOS 2013이 도입되면서 가장 많이 받는 질문과 시험을 대비하면서 어려웠던 점을 체계적으로 정리하여 고득점으로 합격할 수 있도록 준비하였습니다. 필자를 믿고 하나하나 따라하다 보면 반드시 합격의 기쁨을 만끽하실 수 있을 것입니다.

■ 초보자도 쉽게 따라하고 이해하기 쉬운 문제 위주의 해설

불필요한 설명을 쏙 뺀 전 과정을 문제 풀이 위주로 집필하였습니다. 문제들은 MOS Test에서 자주 출제되는 문제로 실제 응시장에서 당황하지 않도록 작성되었습니다. MOS에서 공식으로 제시한 평가 항목을 문제 형식으로 바꾼 것으로 어느 문제 하나 버릴 것 없는 귀중한 문제만을 담았습니다.

■ 자격증 취득만이 아닌 MS Office의 고급 기능 습득!

필자는 자격증 취득만을 위해서 집필하지 않았습니다. 자격증 취득은 물론 MS Office의 숨어있는, 하지만 업무에서는 알아두면 너무 좋은 기능들을 '멘토의 한 수' 등을 이용해 설명하였습니다. 파워포인트의 고급 기능 습득, 고득점으로 자격증 획득은 필자가 교육 시 가장 우선으로 하는 교육목표입니다. 두 마리 토끼를 모두 잡으세요.

■ 한 번에 합격할 수 있는 노하우 제시

MOS는 응시료가 고가입니다. 또한 아깝게 1점 차이로 불합격이 되면 그 아쉬움은 표현하기조차 큽니다. 재시험을 보아도 되지만 시간낭비, 응시료낭비... 더구나 어떤 항목이 틀린 것인지를 명확히 몰라 다시 본다고 합격을 보장하지도 못합니다. 이제 아쉽게 떨어지는 일은 결코 일어나지 않기를 바랍니다.

■ 해설과 정답이 포함된 최신 경향의 기출유형 모의고사 4Set 풀이 수록

MOS는 100% 실기시험입니다. Test의 가장 큰 특징 중 하나는 문제의 말뜻이 이해하기 어렵다는 것입니다. 즉, 이런 방법으로? 저런 방법으로? 어떻게 풀어야 하는 건지... 이제 이런 고민은 다 버리시기 바랍니다. 최신 유행의 문제를 4Set 수록하여, 친절한 해설과 정답으로 고득점을 받을 수 있습니다.

■ 온라인 강좌로 완벽하게 준비를

도서와 동일한 순서대로 완벽한 온라인 강의를 준비하였습니다. 교재 내용은 물론 시험 볼 때 주의사항과 보충 설명 등을 충분히 담았습니다. 교재 내용만으로 이해하기 어려운 부분이 있다면 사이버 강좌(http://bm.cyber.co.kr)로 완벽하게 준비해 보세요.

MOS 도서가 출간되도록 지체없이 허락하고 공부하기 편하도록 편집해 주신 ㈜성안당 관계자들께 깊은 감사의 마음을 전합니다.

끝으로 이 책으로 공부하시는 모든 분들에게 고득점으로 합격의 행운이 있으시기를 기원합니다.

2017년 3월 김종철

MOS 자격증 시험안내

1. MOS(Microsoft Office Specialist)

❶ Microsoft 사 제품인 Microsoft Office 소프트웨어의 활용 능력을 측정합니다.

MOS(Microsoft Office Specialist)는 Microsoft Office에 들어 있는 Word, Excel, Powerpoint, Access, Outlook) 등의 활용 능력을 정확하고 신뢰성 있게 측정합니다.

❷ Microsoft 사가 인증하는 국제 IT자격증입니다.

MOS는 Microsoft 사가 인증하는 만큼 그 공신력과 정확성을 인정받을 수 있으며, 현재 미국, 프랑스, 영국, 독일, 홍콩 등 170여 개국 9,500여 개 시험 센터에서 그 나라 언어로 시행되는 국제 IT자격증입니다. 한국에서는 한국어로 시행됩니다.

❸ 100% 컴퓨터상에서 진행됩니다.

MOS는 시작부터 종료까지 100% 컴퓨터상에서 진행되는 CBT(Computer Based Test)로, 평가 방식이 정확함은 물론 시험 종료 시 즉시 시험 결과를 확인할 수 있습니다.

❹ 100% 실기시험입니다.

MOS는 컴퓨터의 실제 활용 능력을 측정하는 것이 그 목적입니다. 따라서 이론 문제나 객관식 유형이 없이 모든 문제는 실제 프로그램상에서 직접 조작하여 답을 얻는 100% 실기시험입니다.

2. MOS 자격증 합격기준

합격 점수는 1,000점 만점에 700점 이상입니다. 시험 응시 시간은 50분입니다.

3. MOS 성적표

MOS 성적표에는 취득 점수와 합격 여부는 물론 기능별로 0~100%의 성취도를 확인할 수 있어, 취약 부분을 분석할 수 있습니다(합격 후 2~3주 후 우편으로 배송).

4. MOS 2013 주요 시험환경

MOS 2013은 이전 버전과는 다른 시험 환경을 제공합니다. 가장 중요한 버튼은 〈프로젝트 파일 초기화〉입니다. 이 버튼을 누르면 작업하고 있는 내용이 모두 사라지면서 초기 상태로 되돌리기 때문에 주의해야 합니다. 따라서 작업 초기 부득이한 경우가 아니면 누르지 않는 것이 좋습니다. 또한 최종 결과 파일을 가지고 평가하기 때문에 응시 도중 수시로 저장하는 것이 좋습니다.

5.MOS 2013 마스터 취득 방법

구분	필수 취득	선택 취득(택1)
Master A안(Excel 주)	• Excel 2013 Expert Part1 • Excel 2013 Expert Part2 • Word 2013 Core	• PowerPoint 2013 Core • Access 2013 Core • Outlook 2013 Core • OneNote 2013 Core
Master B안(Word 주)	• Word 2013 Expert Part1 • Word 2013 Expert Part2 • Excel 2013 Core	• PowerPoint 2013 Core • Access 2013 Core • Outlook 2013 Core • OneNote 2013 Core
Master C안	• Word 2013 Expert Part1 • Word 2013 Expert Part2 • Excel 2013 Expert Part1 • Excel 2013 Expert Part2	

6. MOS 평가항목(Excel Expert 2013)

항목	내용
통합 문서 관리 및 공유	여러 통합 문서 관리, 통합 문서 검토 준비, 통합 문서 변경 내용 관리, 기존 템플릿 수정, 여러 통합 문서 병합, 통합 문서 버전 관리, 템플릿에서 템플릿으로 스타일 복사
사용자 지정 서식 및 레이아웃 적용	사용자 지정 데이터 서식 적용, 고급 조건부 서식 및 필터링 적용, 사용자 지정 스타일 및 서식 파일 적용, 접근성을 위한 통합 문서 준비, 사용자 정의 형식 생성, 사용자 정의 회계 형식
고급 수식 만들기	수식에 함수 적용, 함수를 사용하여 데이터 찾기, 고급 날짜, SUMIFS, AVERAGEIFS, COUNTIFS 함수 기능 활용, AND/OR 기능 활용, 중첩 기능 사용, 시계 창 활용, 데이터 통합, 반복 계산 사용, 재무 함수 사용
고급 차트와 테이블 작성	새로운 피벗 차트 만들기, 피벗 차트에 스타일 적용

MOS ㅣ Q&A ㅣ

Q 시험 결과는 언제 확인 할 수 있나요?

A. 시험 종료 후 화면에서 바로 결과를 확인할 수 있습니다.

Q 불합격하는 가장 큰 원인은 무엇인가요?

A. 여러 가지 원인이 있을 수 있지만 시간이 부족해서 떨어지는 경우가 아주 많습니다. 50분 중 35분 이내에 끝내는 경우에는 그렇지 못한 경우보다 합격률이 상당히 높습니다.

Q 예제 문제는 응시생이 직업 불러와야 하나요?

A. 아닙니다. 작업을 시작하면 예제는 자동으로 불러옵니다. 따라서 특별히 불러오는 문제를 제외하고 모든 예제는 자동으로 보여집니다.

Q 채점은 누가 하나요?

A. MOS는 채점을 컴퓨터가 자동으로 합니다. 따라서 결과도 시험 종료 후 바로 알 수 있습니다.

Q 시험 문제는 프린트물을 배포하나요?

A. 아닙니다. 문제는 컴퓨터 화면 아래에 나타납니다. 따라서 화면을 보면서 작업을 해야 합니다.

Q 국제자격증은 일정한 기간이 지나면 자격증을 갱신해야 하는데, MOS도 그런가요?

A. MOS는 자격증을 갱신할 필요가 없습니다.

Q MASTER를 취득해야 자격증이 나오나요?

A. MOS는 한 과목만 합격해도 자격증이 배부됩니다. MASTER 과목(4개)을 취득하면 별도로 MASTER 자격증이 배부되지만 각 과목별로도 자격증 취득이 가능합니다.

Q 시험 난이도는 버전별로 많이 다른가요?

A. 현재 시행중인 MOS는 각 버전별로 다루는 분야가 조금씩 다릅니다. 따라서 어떤 버전이 특별히 쉽거나 어렵지는 않습니다. 다만, 각 버전에서 특별히 다루는 분야가 있기 때문에 취득하려는 버전을 정한 후 해당 버전에 맞게 공부하는 것이 좋습니다.

자료 다운로드

1. 본 도서의 자료 파일을 다운로드하기 위해서는 우선 성안당 사이트(http://www.cyber. co.kr)에 로그인 한 후 [자료실]을 클릭합니다.

2. [자료실 바로가기]를 클릭합니다.

- [정오표] : 도서의 틀린 내용을 다운로드 받을 수 있습니다.
- [부록CD] : 도서에 수록된 CD/DVD가 파손될 경우를 대비해서 같은 자료를 다운로드 받을 수 있습니다.
- [자료실] : 도서와 관련된 학습자료를 다운로드 받을 수 있습니다.

3. 검색란에서 "MOS"을 입력하고 [검색] 버튼을 누른 후 다운로드 받을 도서명을 클릭합니다.

4. [자료 다운로드 바로가기] 버튼을 클릭하여 자료를 다운로드 합니다. 로그인을 하지 않으면 해당 버튼이 보이지 않습니다.

5. 다운로드 받은 압축파일을 해제한 후 실행파일을 더블클릭하면 C드라이브에 자동 설치됩니다.

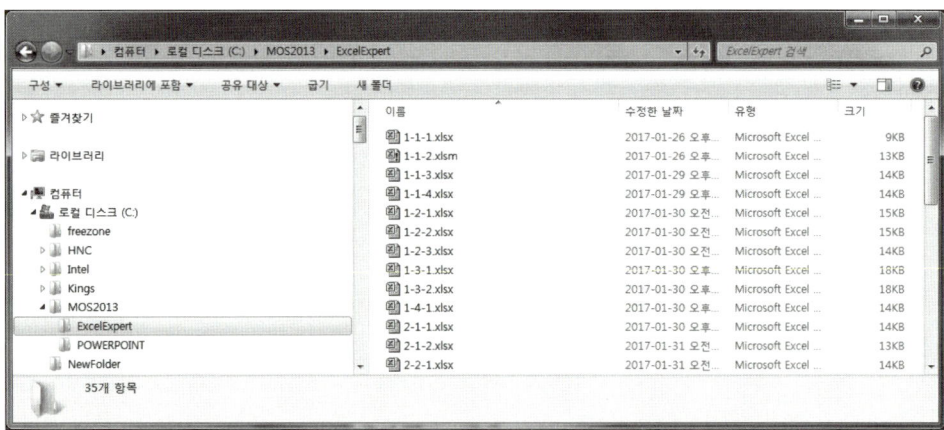

목 | 차

PART

1

통합 문서 관리 및 공유

○ **학습목표**

통합 문서를 관리하는 방법, 통합 문서 검토 및 변경 내용을 관리하는 방법에 대해 알아봅니다.

Chapter 01. 여러 통합 문서 관리

Chapter 02. 통합 문서 검토 준비

Chapter 03. 통합 문서 변경 내용 관리

Chapter 01 여러 통합 문서 관리

1-1 온라인 서식 파일을 이용한 통합 문서 만들기

'서식 파일'을 이용하면 자동으로 쉽게 통합 문서를 만들 수 있습니다. 각 주제별로 원하는 항목을 선택하면 빠르고 간단하게 문서를 만들기 때문에 빠르게 만들 경우 적합한 방법입니다. 특히, 엑셀은 온라인으로 서식 파일을 다운로드 받은 후 사용할 수 있습니다.

❖ '일간 수업 계획서' 서식 파일을 이용하여 통합 문서를 만든 후 '일간 수업 계획서' 이름의 서식 파일로 저장하시오.

❶ [파일] 탭을 클릭한 후 [새로 만들기]를 클릭합니다.

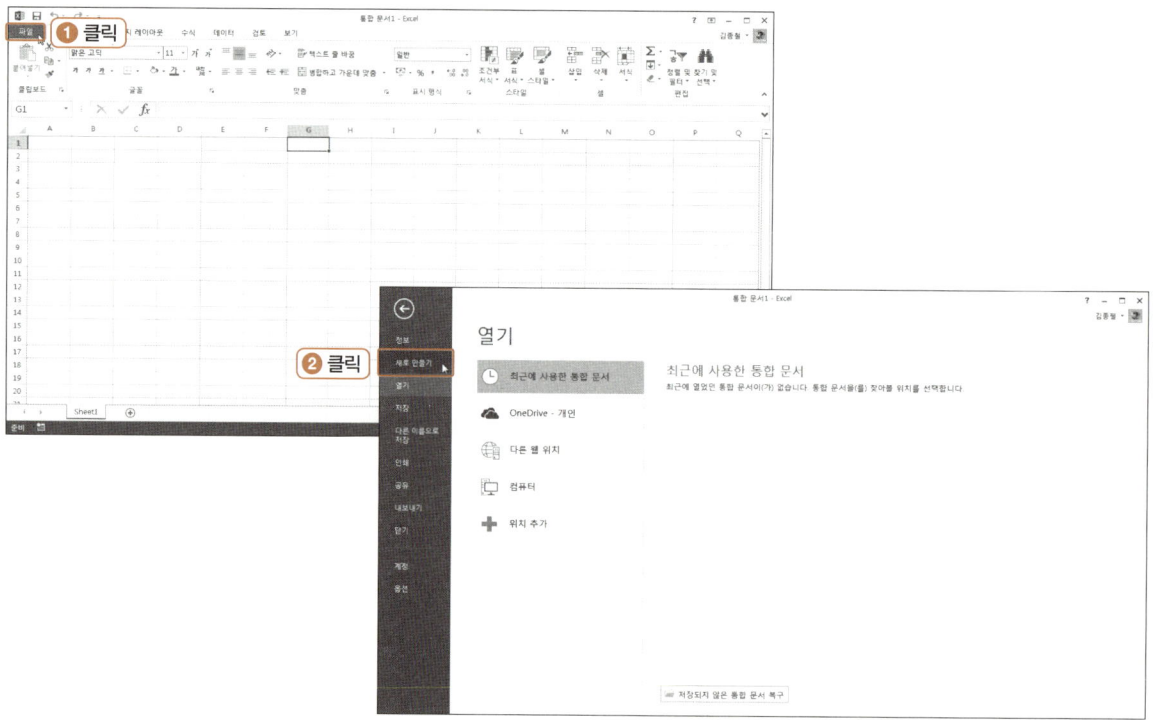

❷ '일간 수업 계획서'를 클릭합
  니다.

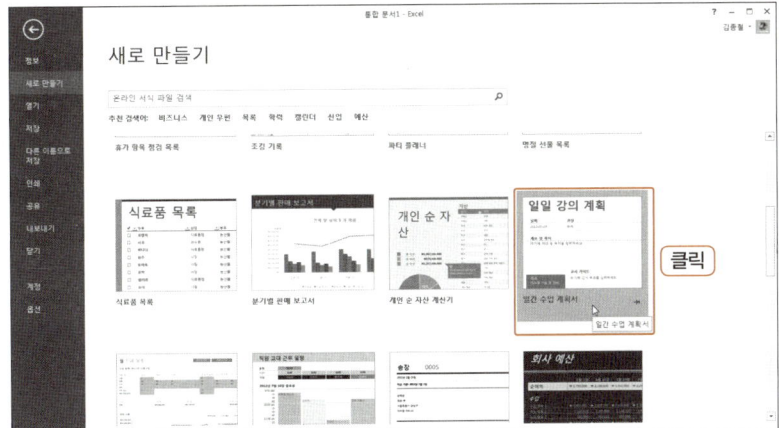

❸ 〈만들기〉를 클릭합니다.

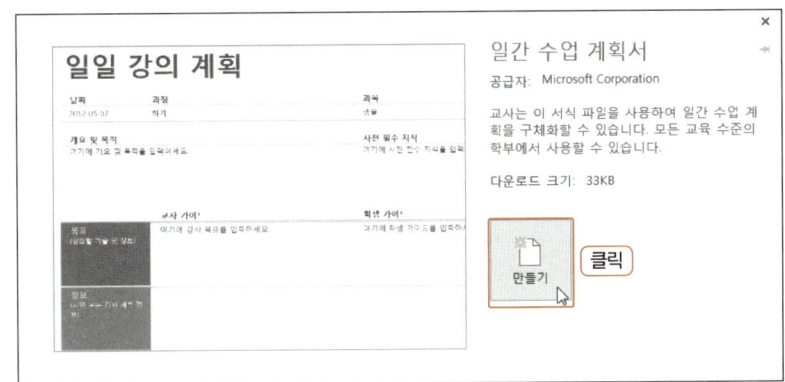

❹ '일간 수업 계획서' 통합 문서
  가 만들어 집니다.

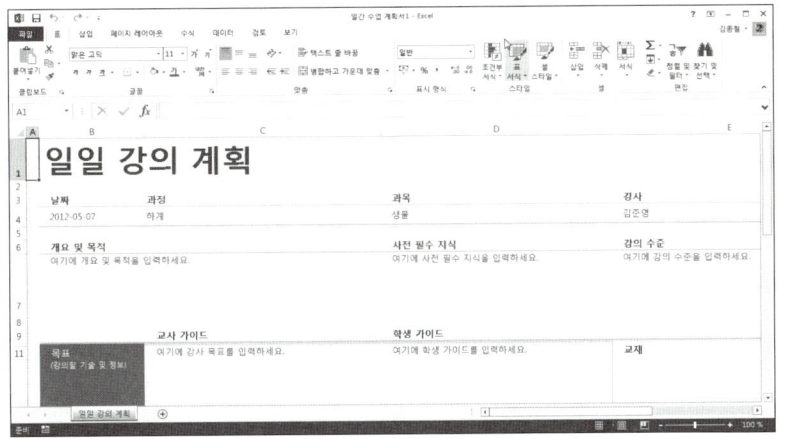

❺ 빠른 실행 도구 모음의 [저장]
명령 단추를 클릭합니다.

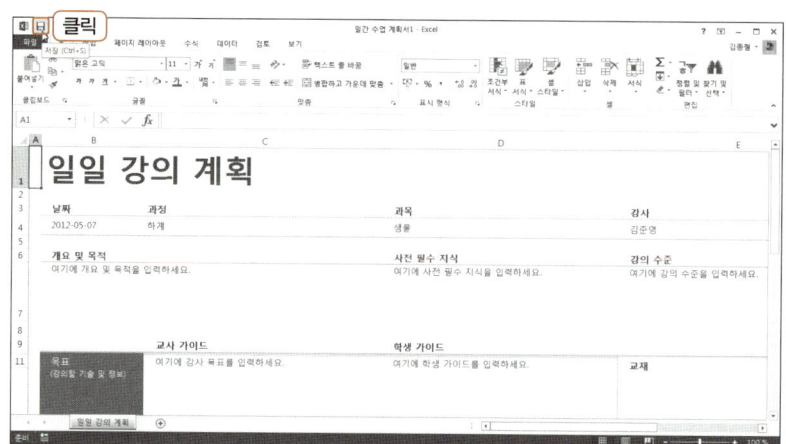

멘토의 한 수

• 다른 이름으로 저장할 때 단축키
  F12 를 눌러도 됩니다.

• [파일] 탭을 클릭한 후 [저장]이나
  [다른 이름으로 저장]을 클릭해도 됩
  니다.

❻ [컴퓨터]–[찾아보기]를 클릭합
니다.

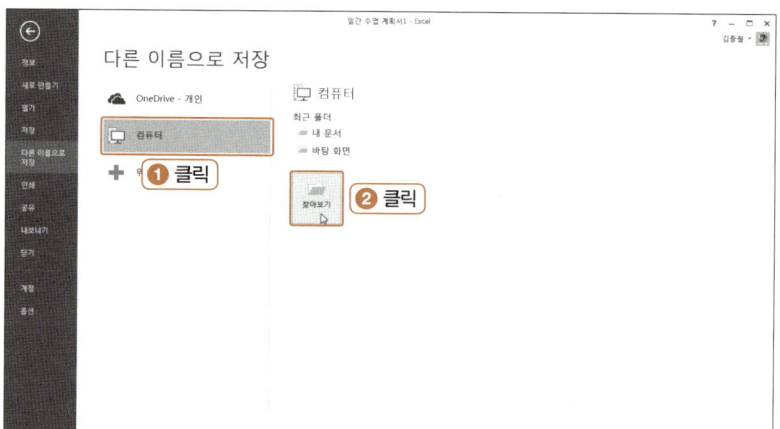

❼ '파일 이름 : 일간 수업 계획서'
를 입력합니다.

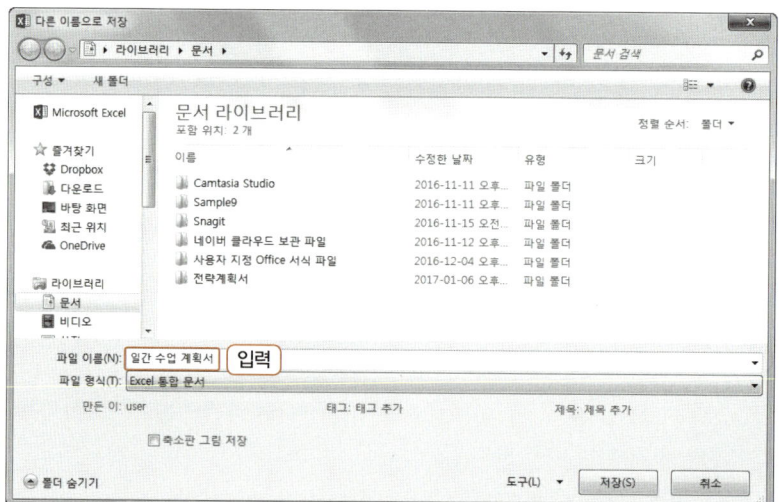

❽ '파일 형식'의 목록 단추를 클릭한 후 'Excel 서식 파일'을 선택합니다.

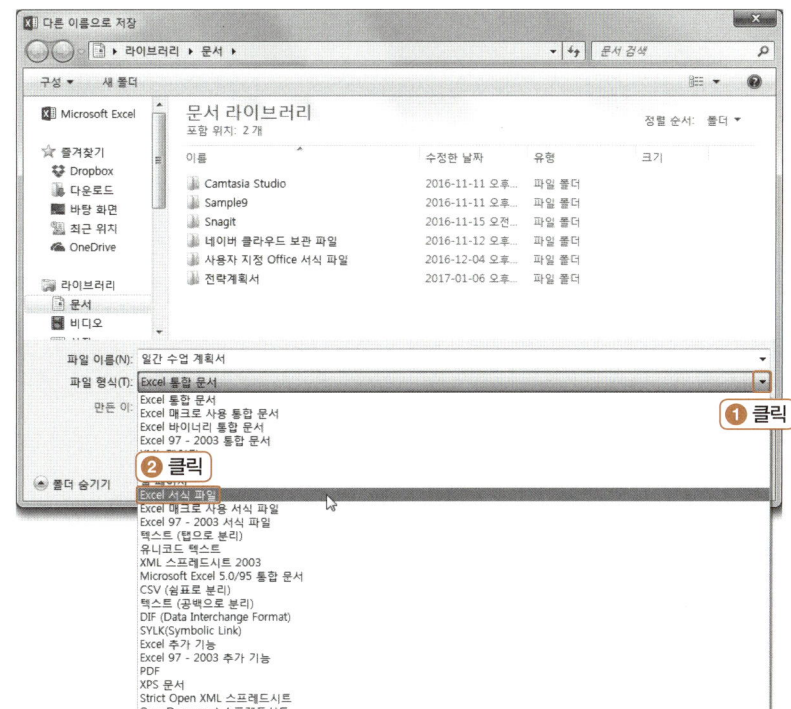

❾ 〈저장〉을 클릭합니다.

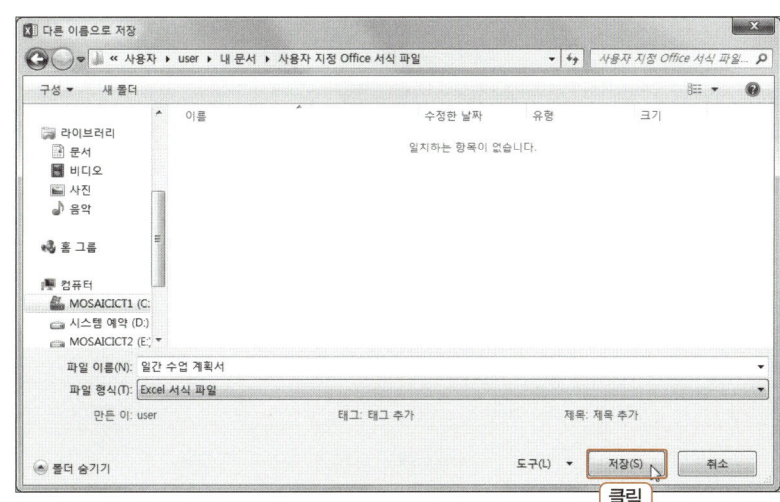

1-2 버전 관리

엑셀은 자동 복구 기능이 있어 비정상적으로 엑셀이 종료되었을 경우에 기존에 작업했던 문서를 되살릴 수 있습니다. 일반적으로 10분으로 설정되어 있지만 시간을 조정할 수 있습니다. 자동 복구가 설정된 경우 통합 문서 버전이 저장되어 원하는 버전으로 복구할 수 있습니다.

❖ 통합 문서를 첫 번째 버전으로 복구하시오.

❶ [파일] 탭을 클릭합니다.

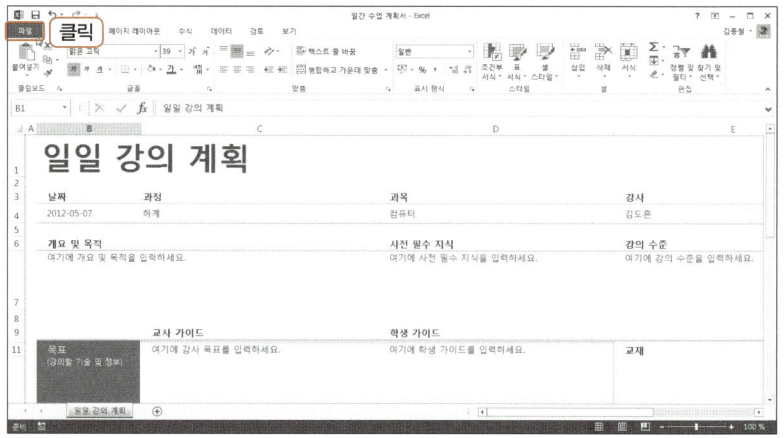

❷ [정보]-[버전]에서 첫 번째 버전을 클릭합니다.

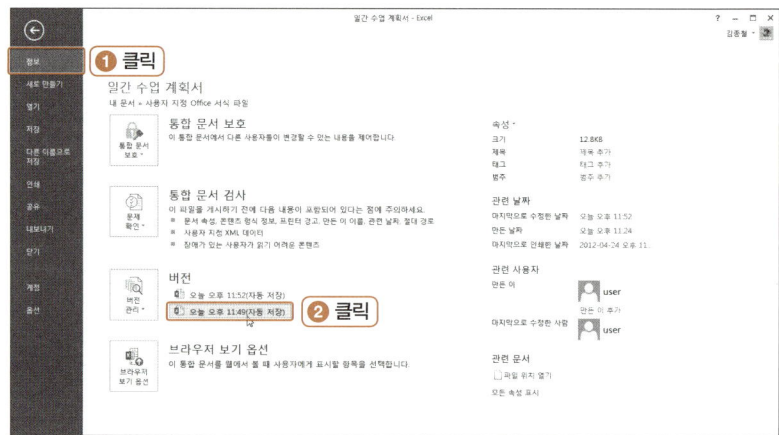

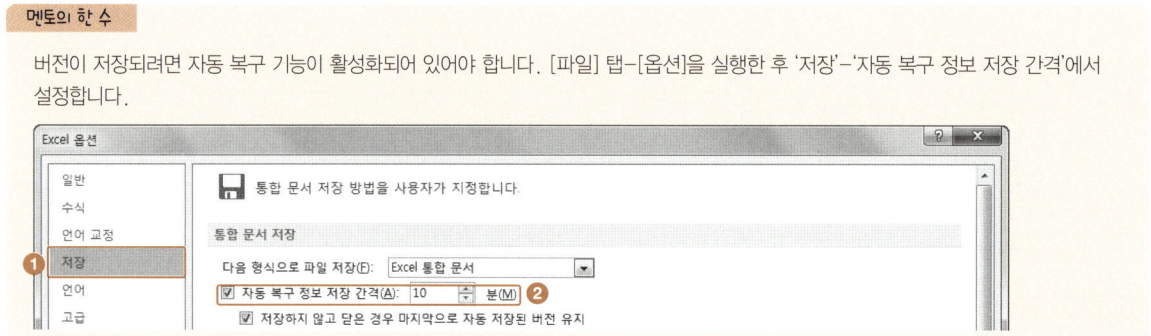

❸ 첫 번째 버전의 통합 문서를 볼 수 있습니다.

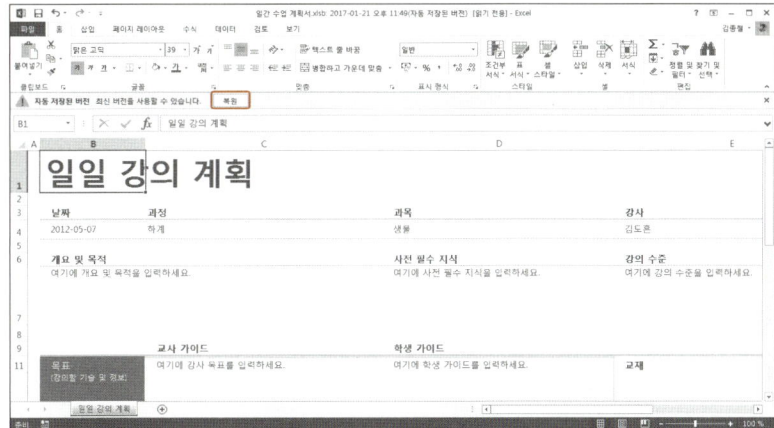

멘토의 한 수

최신 버전의 파일을 불러올 경우에는 〈복원〉을 클릭합니다.

1-3 스타일 복사

표를 작성하면 기본적으로 서식(스타일)이 설정되는데, 스타일 갤러리를 이용하면 간단하게 서식을 변경할 수 있습니다. 또한 표 스타일 옵션을 이용하면 표 영역을 부분적으로 강조할 수 있고 간단하게 모양을 변경할 수 있어 편리합니다. 시간은 없고 빠르게 표를 완성할 때 많이 사용합니다.

❖ 'C:₩MOS2013₩ExcelExpert₩1-1-1.xlsx' 파일의 '모자이크' 스타일을 복사하시오(같은 이름의 스타일이 있을 경우 병합할 것).

❶ [홈] 탭-[스타일] 그룹-[셀 스타일] 명령 단추를 클릭한 후 '스타일 병합'을 선택합니다.

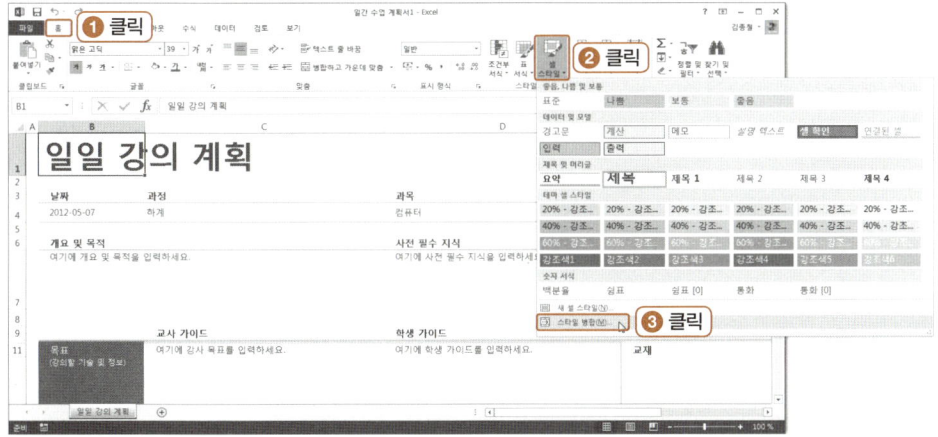

멘토의 한 수

다른 통합 문서로 화면을 변경할 때는 [보기] 탭-[창] 그룹-[창 전환] 명령 단추를 클릭하면 됩니다.

❷ '1−1−1.xlsx' 파일을 선택한 후 〈확인〉을 클릭합니다.

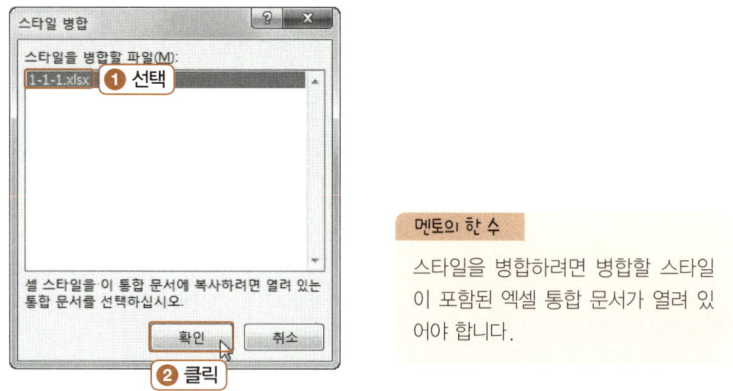

멘토의 한 수

스타일을 병합하려면 병합할 스타일
이 포함된 엑셀 통합 문서가 열려 있
어야 합니다.

❸ '같은 이름의 스타일을 병합' 하는지 묻는 화면이 나타나면 〈예〉를 클릭합니다.

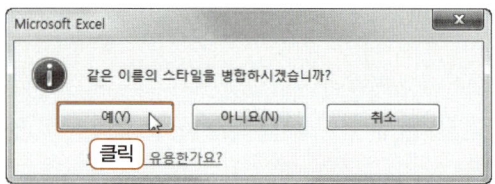

❹ '1−1−1.xlsx' 파일에 있는 '모자이크' 스타일이 복사된 것을 볼 수 있습니다.

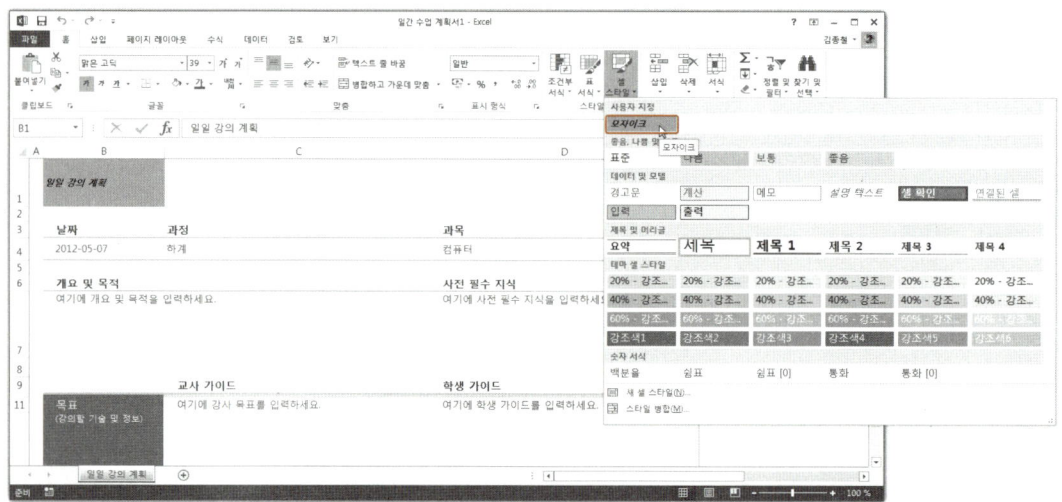

❖ '모자이크' 스타일의 배경색을 '노랑'으로 설정하시오.

❶ [홈] 탭−[스타일] 그룹−[셀 스타일] 명령 단추를 클릭합니다. 그런 다음 '모자이크' 스타일 위에서 마우스 오른쪽 단추를 클릭한 후 '수정'을 선택합니다.

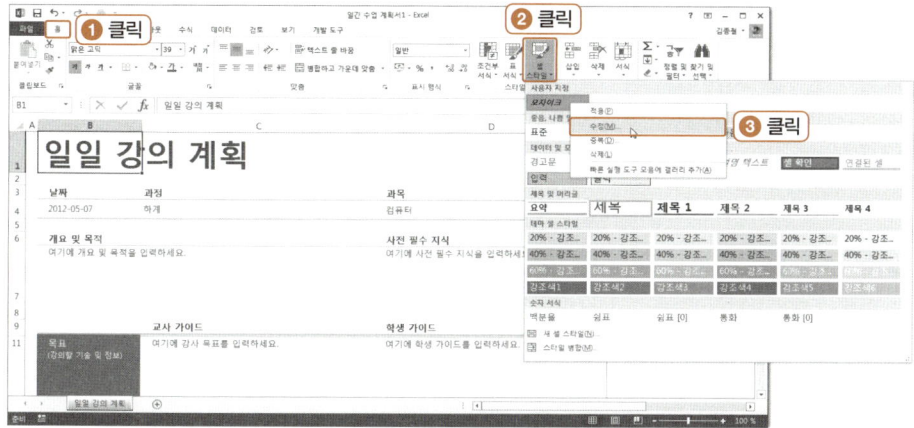

❷ 〈서식〉을 클릭합니다.

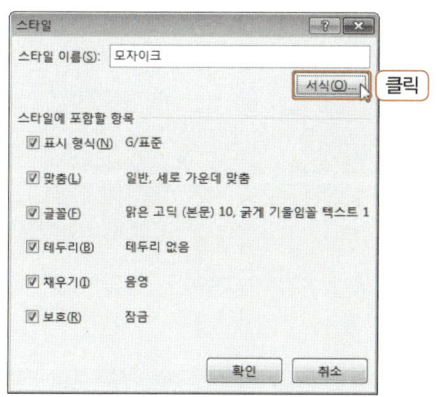

❸ [채우기] 탭에서 '배경색 : 노랑'으로 설정한 후 〈확인〉을 클릭합니다.

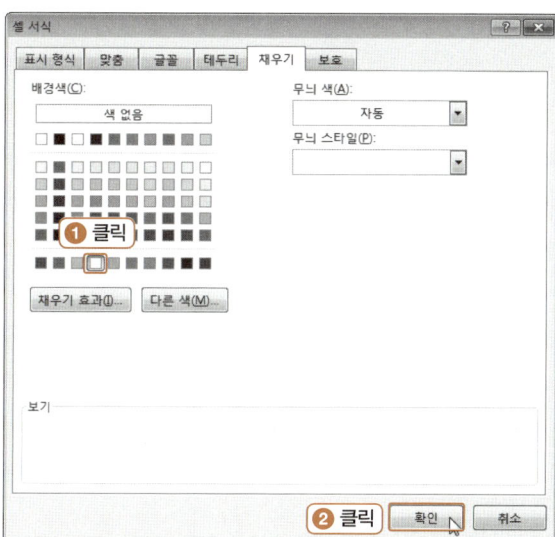

❹ 〈확인〉을 클릭합니다.

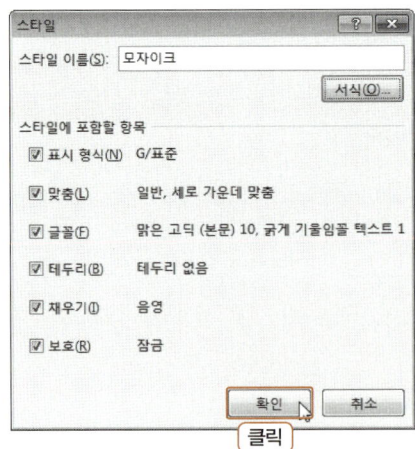

❺ '모자이크' 스타일의 배경색이 '노랑'으로 설정된 것을 볼 수 있습니다.

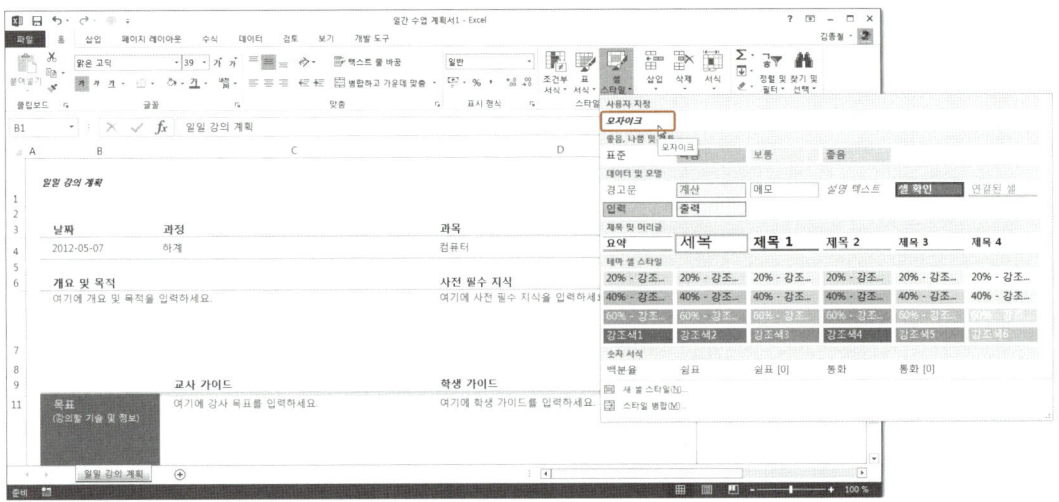

1-4 매크로 복사

매크로는 반복되는 일련의 작업을 수행하는 Microsoft Visual Basic for Applications(VBA)로 모듈에 저장됩니다. 모듈을 편집할 때는 Visual Basic 편집기를 이용합니다. 이러한 매크로는 한 번 만들어두면 다른 통합 문서에도 복사해서 재활용할 수 있습니다.

❖ 'C:₩MOS2013₩ExcelExpert₩1-1-2.xlsm' 파일의 매크로를 현재 통합 문서로 복사하시오.

❶ [개발 도구] 탭-[코드] 그
룹-[Visual Basic] 명령 단추
를 클릭합니다.

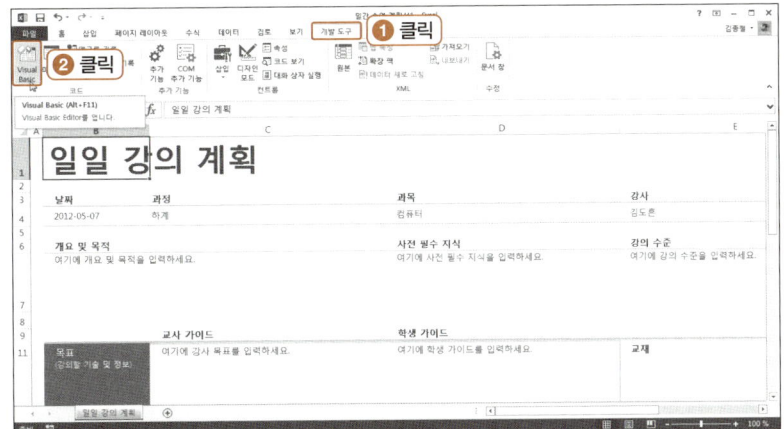

멘토의 한 수

• Visual Basic 편집기를 나타낼 때는 단축키 Alt + F11 을 눌러도 됩니다.
• 매크로를 사용하려면 [파일] 탭-[옵션]을 클릭한 후 '리본 사용자 지정'-'개발 도구'가 체크 표시되어야 합니다.

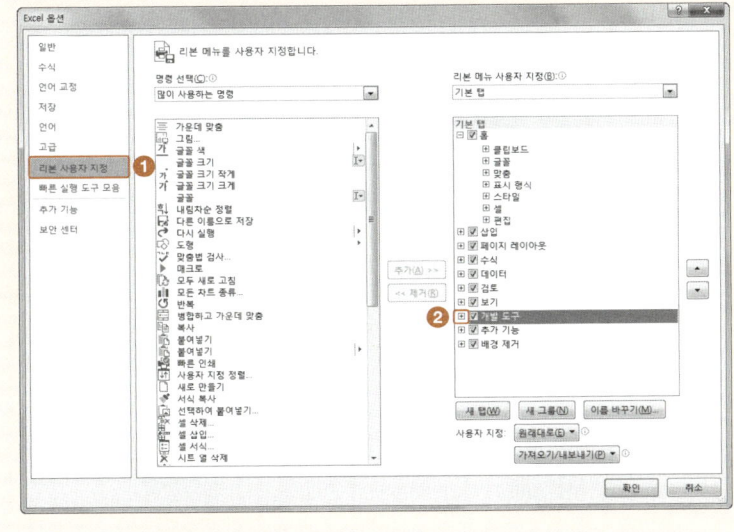

❷ [Microsoft Visual Basic for
Applications] 창의 왼쪽에
있는 [프로젝트 탐색기] 창에
서 모듈을 복사할 위치에 끌어
다 놓습니다.

❸ 모듈이 복사됩니다.

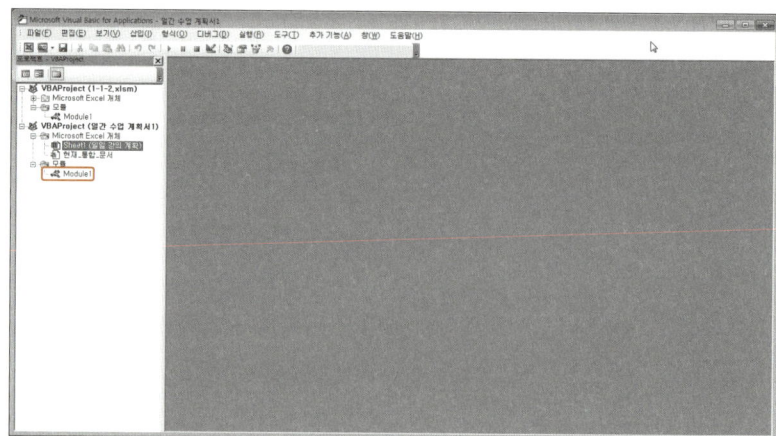

❹ [파일]-[닫고 Microsoft
Excel(으)로 돌아가기]를 선택
합니다.

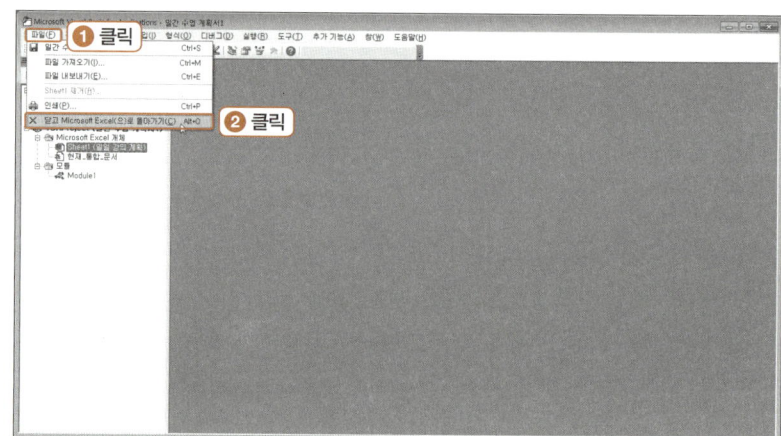

1-5 외부 데이터 연결

엑셀은 Access, 웹 페이지, 텍스트, XML 파일 등을 가져올 수 있습니다. 특히 텍스트 파일을 가져오는 방법이
많이 활용되는데, 필드 사이에 구분 기호가 있거나 일정한 너비로 구분되어 있는 파일이면 워크시트로 가져와서
각 필드를 구분하여 입력할 수 있습니다.

❖ '1-1-2.xlsm' 파일에 외부 데이터인 'C:₩MOS2013₩ExcelExpert₩사원관리.txt' 텍스트 파일을 워크시
트에 가져오시오([D1] 셀부터 시작하도록 할 것).

❶ [데이터] 탭-[외부 데이터 가
  져오기] 그룹-[텍스트] 명령
  단추를 클릭합니다.

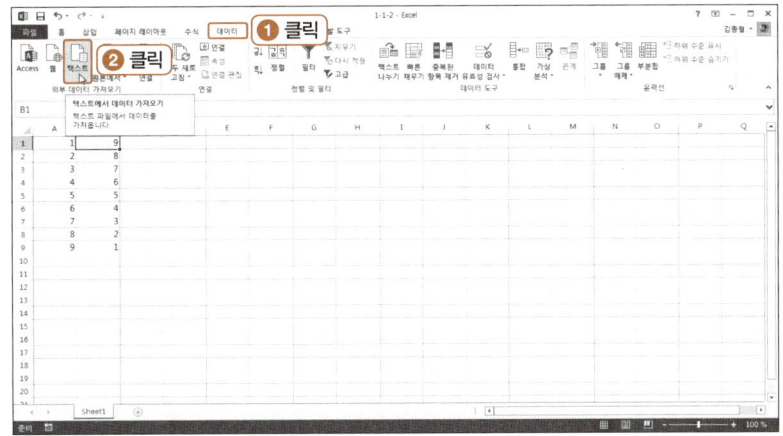

❷ 텍스트 파일(C:₩MOS2013
  ₩ExcelExpert₩사원관
  리.txt)을 선택한 후 〈가져오
  기〉를 클릭합니다.

❸ '너비가 일정함'을 선택한 후
  〈다음〉을 클릭합니다.

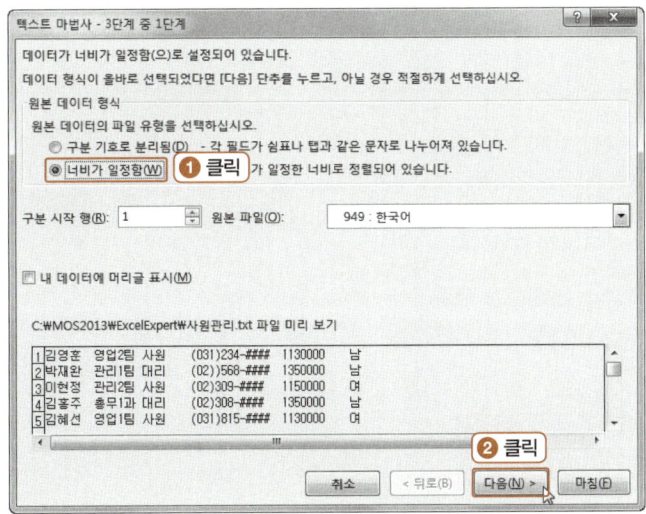

❹ 〈다음〉을 클릭합니다.

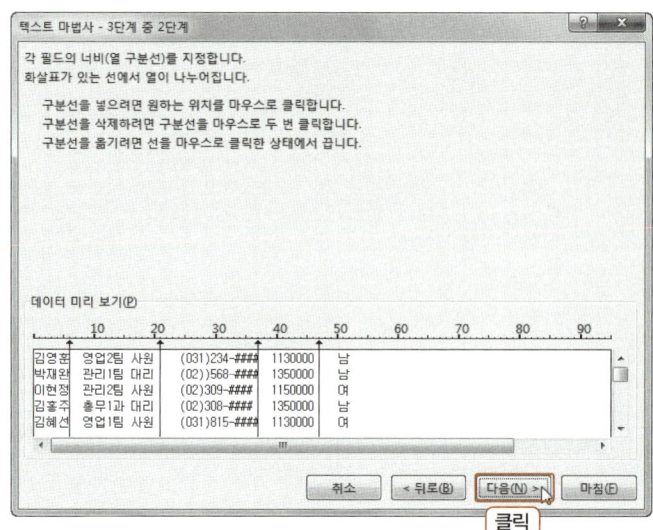

❺ 〈마침〉을 클릭합니다.

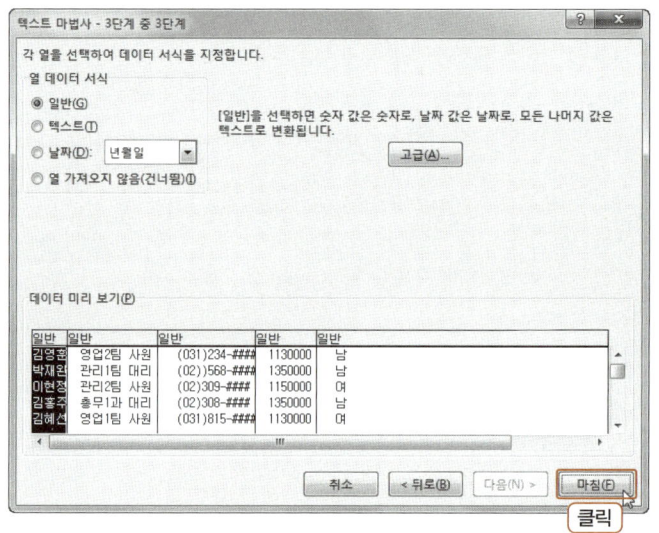

❻ [D1] 셀을 지정한 후 〈확인〉을 클릭합니다.

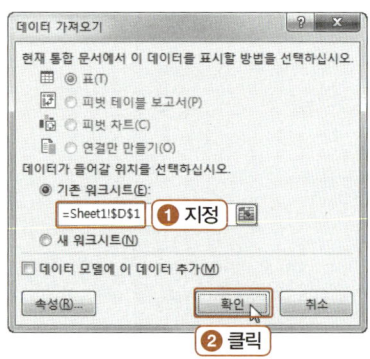

멘토의 한 수

데이터를 가져올 위치(D1)를 선택한 후 명령을 실행하면 자동으로 [D1] 셀이 설정됩니다.

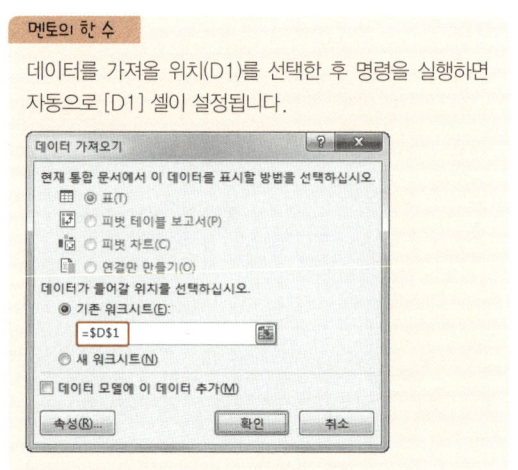

❼ 텍스트 파일을 가져온 것을 볼 수 있습니다.

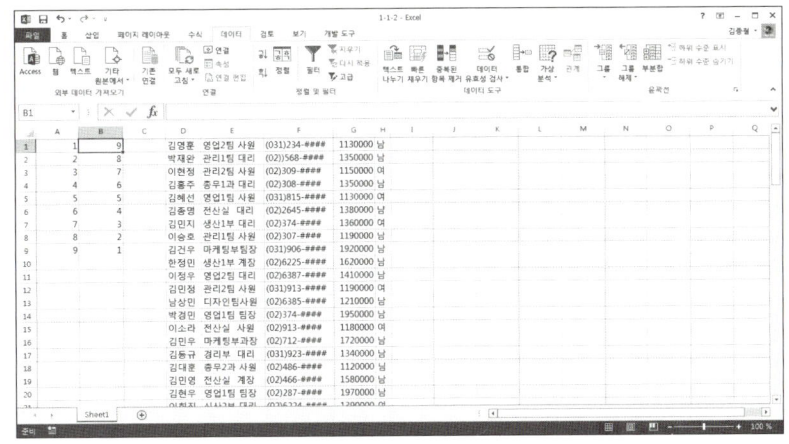

⊙ 예제 파일 : 1-1-3.xlsx

❖ 'C:\MOS2013\ExcelExpert\1-1-4.xlsx' 파일의 점수 데이터를 연결한 후 '알림 표시 없이 자동 연결 업데이트 안 함' 확인 메시지가 나타나도록 설정하시오.

❶ 'B4' 셀에 '='을 입력합니다.

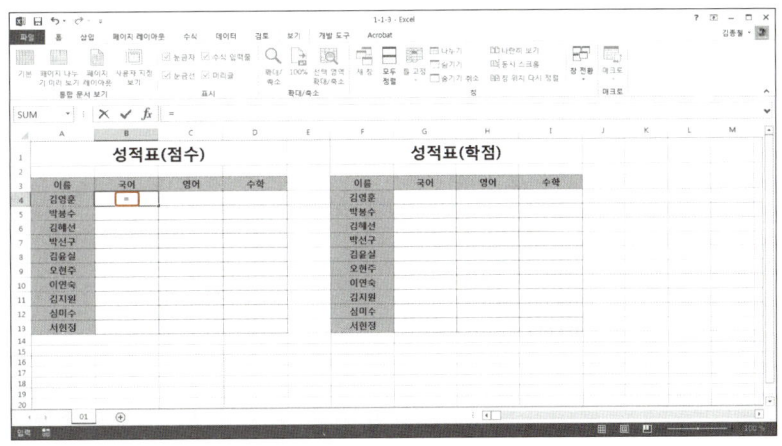

❷ [보기] 탭-[창] 그룹-[창 전 환] 명령 단추를 클릭합니다.

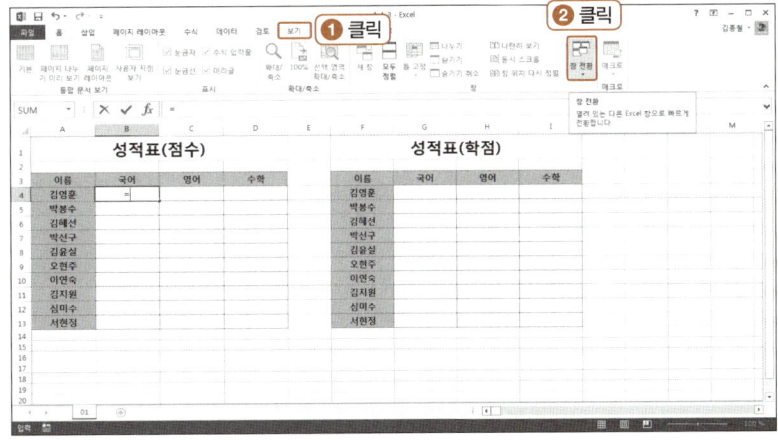

❸ '1-1-4' 파일을 선택합니다.

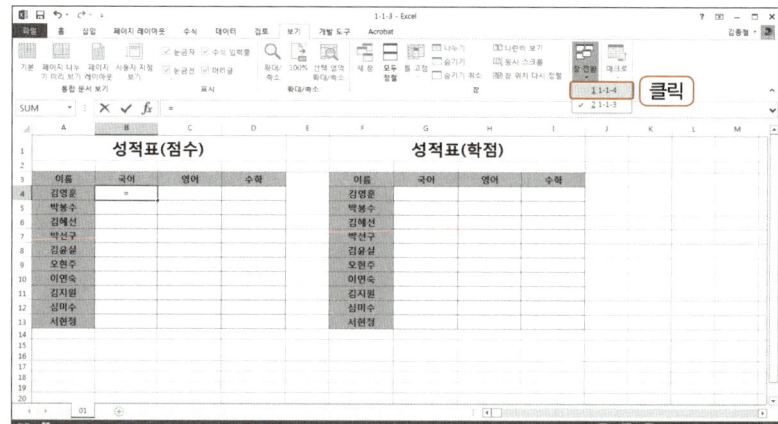

❹ 'B4' 셀을 선택합니다.

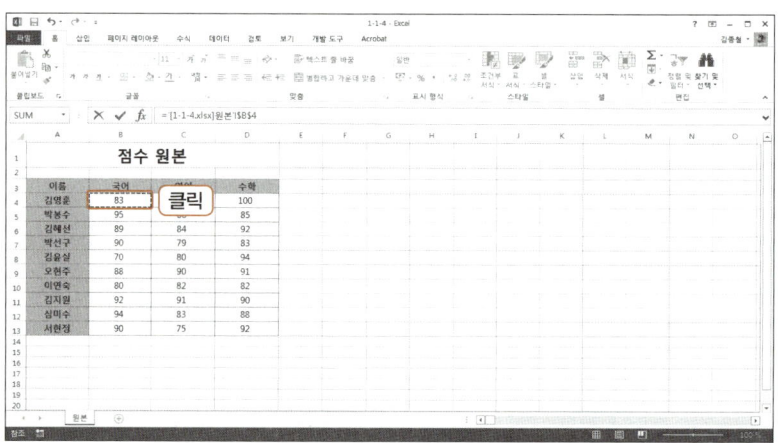

❺ 상대 주소($B$4→B4)로 변경
하기 위해 F4 를 세 번 누른 후
Enter 를 누릅니다.

❻ 수식을 드래그해서 나머지 셀
도 채웁니다.

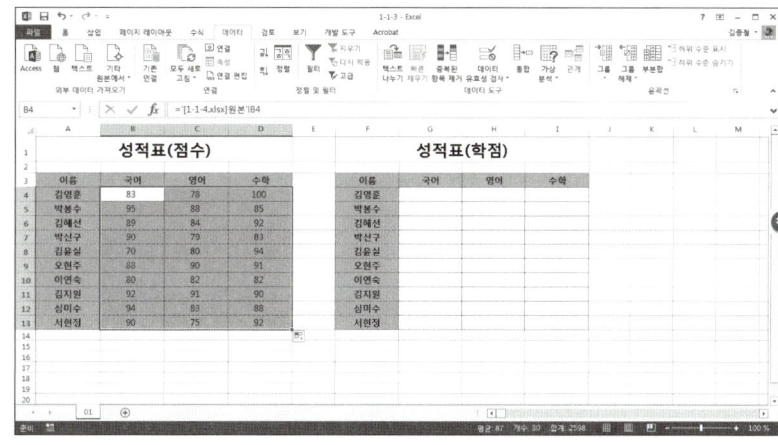

❼ [데이터] 탭-[연결] 그룹-[연
결 편집] 명령 단추를 클릭합
니다.

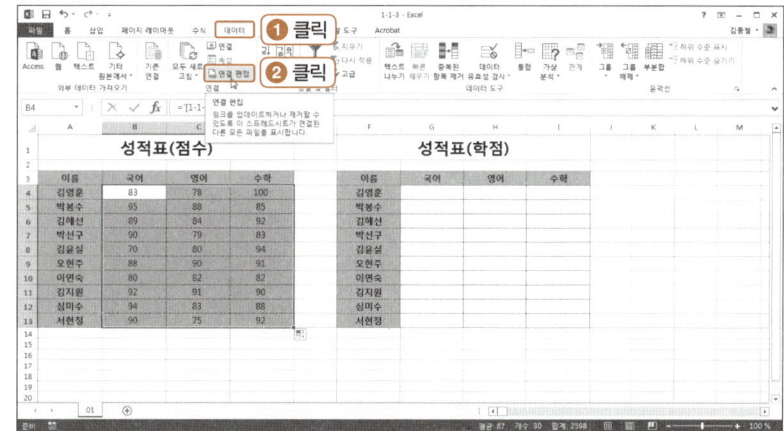

❽ 〈시작할 때 확인 메시지 표시〉
를 클릭합니다.

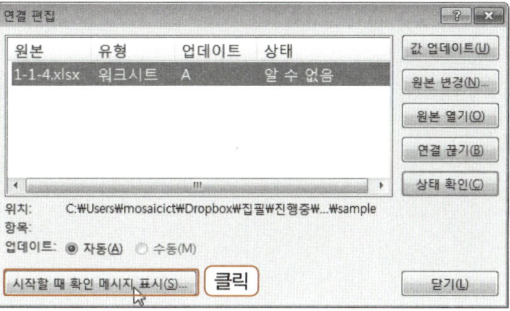

❾ '알림 표시 없이 자동 연결 업데이트 안 함'을 체크 표시한 후 〈확인〉을 클릭합니다.

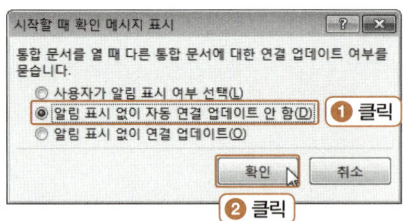

❿ 〈닫기〉를 클릭합니다.

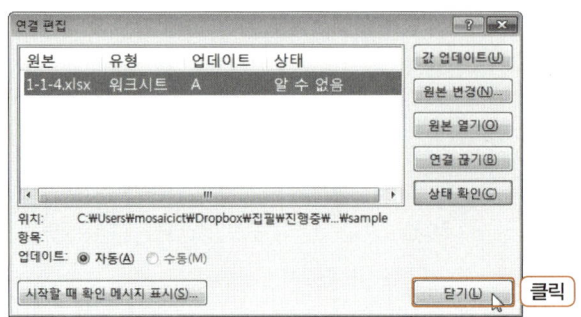

Chapter 02 통합 문서 검토 준비

2-1 변경 내용 추적

변경 내용 추적은 내가 만든 통합 문서를 다른 사용자에게 주었을 때 언제, 누가, 어떻게 편집했는지를 기록할 경우에 사용하는 기능입니다. 회사에서 문서를 회람할 때 사용하면 편리한 기능입니다.

⊙ 예제 파일 : 1-2-1.xlsx

❖ **통합 문서를 공유하시오.**

❶ [검토] 탭-[변경 내용] 그룹-[통합 문서 공유] 명령 단추를 클릭합니다.

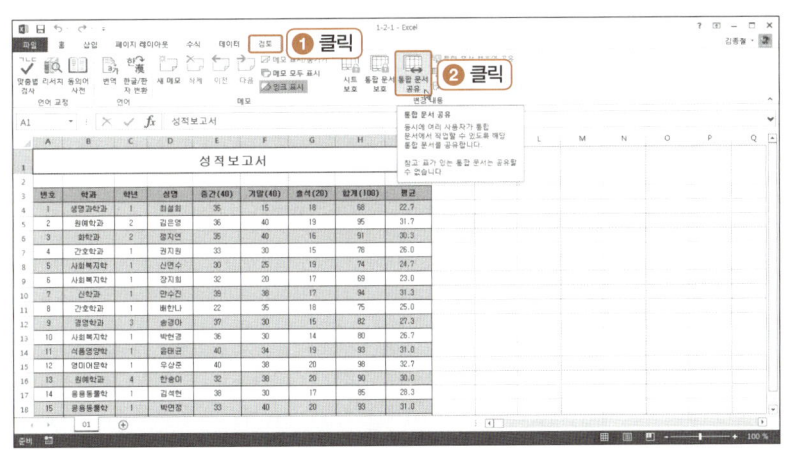

❷ [편집] 탭에서 '여러 사용자가 동시에 변경할 수 있으며, 통합 문서 병합도 가능'에 체크 표시를 한 후 〈확인〉을 클릭합니다.

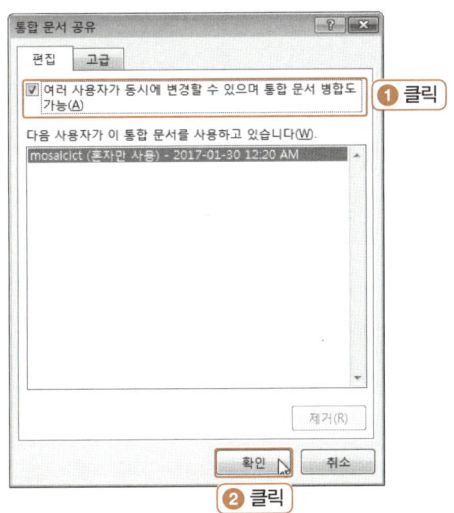

❸ 통합 문서가 저장된다는 메시지가 나타나면 〈확인〉을 클릭합니다.

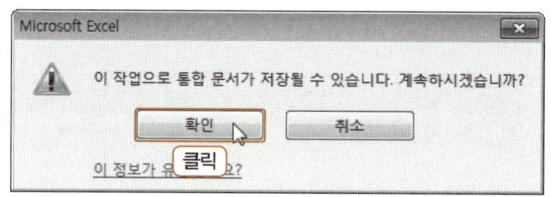

❹ 화면 상단에 '공유'가 표시됩니다.

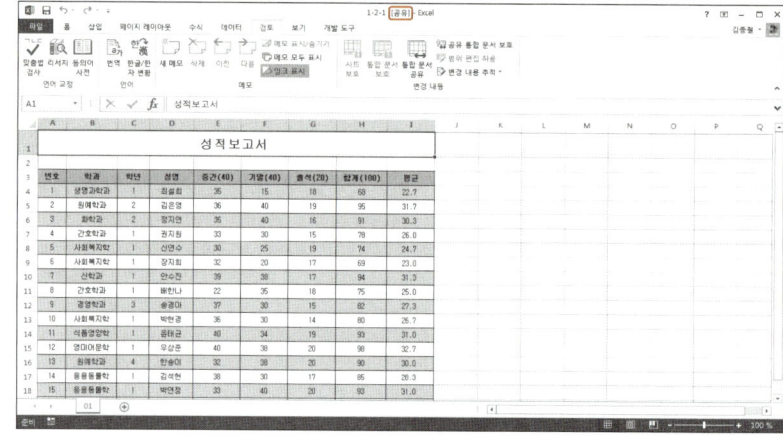

2-2 통합 문서 보호

통합 문서에 워크시트의 추가, 삭제나 창의 위치를 변경할 수 없도록 구조와 창을 보호할 수 있습니다. 이러한 보호 기능을 추가하면 통합 문서 전체에 기능이 설정되며, 특정 기능을 수행하는 메뉴가 비활성화 되어 사용할 수 없게 됩니다. 워크시트의 이동, 삭제, 숨김, 이름 변경 등을 수행할 수 없도록 통합 문서의 구조를 보호해 보겠습니다.

⊙ 예제 파일 : 1-2-2.xlsx

❖ **통합 문서의 구조를 보호하시오(암호는 설정하지 말 것).**

❶ [검토] 탭-[변경 내용] 그룹-[통합 문서 보호] 명령 단추를 클릭합니다.

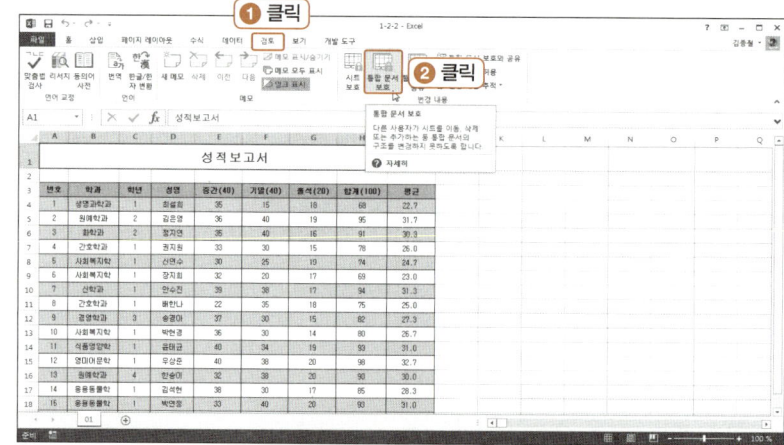

> **멘토의 한 수**
>
> [파일] 탭-[정보]-[통합 문서 보호]-'통합 문서 구조 보호'를 클릭해도 됩니다.

❷ '구조'에 체크 표시를 한 후 〈확
   인〉을 클릭합니다.

❸ 워크시트 삭제, 이름 바꾸기
   등을 실행할 수 없게 됩니다.

✛ [E4:G19] 영역을 제외한 다른 셀은 편집할 수 없도록 통합 문서를 보호하시오(암호는 사용하지 말 것).

❶ [E4:G19] 영역을 선택한 후
   [홈] 탭-[셀] 그룹-[서식]-
   [셀 잠금] 명령 단추를 클릭합
   니다.

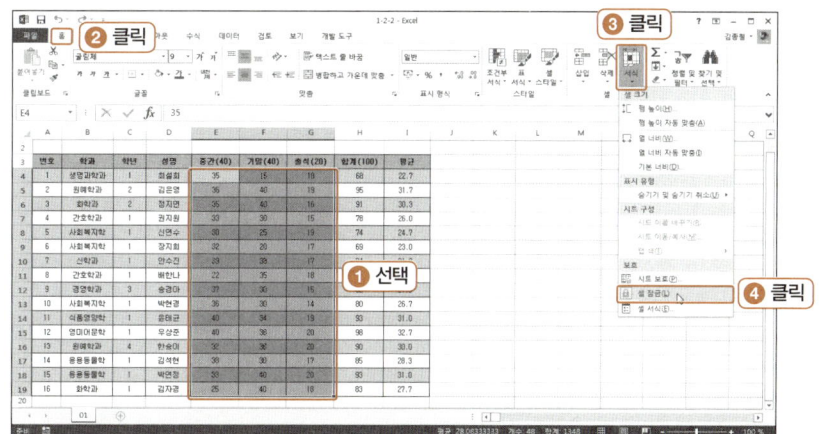

❷ [홈] 탭-[셀] 그룹-[서식]-[시트 보호] 명령 단추를 클릭합니다.

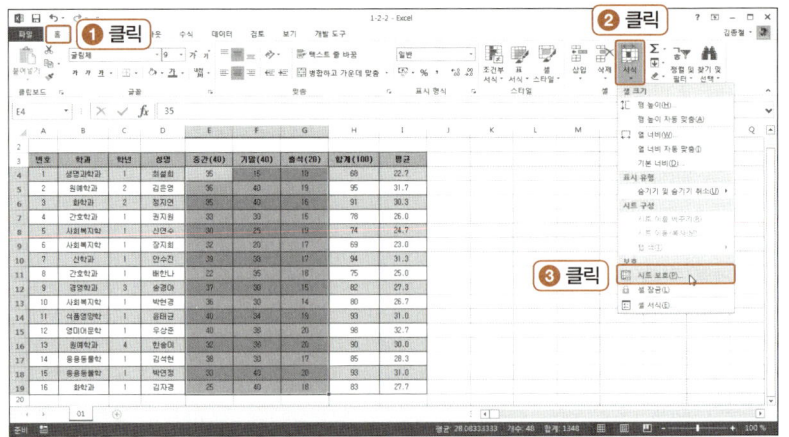

❸ '잠긴 셀 선택'의 체크 표시를 해제한 후 〈확인〉을 클릭합니다.

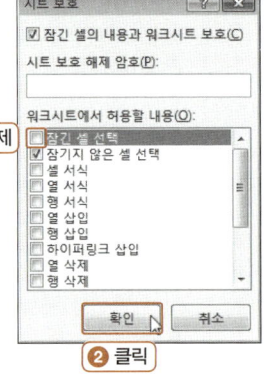

❹ [E4:G19] 영역은 편집할 수 있지만 다른 셀들은 수정할 수 없게 됩니다.

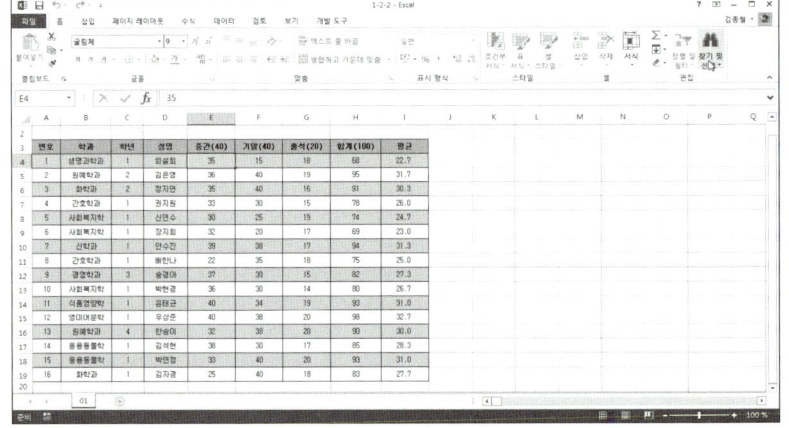

멘토의 한 수

셀이나 워크시트에 입력된 수식이나 내용 등을 다른 사용자가 보기만 하고 수정은 하지 못하게 하기 위해서는 '보호' 기능을 이용합니다.

2-3 메타 데이터 제거

통합 문서 검사는 문서에 숨겨있는 정보나 문서 속성, 슬라이드 외부 내용 등을 찾을 수 있는 기능입니다. 물론 찾은 후 불필요한 정보는 삭제할 수도 있습니다. 통합 문서에는 만든 이, 처음 만든 날짜, 마지막에 수정한 날짜, 수정한 사람 등을 저장할 수 있습니다. 속성을 보면 통합 문서의 간단한 정보를 알 수 있기 때문에 필요에 따라 설정하면 편리합니다.

⊙ 예제 파일 : 1-2-3.xlsx

❖ **통합 문서를 검사한 후 '문서 속성 및 개인 정보'를 모두 삭제하시오.**

❶ [파일] 탭-[정보]-[문제 확인]-[문서 검사]를 클릭합니다.

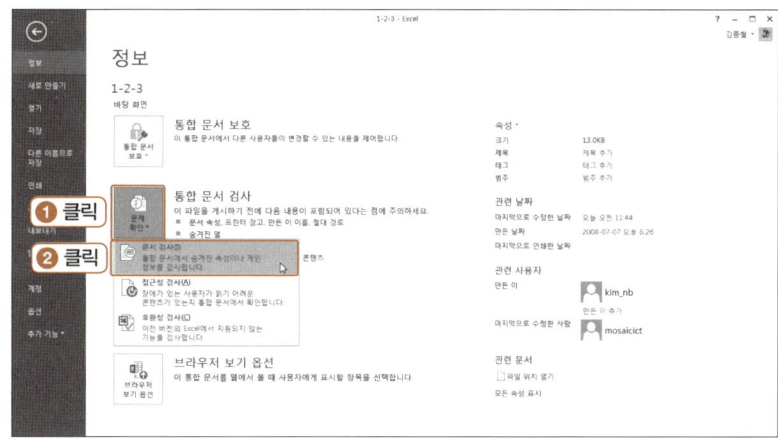

❷ 〈검사〉를 클릭합니다.

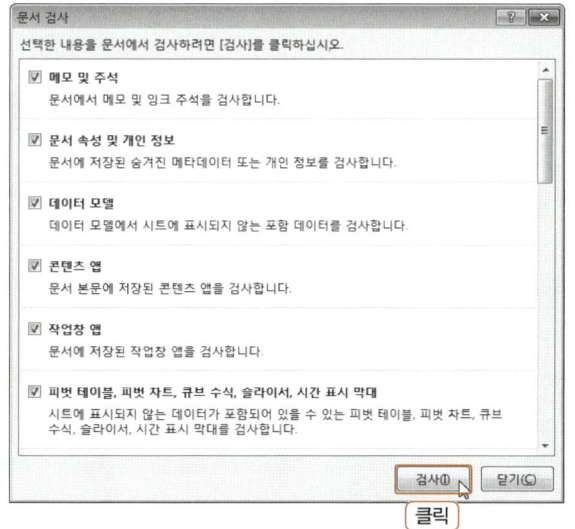

❸ 〈모두 제거〉를 클릭합니다.

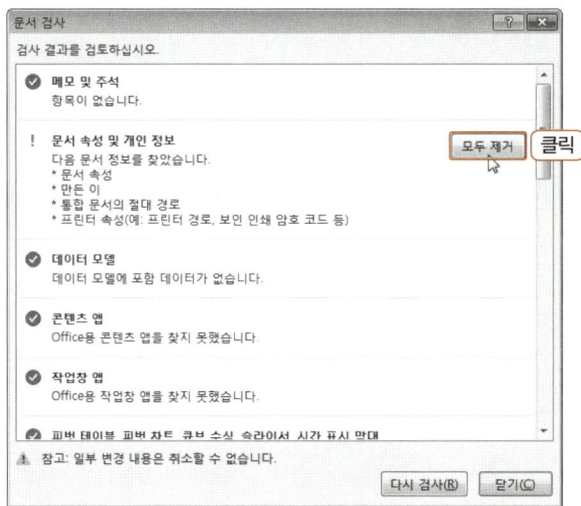

❹ 〈닫기〉를 클릭합니다.

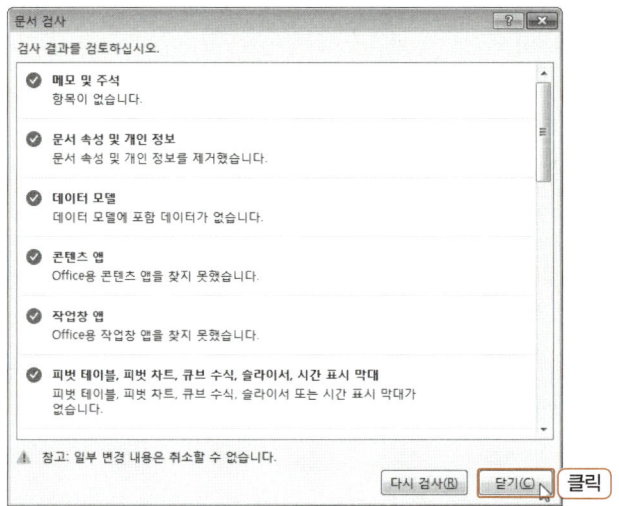

✦ 통합 문서의 속성(회사)에 '모자이크아이씨티'를 추가하시오.

❶ [파일] 탭을 클릭한 후 [정
보]–[모든 속성 표시]를 클릭
합니다.

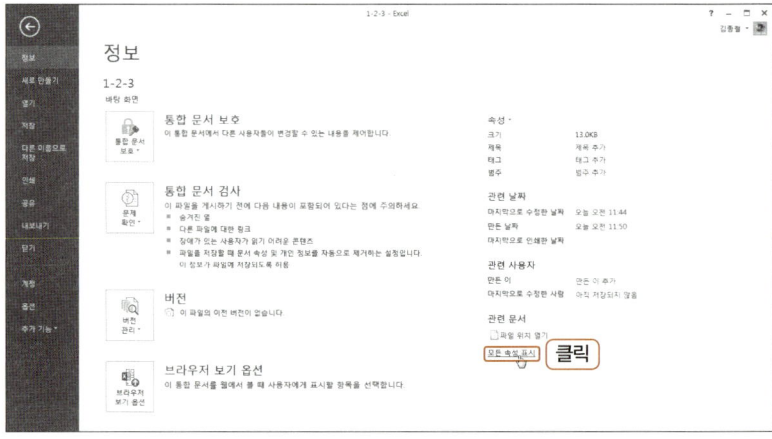

❷ '회사' 항목에 '모자이크아이씨티'를 입력합니다.

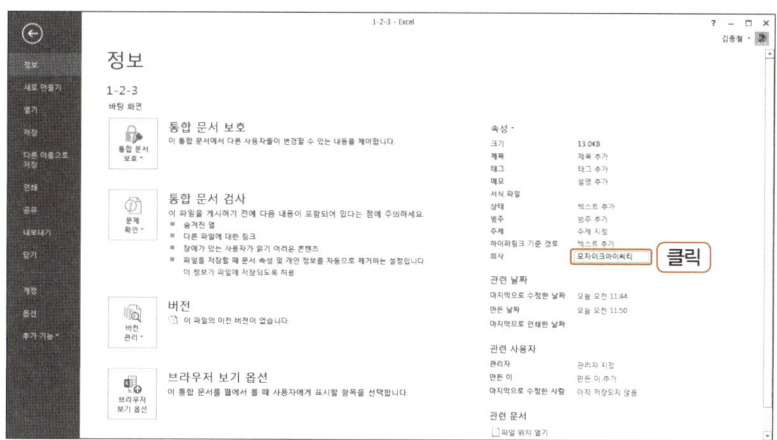

[속성]–[고급 속성]을 클릭한 후 [사용자 지정] 탭에서 새로운 속성을 만들어서 저장할 수 있습니다.

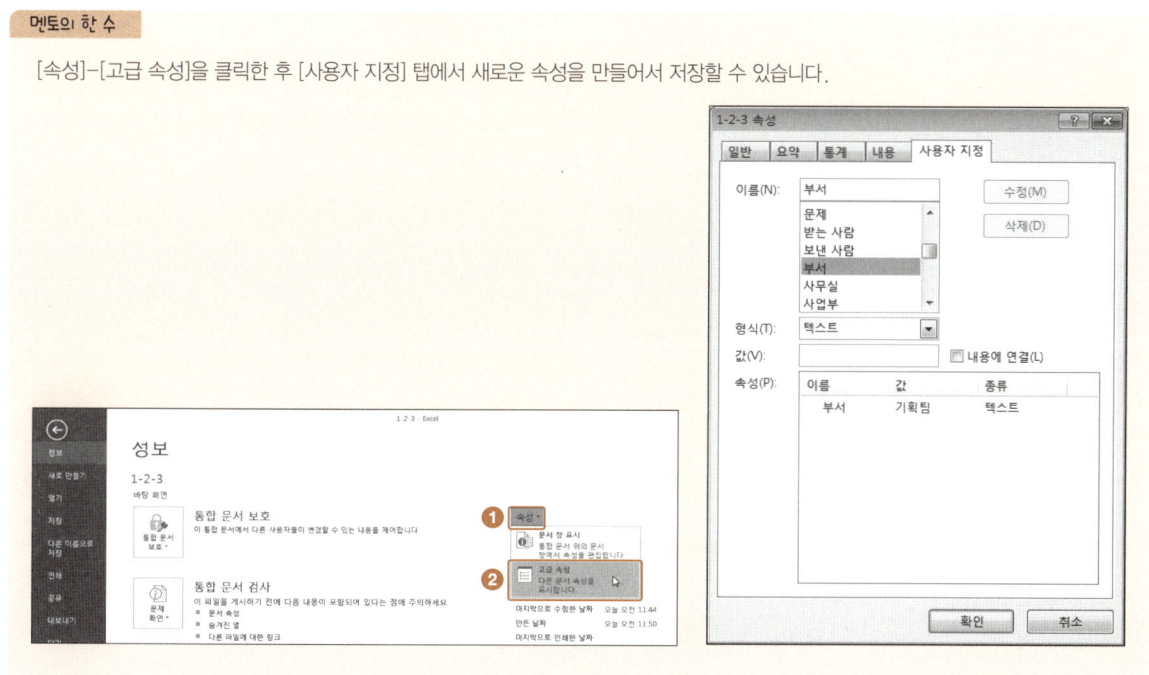

2-4 계산 제어

Excel 옵션은 계산과 관련한 다양한 규칙을 설정할 수 있습니다. 반복 계산, 변화 한도값, 오류 표시 색상 등 많이 사용하는 엑셀 함수와 연계되어 활용될 수 있습니다. 대부분은 기본 값으로 사용하지만 경우에 따라서 수정할 필요가 있을 때 설정합니다.

❖ '빈 셀을 참조하는 수식을 사용'하도록 옵션을 설정한 후 오류 표시 색을 '파랑'으로 설정하시오.

❶ [파일] 탭-[옵션]을 클릭합니다.

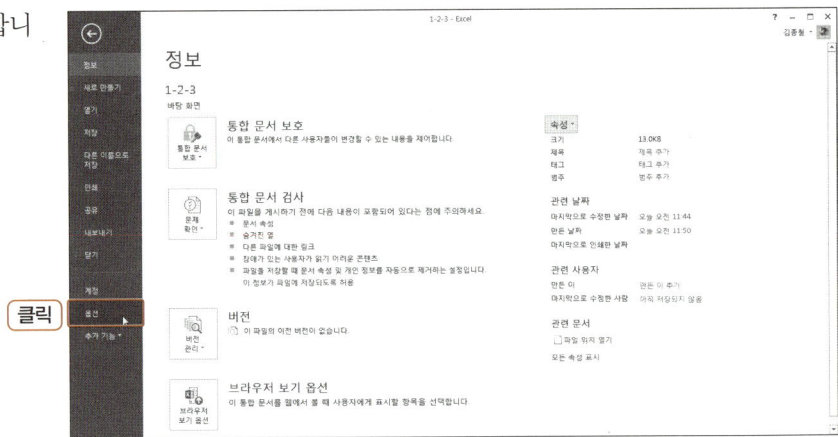

❷ '빈 셀을 참조하는 수식을 사용'에 체크 표시합니다.

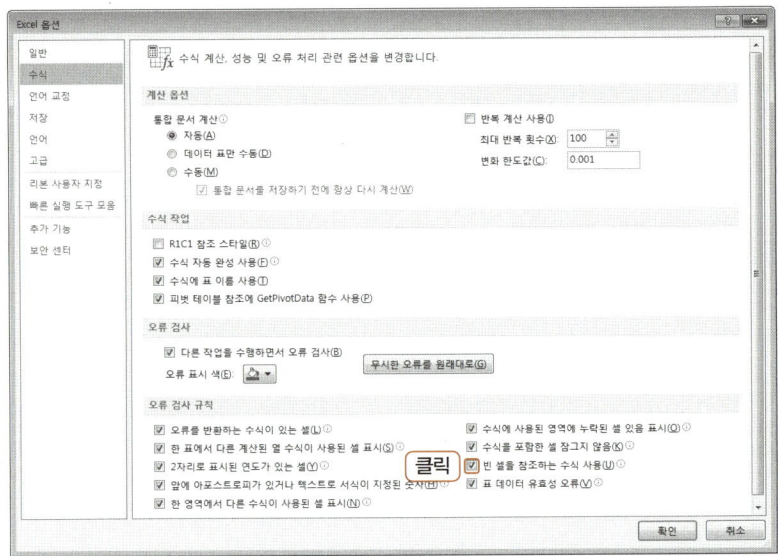

❸ '오류 표시 색'의 목록 단추를 클릭한 후 '파랑'을 선택합니다.

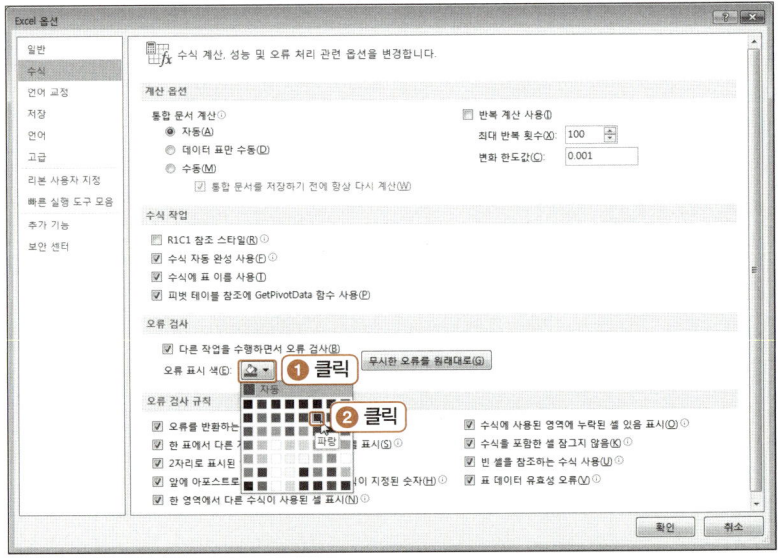

❹ 〈확인〉을 클릭합니다.

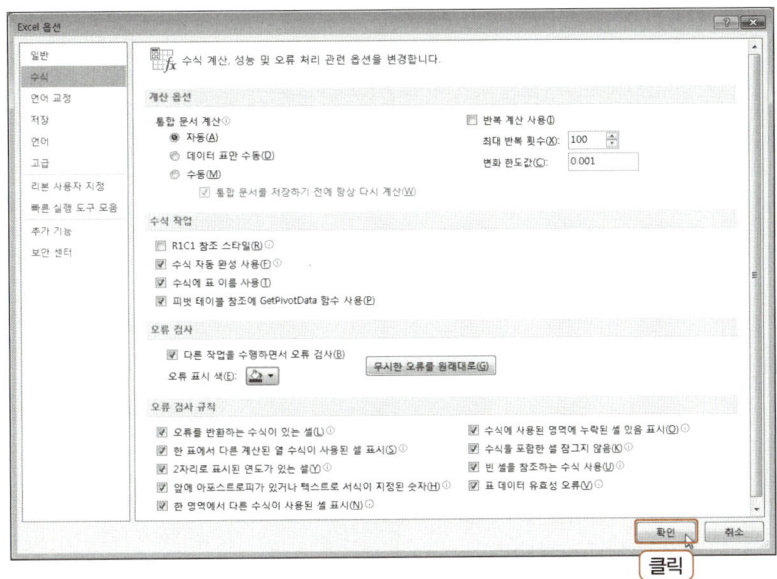

2-5 통합 문서 암호 설정

중요한 통합 문서는 다른 사람이 볼 수 없도록 암호를 지정하는 것이 좋습니다. 열기 암호를 지정하면 암호를 입력해야 엑셀 파일을 열 수 있습니다. 그리고 쓰기 암호를 지정한 후 읽기 전용으로 열면 내용을 수정할 수 없습니다.

❖ 통합 문서에 열기 암호(mosaic)를 설정하시오.

❶ [파일] 탭-[정보]-[통합 문서 보호]-[암호 설정]을 클릭합니다.

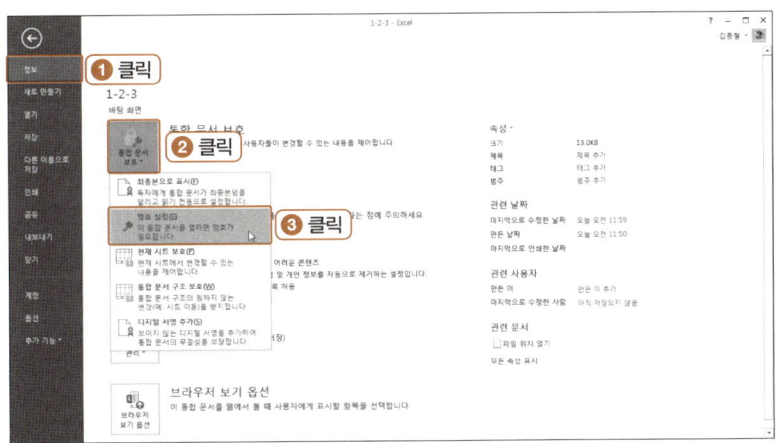

❷ 암호(mosaic)를 입력한 후 〈확인〉을 클릭합니다.

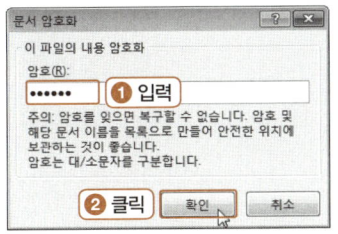

멘토의 한 수

암호는 대·소문자를 구분해서 입력해야 합니다.

❸ 암호를 한 번 더 입력한 후 〈확인〉을 클릭합니다.

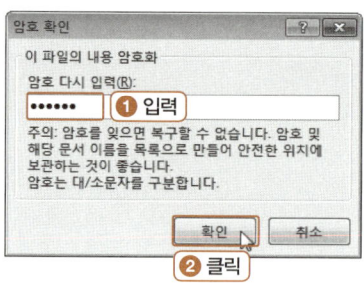

❹ 통합 문서에 암호가 설정된 것을 볼 수 있습니다.

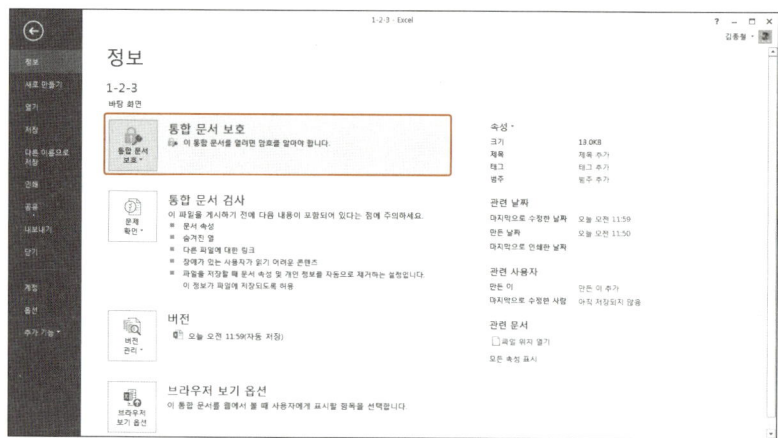

2-6 최종본으로 표시

통합 문서를 다른 사용자가 수정을 못하게 할 경우에는 최종본으로 설정하면 됩니다. 이렇게 설정하면 다른 사용자는 읽기 전용으로 설정되어 문서가 수정되는 것을 방지할 수 있습니다.

❖ **통합 문서를 최종본으로 저장하시오.**

❶ [파일] 탭-[정보]-[통합 문서 보호]-[최종본으로 표시]를 클릭합니다.

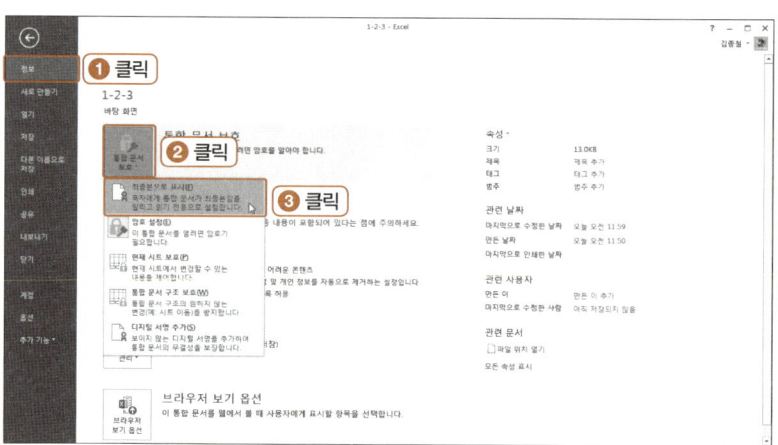

❷ 〈확인〉을 클릭합니다.

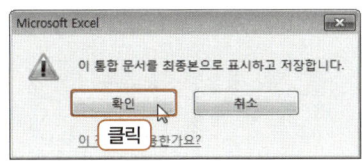

❸ 최종본으로 표시되었다는 화
면이 나타나면 〈확인〉을 클릭
합니다.

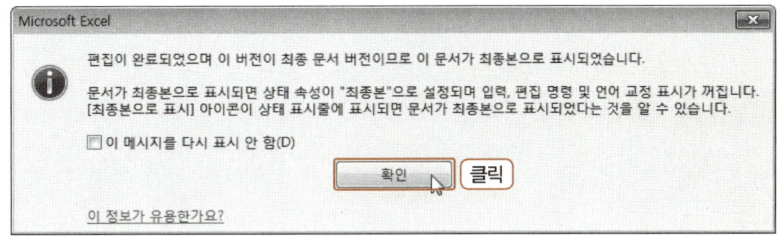

❹ 〈계속 편집〉을 클릭합니다.

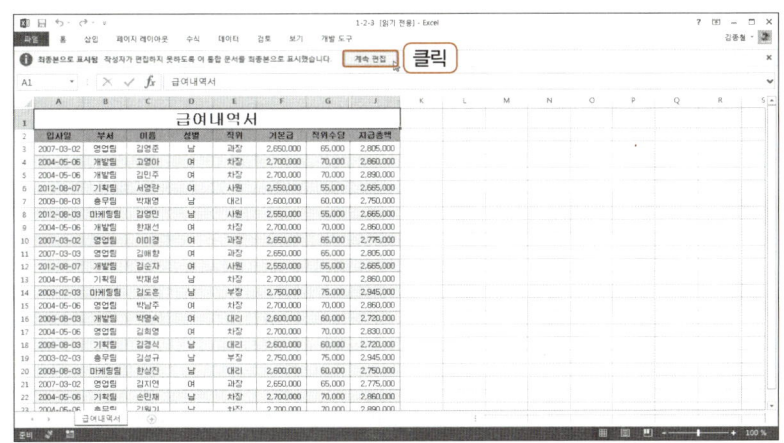

Chapter **03** 통합 문서 변경 내용 관리

3-1 변경 내용 표시하기

변경 내용 추적은 사용자가 셀 내용에 대해 변경한 내역 등을 기록합니다. 따라서 내가 만든 통합 문서를 다른 사용자에게 주었을 때 언제, 누가, 어떻게 편집했는지를 기록할 경우에 유용하게 사용할 수 있습니다.

❖ **[E4] 셀을 '37'로, [E8] 셀을 '33'으로 변경한 후 변경 내용을 추적하시오.**

❶ [E4] 셀을 '37'로, [E8] 셀을 '33'으로 변경한 후 [검토] 탭-[변경 내용] 그룹-[변경 내용 추적] 명령 단추를 클릭합니다.

멘토의 한 수

1-2-1.xlsx [공유] 파일에서 작업하세요.

❷ '변경 내용 표시'를 선택합니다.

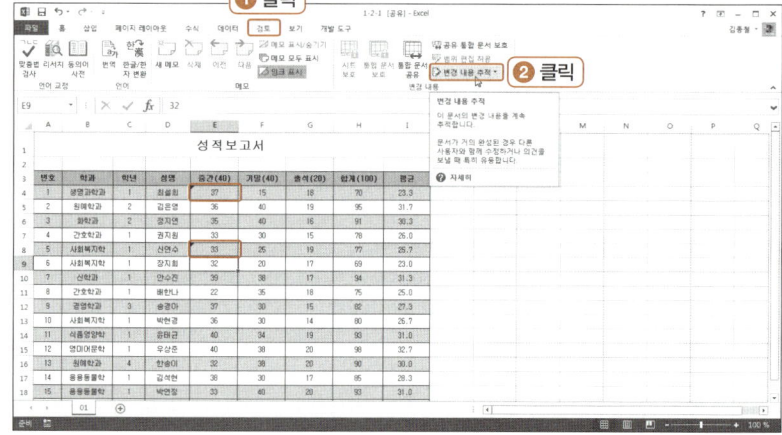

❸ 〈확인〉을 클릭합니다.

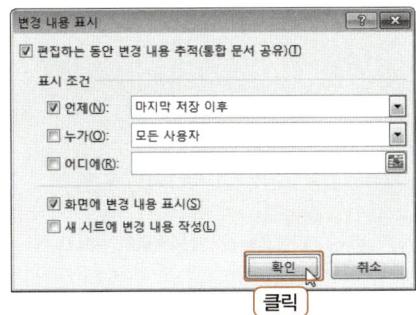

❹ 변경한 셀을 클릭하면 변경된
   내용을 알 수 있습니다.

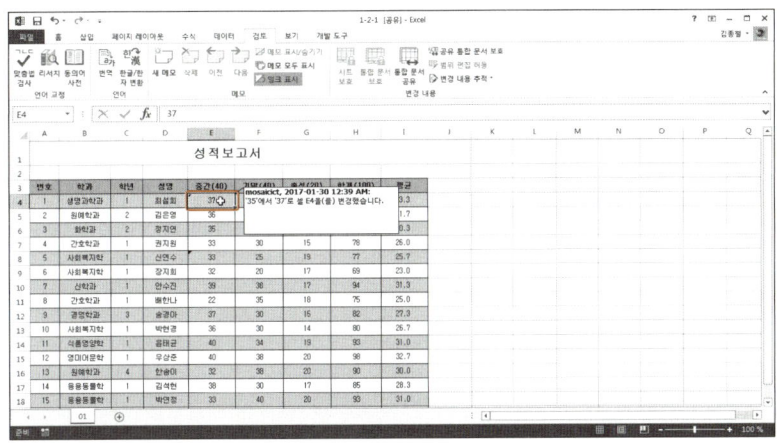

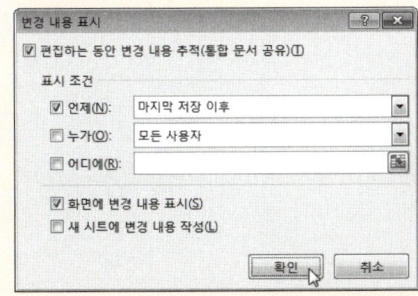

멘토의 한 수

[변경 내용 표시] 대화상자

❶ 편집하는 동안 변경 내용 추적(통합 문서 공유) : 문서가 변경되면 해당 내용이 통합 문서에 기록되어 기록을 추적
❷ 언제 : 공유 통합 문서에서 지정한 날짜 이후에 변경된 셀만 볼 경우에 선택
❸ 누가 : 공유 통합 문서에서 특정 사용자가 변경한 내용만 볼 경우에 선택
❹ 어디에 : 공유 통합 문서에서 변경한 내용에 의해 영향을 받은 셀을 볼 경우에 선택

변경 내용 추적에 표시되지 않는 내용 : 시트 이름 변경, 워크시트 삽입 또는 삭제, 셀 또는 데이터 서식 지정, 행 또는 열 숨기기/숨기기 취소, 메모 추가 및 변경, 지정되지 않은 변경 내용

3-2 변경 내용 검토하기

변경 내용 추적을 허용한 문서라도 중간에 언제든지 추적을 적용/취소할 수 있습니다.

❖ **통합 문서의 변경 내용을 모두 적용하시오.**

❶ [검토] 탭-[변경 내용] 그룹-[변경 내용 추적]-[변경 내용 적용/취소] 명령 단추를 클릭합니다.

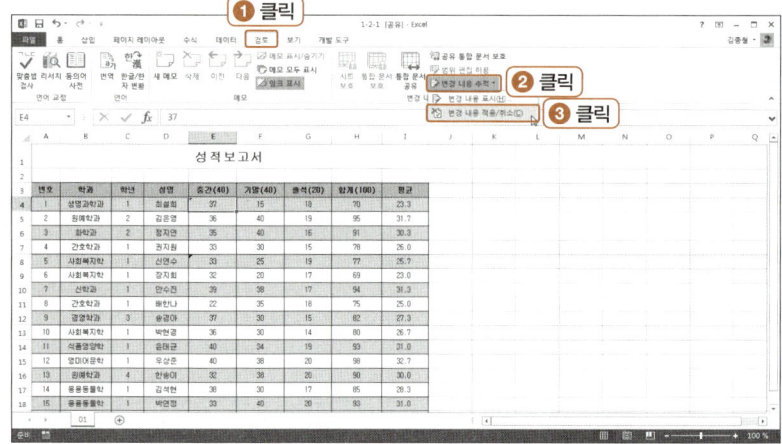

❷ 〈확인〉을 클릭합니다.

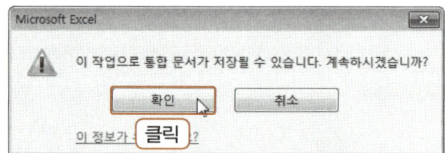

❸ 〈확인〉을 클릭합니다.

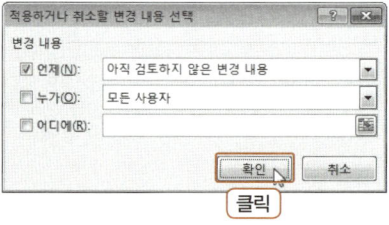

❹ 〈모두 적용〉을 클릭합니다.

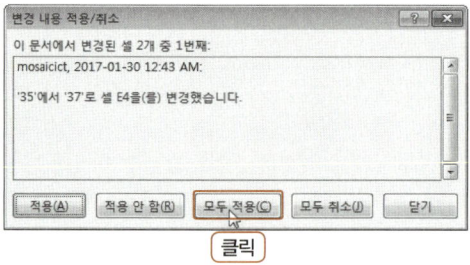

메모 관리하기

통합 문서를 공동으로 작업할 때 서로 의사소통을 하기 위해 메모를 삽입하면 다른 사람이 메모를 보고 참고할 수 있어서 편리합니다. 이렇게 메모를 삽입해 두면 나중에 통합 문서를 편집할 때 유용하게 사용할 수 있습니다.

❖ [G2] 셀에 '직급별 수당 정확히 입력 요망'이라는 메모를 삽입하시오.

❶ [G2] 셀을 선택한 후 [검토] 탭-[메모] 그룹-[새 메모] 명령 단추를 클릭합니다.

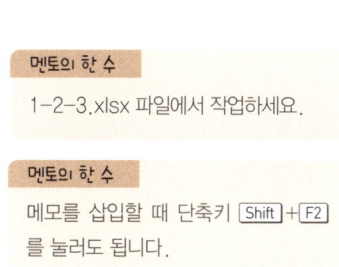

멘토의 한 수

1-2-3.xlsx 파일에서 작업하세요.

멘토의 한 수

메모를 삽입할 때 단축키 Shift + F2 를 눌러도 됩니다.

❷ 메모(직급별 수당 정확히 입력 요망)를 입력합니다.

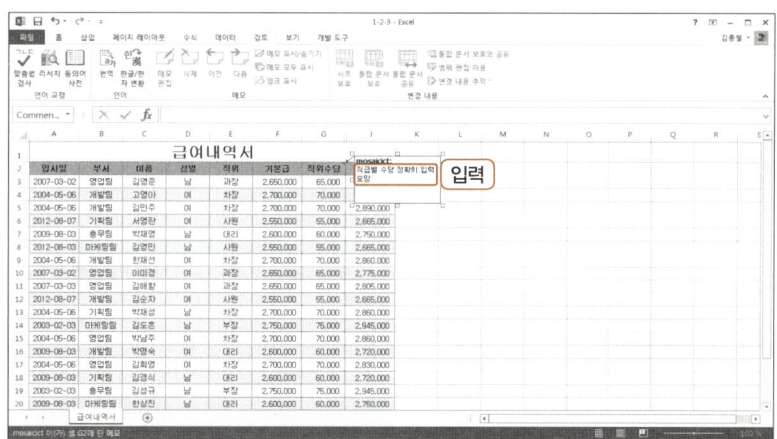

멘토의 한 수

워크시트에 삽입된 메모를 모두 나타내려면 [검토] 탭-[메모] 그룹-[메모 모두 표시] 명령 단추를 클릭합니다.

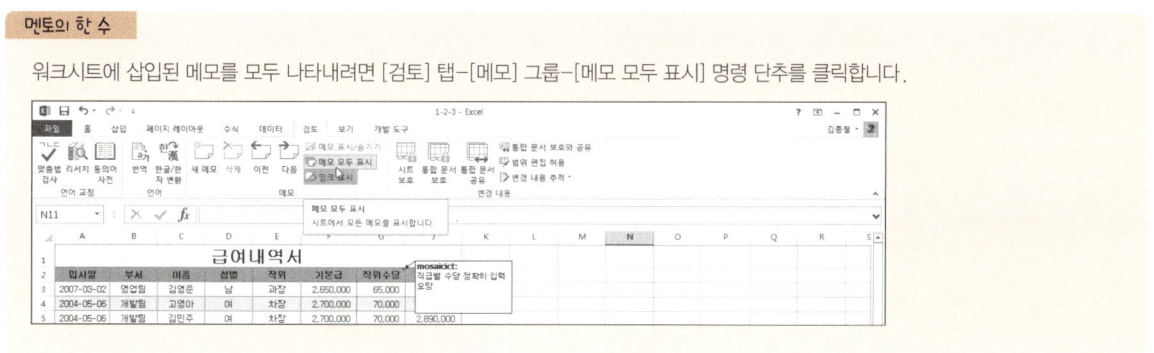

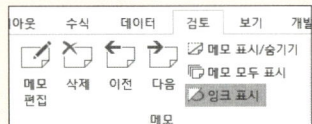

- 메모 편집 : 메모를 편집합니다.
- 삭제 : 기존에 작성한 메모를 삭제합니다.
- 이전 : 현재 선택하고 있는 메모의 이전 메모로 이동합니다.
- 다음 : 현재 선택하고 있는 메모의 다음 메모로 이동합니다.
- 메모 표시/숨기기 : 한번 클릭할 때마다 메모를 표시하거나 숨깁니다.
- 메모 모두 표시 : 워크시트 내의 모든 메모를 표시하거나 숨깁니다.

3-4 통합 문서 병합하기

두 개의 통합 문서를 비교해서 적용할 것과 그렇지 않은 것을 비교해서 더 나은 문서를 만들기 위해서는 '통합 문서
비교 및 병합' 기능을 이용하면 됩니다. 물론 동일한 문서이지만 서로 다른 사용자가 수정한 파일이어야 합니다.

⊙ 예제 파일 : 1-3-1.xlsx

✦ 예제 파일 : 통합 문서를 'C:₩MOS2013₩ExcelExpert₩1-3-2.xlsx' 파일과 비교 및 병합하시오.

❶ 빠른 실행 도구 모음에 있는
[통합 문서 비교 및 병합] 명령
단추를 클릭합니다.

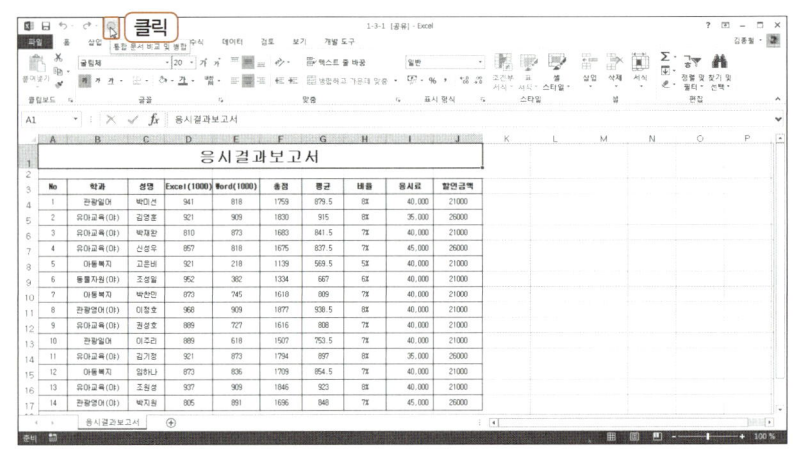

통합 문서 비교 및 병합을 사용하기 위해서는 [Excel 옵션]에서 빠른 실행 도구 모음에 '통합 문서 비교 및 병합'을 추가해 주어야 합니다.

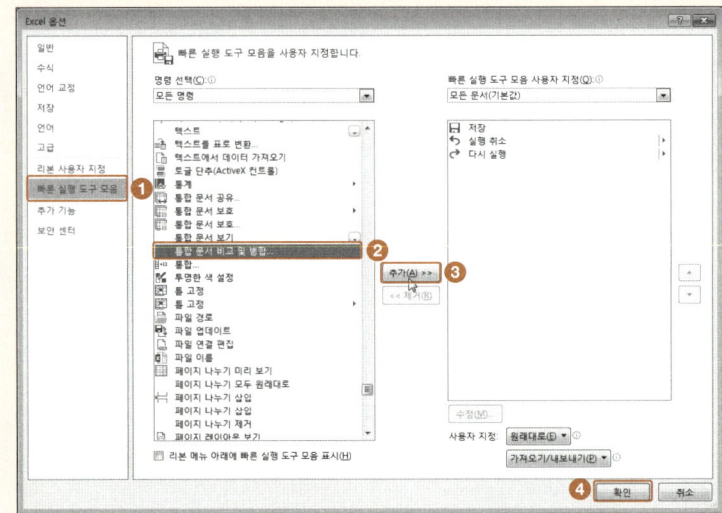

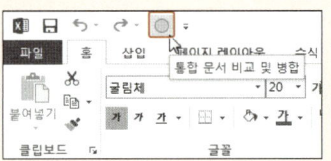

❷ 'C:₩MOS2013₩Excel Expert₩1-3-2.xlsx' 파일을 지정한 후 〈확인〉을 클릭합니다.

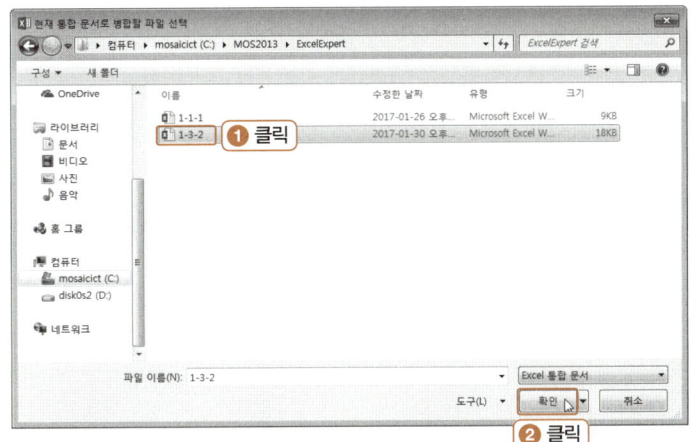

❸ 두 개의 문서가 병합됩니다.

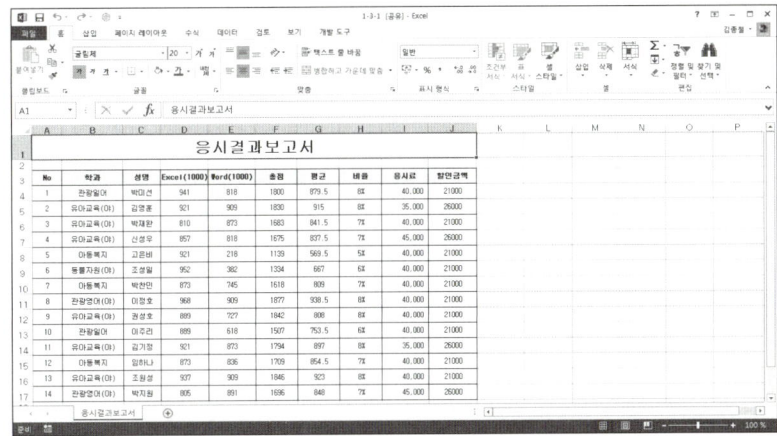

3-5 오류 내용 확인하기

'오류 추적'은 수식 작성 후 원하는 결과값이 아닐 때 혹시나 있을지 모를 수식 오류를 검사하는 기능입니다. 단, 올바르게 작성한 수식에는 메시지를 나타내지 않습니다.

⊙ 예제 파일 : 1-4-1.xlsx

❖ 오류 검사 기능을 이용하여 [J7] 셀에 있는 수식을 올바르게 수정하시오.

❶ [수식] 탭-[수식 분석] 그룹-[오류 검사] 명령 단추를 클릭합니다.

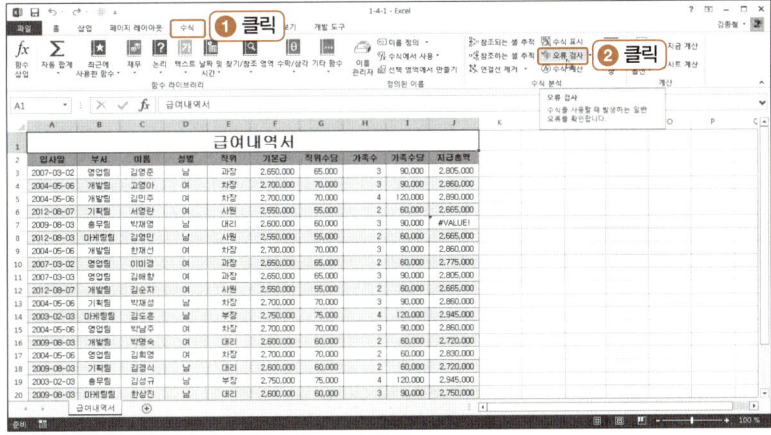

❷ 〈계산 단계 표시〉를 클릭합니다.

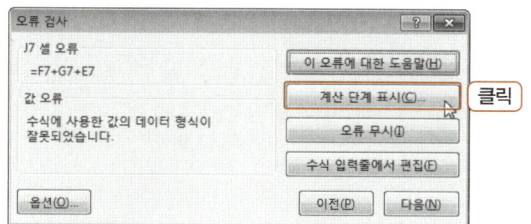

❸ 수식이 오류가 난 원인을 확인한 후 〈닫기〉를 클릭합니다.

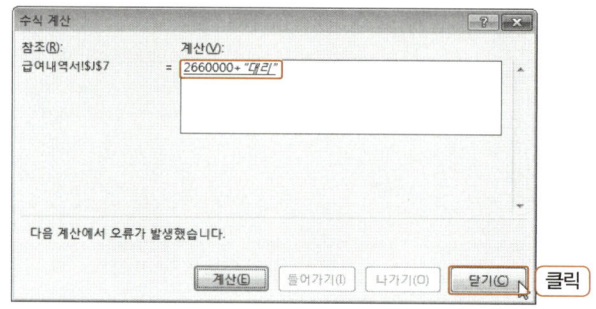

❹ 〈수식 편집줄에서 편집〉을 클릭합니다.

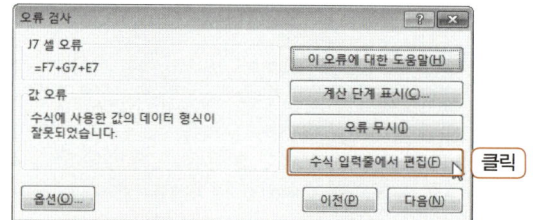

❺ 수식 입력줄에서 직접 수식을 수정(E7→I7)합니다.

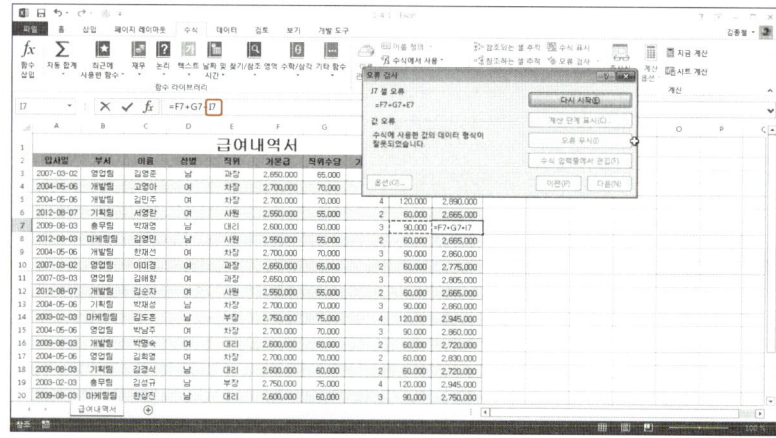

❻ 수식 오류 메시지가 사라진 것
을 볼 수 있습니다.

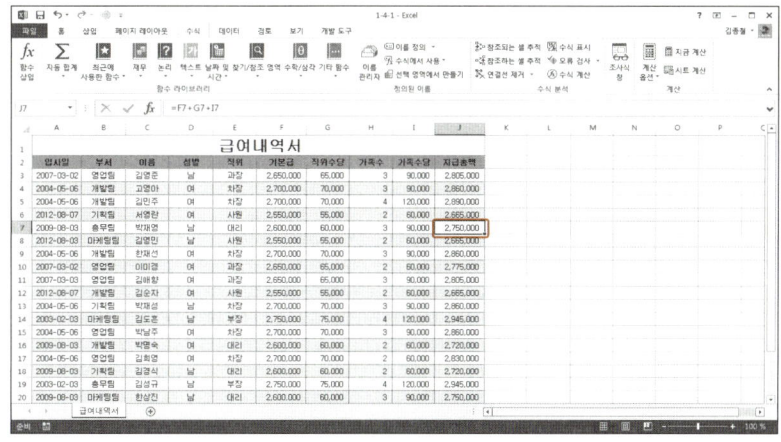

• [수식] 탭-[수식 분석] 그룹-[오류 검사] 명령 단추를 클릭한 후 '오류 추적'을 선택하면 오류의 원인을 추적할 수 있습니다.

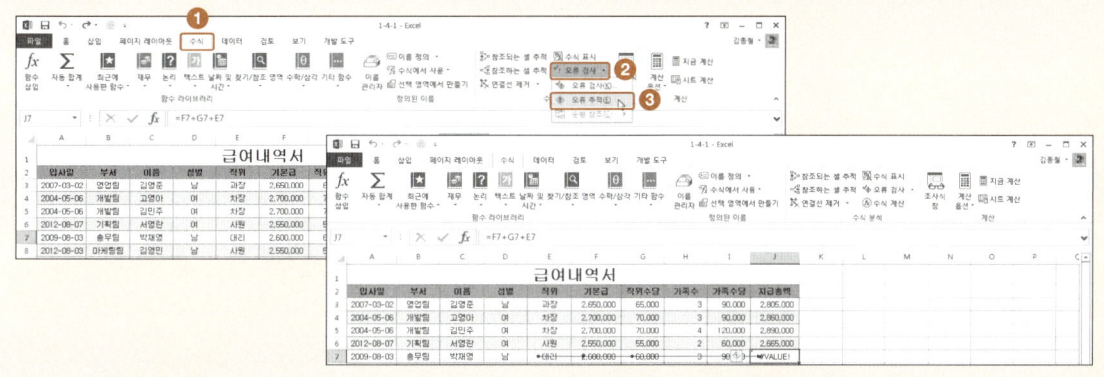

• 워크시트 내에 있는 수식을 모두 볼 경우에는 [수식] 탭-[수식 분석] 그룹-[수식 표시] 명령 단추를 클릭합니다.

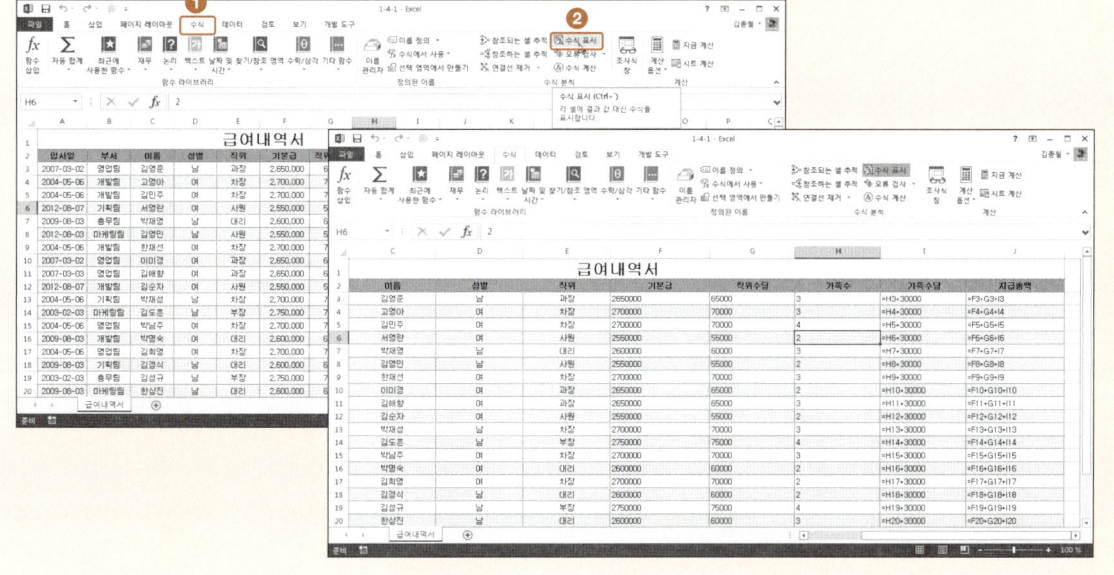

3-6 참조하는 셀/참조되는 셀 추적

통합 문서가 복잡할 경우 수식을 만든 후에 오류가 발생하면 수정하기가 쉽지 않습니다. 이런 경우 '분석' 도구를 이용하면 잘못된 수식에 어떤 점이 잘못되었는지 쉽게 파악할 수 있어 편리합니다.

❖ [J3] 셀에 참조되는 모든 셀을, [H6] 셀이 참조하는 모든 셀을 추적하시오.

❶ [J3] 셀을 선택한 후 [수식] 탭-[수식 분석] 그룹-[참조되는 셀 추적] 명령 단추를 클릭합니다.

멘토의 한 수

참조하는 셀	참조되는 셀
현재 선택한 셀 값의 영향을 받는 셀을 나타내는 화살표를 표시	현재 선택한 셀 값에 영향을 주는 셀을 나타내는 화살표를 표시

❷ [수식] 탭-[수식 분석] 그룹-[참조되는 셀 추적] 명령 단추를 한 번 더 클릭합니다.

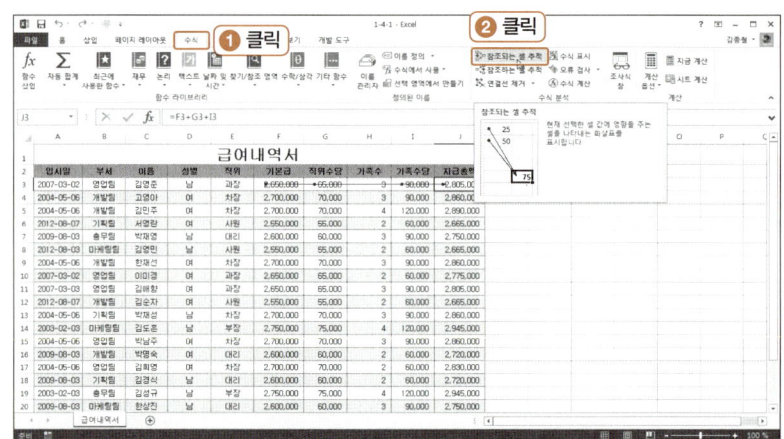

❸ 참조되는 셀이 모두 표시됩니다.

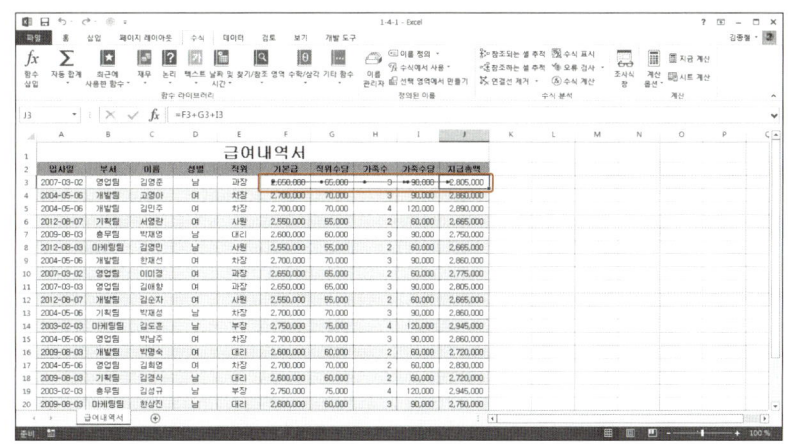

❹ [H6] 셀을 선택한 후 [수식] 탭-[수식 분석] 그룹-[참조하는 셀 추적] 명령 단추를 클릭합니다.

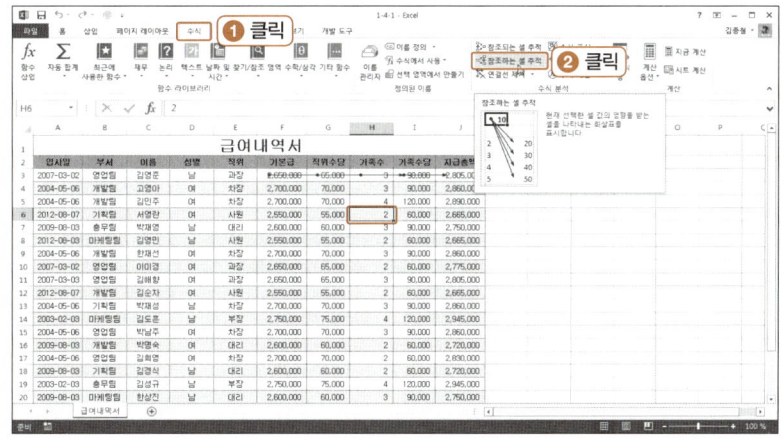

❺ [수식] 탭-[수식 분석] 그룹-[참조하는 셀 추적] 명령 단추를 한 번 더 클릭합니다.

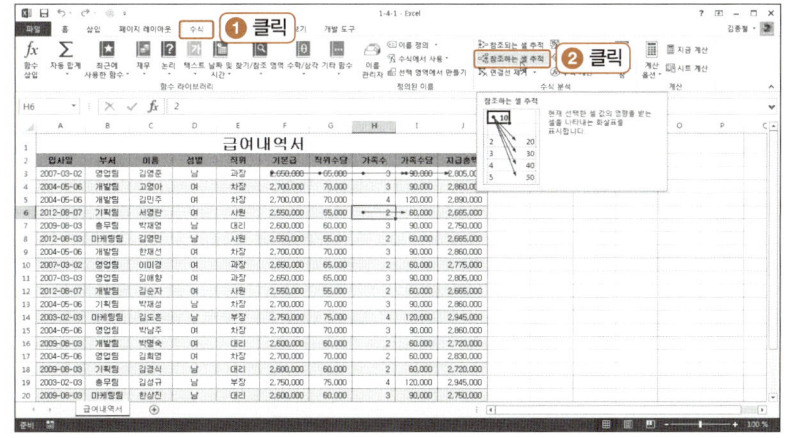

❻ 참조하는 셀이 모두 표시됩니다.

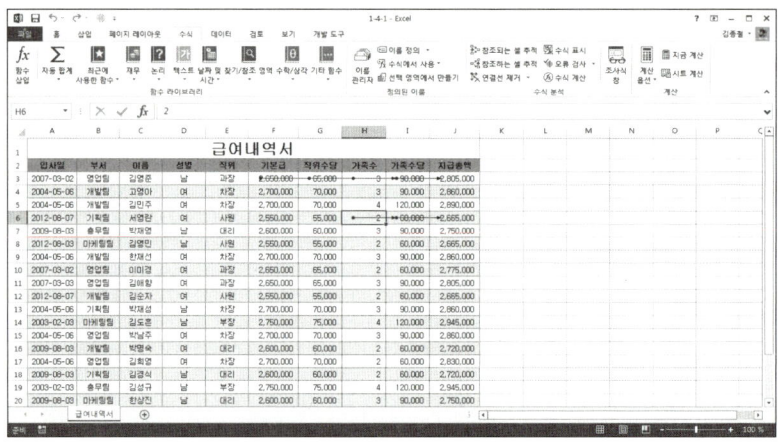

멘토의 한 수

참조하는 셀/참조되는 셀 추적선을 제거할 때는 [수식] 탭-[수식 분석] 그룹-[연결선 제거] 명령 단추를 클릭합니다.

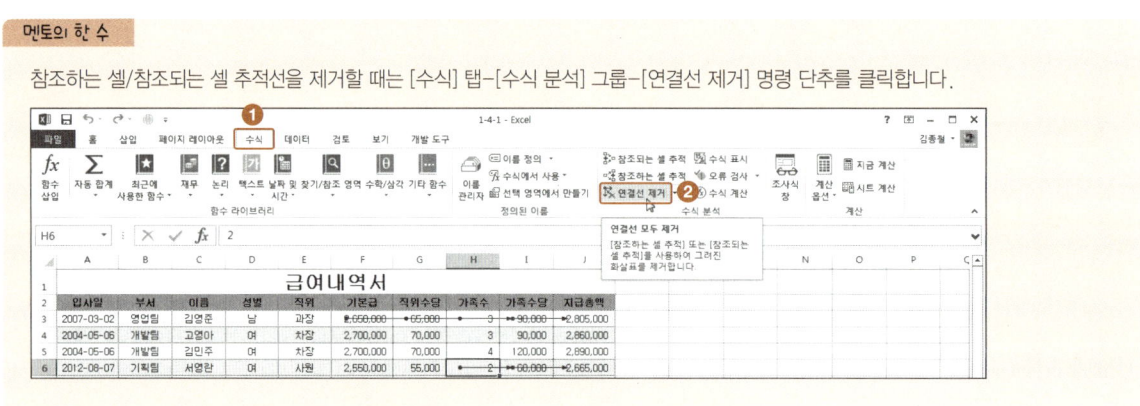

PART 2

사용자 지정 서식 및 레이아웃 적용

학습목표

사용자 지정 데이터 서식 적용, 고급 조건부 서식 및 필터링, 사용자 지정 스타일 및 서식 파일 적용, 접근성을 위한 통합 문서 준비 등을 설정하는 방법에 대해 알아봅니다.

Chapter 01. 사용자 지정 데이터 서식 적용

Chapter 02. 고급 조건부 서식 및 필터링

Chapter 03. 사용자 지정 스타일 및 서식 파일 적용

Chapter 04. 접근성을 위한 통합 문서 준비

Chapter **01** 사용자 지정 데이터 서식 적용

1-1 사용자 지정 서식

숫자 데이터에는 통화 기호나 천 단위 구분 기호 등을 삽입할 수 있습니다. 다양한 기호를 적절히 이용하면 문서의 이해도가 높아지며 깔끔하게 꾸밀 수 있습니다. 특히 '표시 형식'은 숫자나 문자를 셀에 입력했을 때 화면에 나타나는 형식으로 사용자 지정 표시 형식을 이용하면 다양한 서식을 표시할 수 있습니다. 만일 '범주'에서 '사용자 지정'을 선택했을 때 원하는 형식이 없다면 직접 만들어서 사용할 수 있는데, 예를 들어 '1' 앞에 'KOR'을 표시하려고 할 때 사용자 지정 표시 형식에 'KOR'을 추가하면 됩니다.

◉ 예제 파일 : 2-1-1.xlsx

✤ **사용자 지정 서식을 이용하여 [E3:E23] 영역에서 직위에 '괄호()', [H3:H23] 영역에서 가족수 뒤에 '명'이 표시되도록 설정하시오.**

❶ [E3:E23] 영역을 선택한 후 [홈] 탭-[표시 형식] 그룹-[자세히]를 클릭합니다.

멘토의 한 수

사용자 지정 표시 형식을 나타낼 때 단축키 Ctrl + 1 을 눌러도 됩니다.

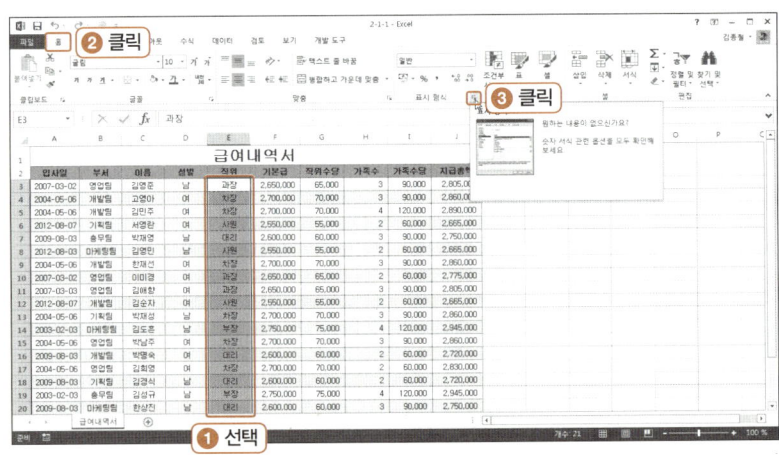

❷ [표시 형식] 탭의 '범주 : 사용
자 지정'을 선택한 후 '형식'에
"("@")"를 추가한 후 〈확인〉을
클릭합니다.

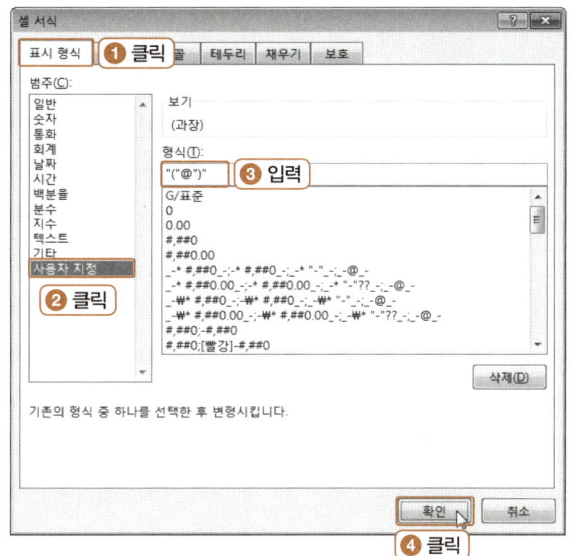

❸ 직위에 '괄호( )' 표시가 나타납
니다.

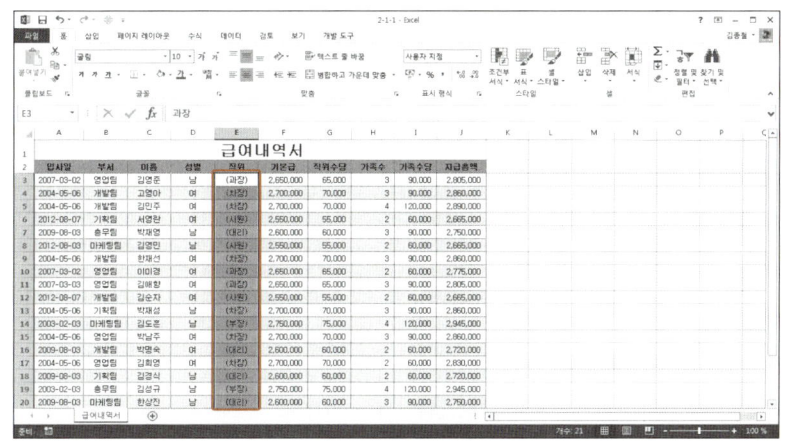

❹ [H3:H23] 영역에서 마우스
오른쪽 단추를 클릭한 후 '셀
서식'을 선택합니다.

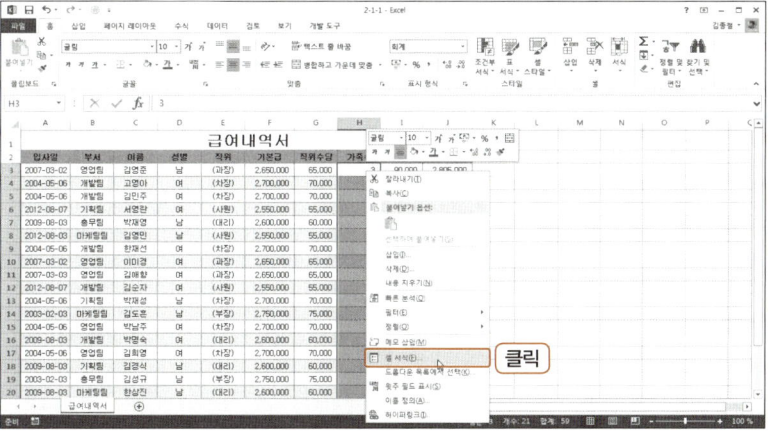

❺ [표시 형식] 탭의 '범주 : 사용자 지정'을 선택한 후 '형식'에 0"명"을 추가한 후 〈확인〉을 클릭합니다.

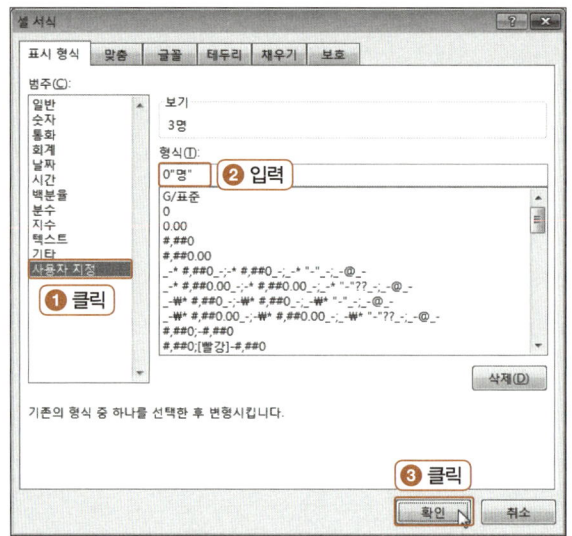

❻ 가족수 뒤에 '명'이 표시됩니다.

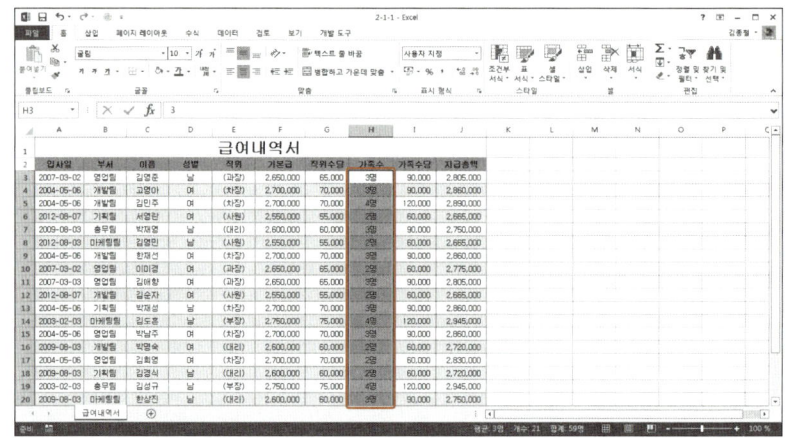

✦ 사용자 지정 서식을 이용하여 [A3:A23] 영역에서 연도만, [I3:I23] 영역의 수당을 '기호 : ¥ 중국어(중국), 소수 자릿수 : 1'이 표시되도록 설정하시오.

❶ [A3:A23] 영역을 선택한 후 [홈] 탭-[표시 형식] 그룹-[자세히]를 클릭합니다.

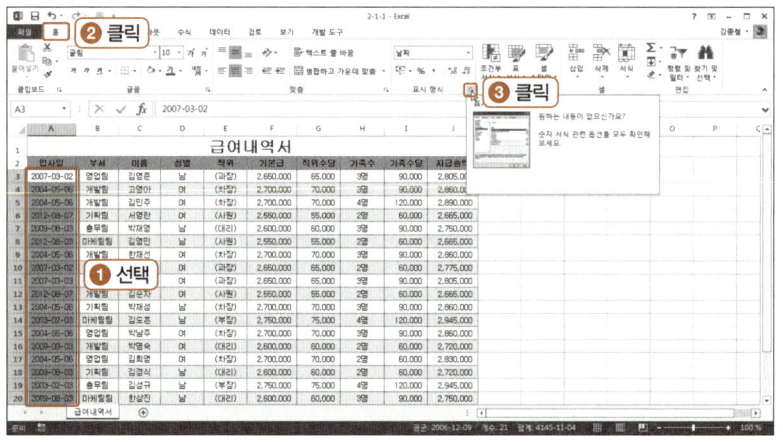

❷ [표시 형식] 탭의 '범주 : 사용자 지정'을 선택한 후 '형식'에 yyyy를 추가하고 〈확인〉을 클릭합니다.

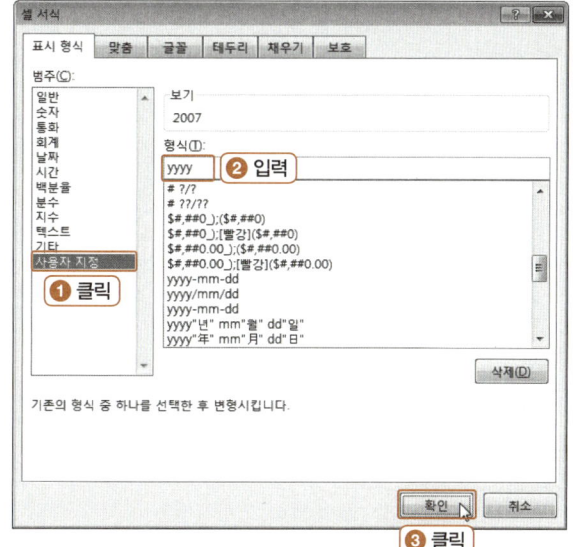

멘토의 한 수

• 형식에 입력할 때 대·소문자는 구분하지 않습니다.
• 날짜 표시 형식

표시 형식	결과 표시
yyyy-mm-dd(ddd)	2017-01-30(Mon)
yyyy-mm-dd(aaa)	2017-01-30(월)
yyyy-mm-dd(dddd)	2017-01-30(Monday)
yyyy-mm-dd(aaaa)	2017-01-30(월요일)

❸ 연도만 표시됩니다.

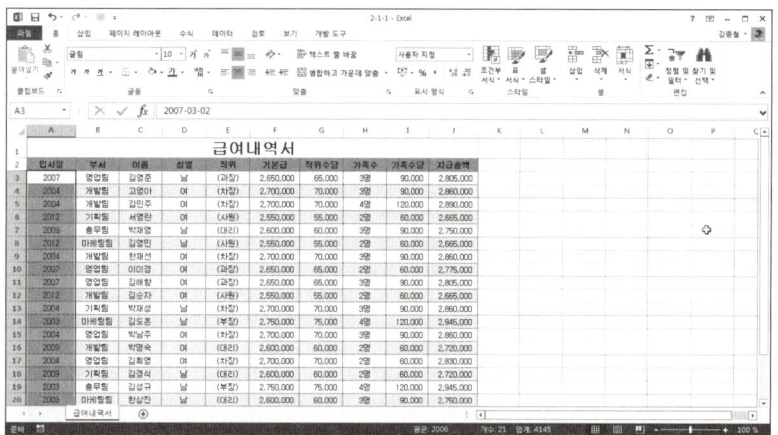

❹ [I3:I23] 영역에서 마우스 오
른쪽 단추를 클릭한 후 '셀 서
식'을 선택합니다.

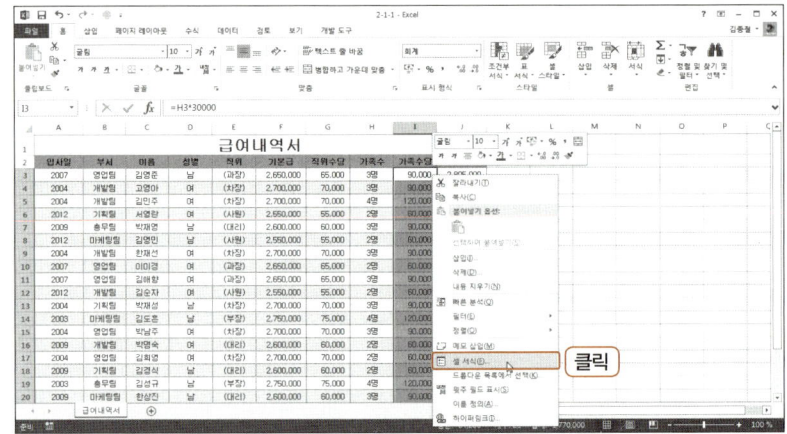

❺ [표시 형식] 탭의 '범주 : 통화'
를 선택한 후 '기호'에서 목록
단추를 클릭한 후 '¥ 중국어
(중국)'를 선택합니다.

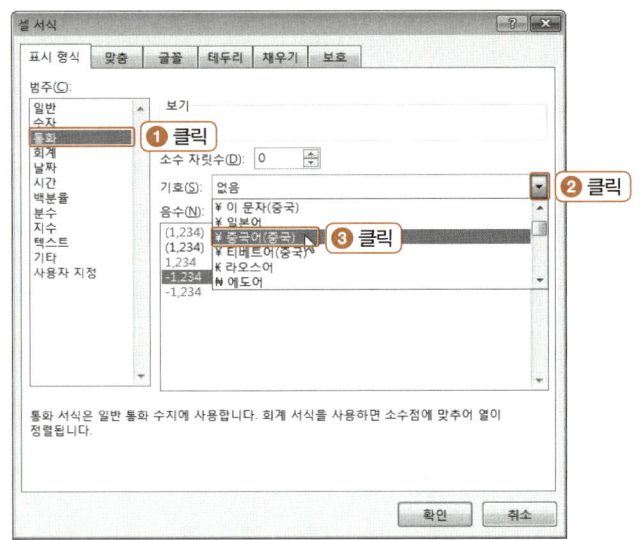

❻ '소수 자릿수 : 1'로 설정한 후
〈확인〉을 클릭합니다.

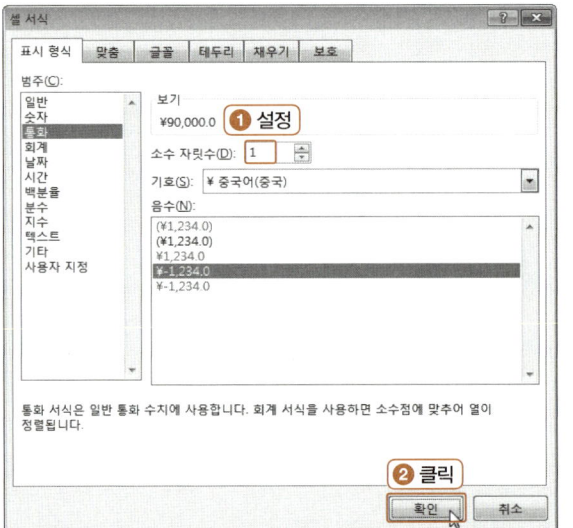

1-2 자동 채우기

자동 채우기는 1, 2, 3, 4와 같이 연속되는 숫자나 날짜를 입력할 때 사용합니다. 셀을 클릭하면 오른쪽 아래에 '채우기 핸들'이 나타나는데, 이곳에 마우스를 올려놓은 후 드래그하면 자동으로 증가하거나 동일 데이터를 나머지 셀에 채울 수 있습니다. 자동 채우기는 이렇게 숫자가 어떤 규칙에 맞게 증가할 때 사용하면 편리합니다.

⊙ 예제 파일 : 2-1-2.xlsx

❖ 다음과 같이 자동 채우기를 이용하여 채우시오.

[D12:D17]	[K12:K17]
1씩 증가	서울, 부산, 대구, 인천, 광주, 대전

❶ [D12] 셀을 클릭한 후 '채우기 핸들'에 마우스를 올려놓습니다.

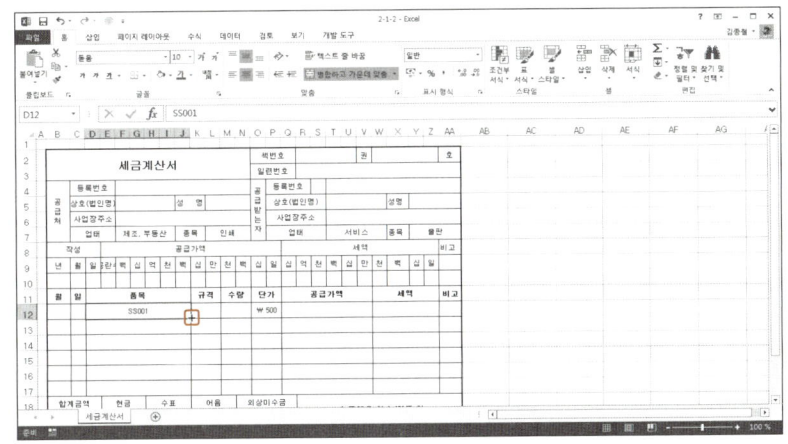

❷ 아래쪽 방향으로 드래그하면 데이터의 숫자가 증가되면서 나머지 셀이 채워집니다.

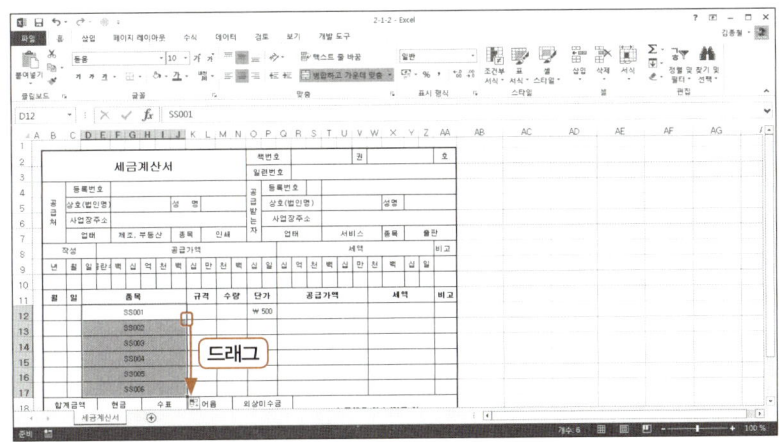

- '채우기 핸들'이 나타나지 않을 경우에는 [Excel 옵션]에서 '고급 : 채우기 핸들 및 셀 끌어서 놓기 사용'을 체크 표시하면 됩니다.

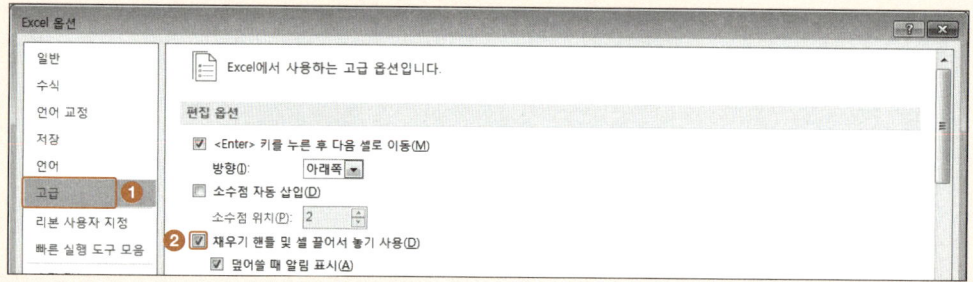

- ⟨Ctrl⟩을 누르면서 드래그하면 동일한 데이터를 채울 수 있습니다.
- '자동 채우기 옵션'을 클릭한 후 선택해도 됩니다.

품목	규격	수량	단가
SS001			₩ 500
SS002			
SS003			
SS004			
SS005			
SS006			

현금	수표	🔽	음	외상미수금
세금계산서	⊕			

- ○ 셀 복사(C)
- ⊙ 연속 데이터 채우기(S)
- ○ 서식만 채우기(F)
- ○ 서식 없이 채우기(O)

– 셀 복사 : 동일한 셀 내용을 서식과 함께 그대로 채움
– 연속 데이터 채우기 : 연속 데이터로 나머지 셀을 채움
– 서식만 채우기 : 셀 내용은 제외하고 서식만 나머지 셀을 채움
– 서식 없이 채우기 : 서식은 제외하고 연속 데이터로 나머지 셀을 채움

❸ [파일] 탭-[옵션]을 선택합니다.

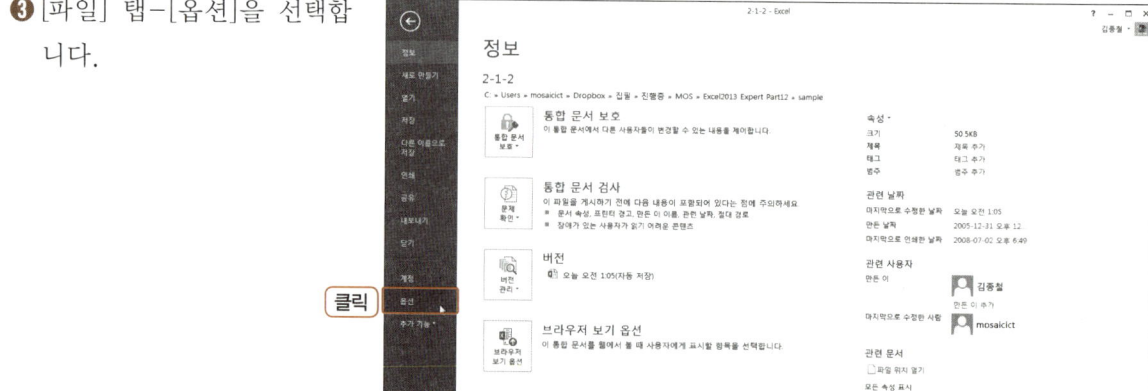

❹ '고급' 항목을 선택한 후 〈사용자 지정 목록 편집〉을 클릭합니다.

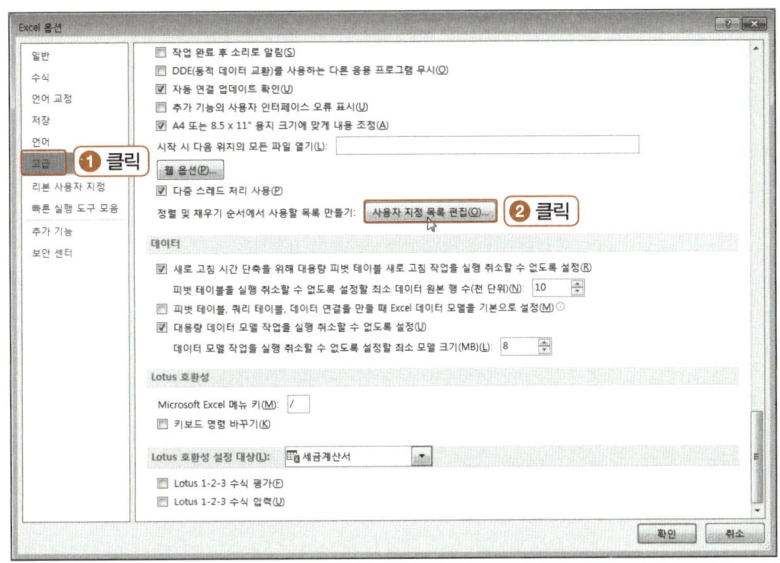

❺ '목록 항목 : 서울, 부산, 대구, 인천, 광주, 대전'을 입력한 후 〈추가〉를 클릭합니다.

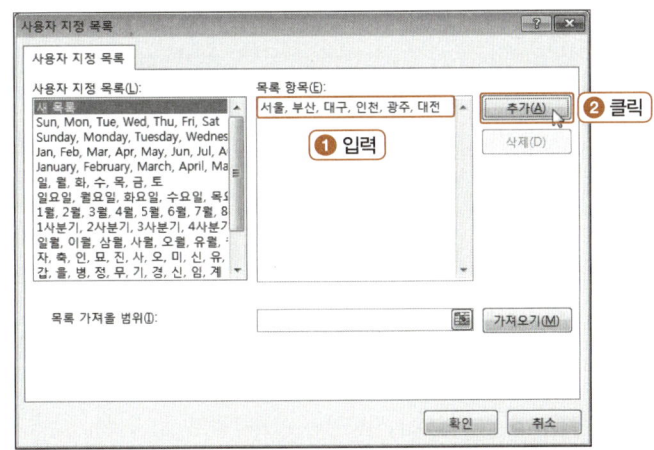

❻ '사용자 지정 목록'에 '서울, 부산, 대구, 인천, 광주, 대전'이 추가된 것을 확인한 후 〈확인〉을 클릭합니다. [Excel 옵션] 대화 상자가 나타나면 한 번 더 〈확인〉을 클릭합니다.

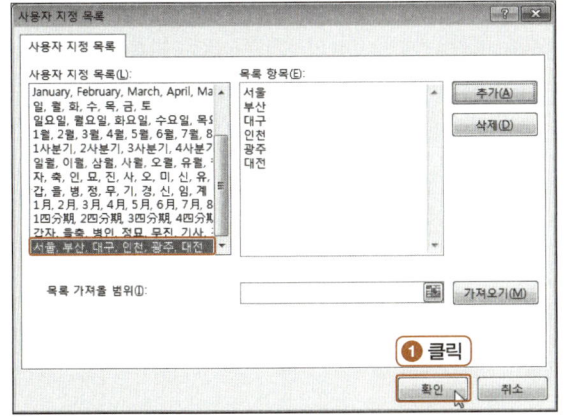

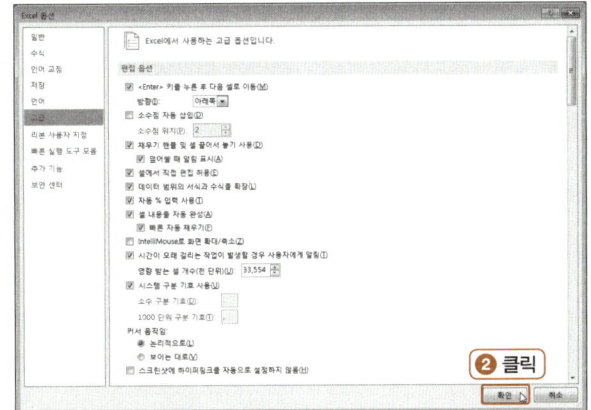

❼ [K12] 셀에 '서울'을 입력한 후 '채우기 핸들'에 마우스를 올려 놓습니다.

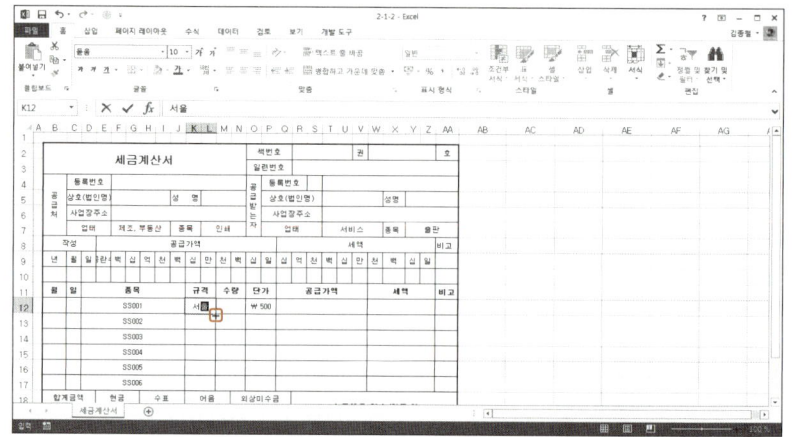

❽ 아래쪽으로 드래그하면 '사용자 지정 목록'에 설정한 데이터가 나타납니다.

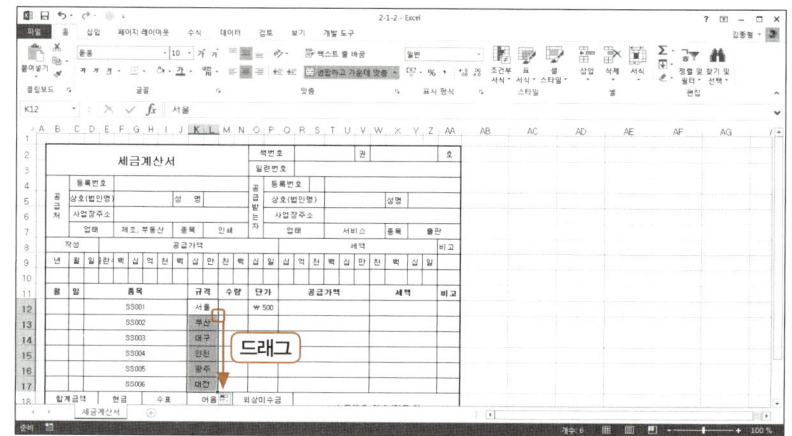

멘토의 한 수

- '자동 채우기'는 숫자만 되는 것이 아니고, 문자도 어떤 규칙에 의해 채워집니다. 즉, '일요일, 월요일, 화요일…', 'January, February, March …' 등도 '자동 채우기'를 사용할 수 있습니다. 다만 모든 문자가 되는 것은 아니고, 'Excel 옵션'의 '사용자 지정 목록'에 설정되어 있는 문자만 가능합니다.
- '사용자 지정 목록'에 설정되어 있지 않을 경우 동일한 데이터인 '서울'로 나머지 셀이 채워집니다.

❖ **다음과 같이 자동 채우기를 이용하여 채우시오.**

[M12:M17]	[O12:O17]
모든 셀 100	50씩 증가

❶ [M12] 셀에 '100'을 입력한 후 [M12:M17] 영역을 선택합니다.

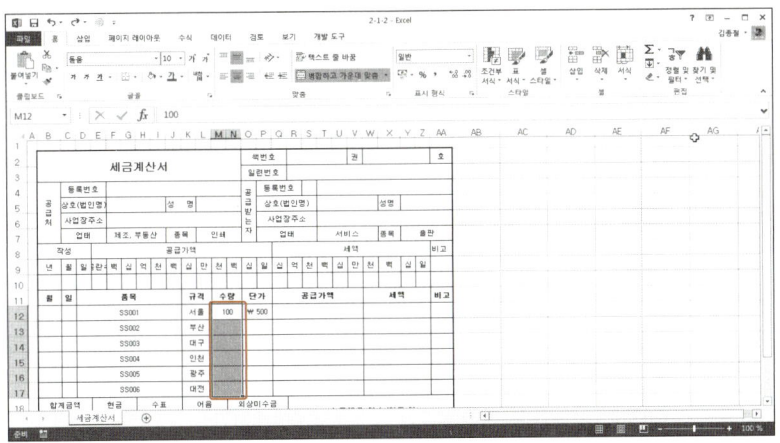

❷ [홈] 탭-[편집] 그룹-[채우기]의 목록 단추를 클릭합니다.

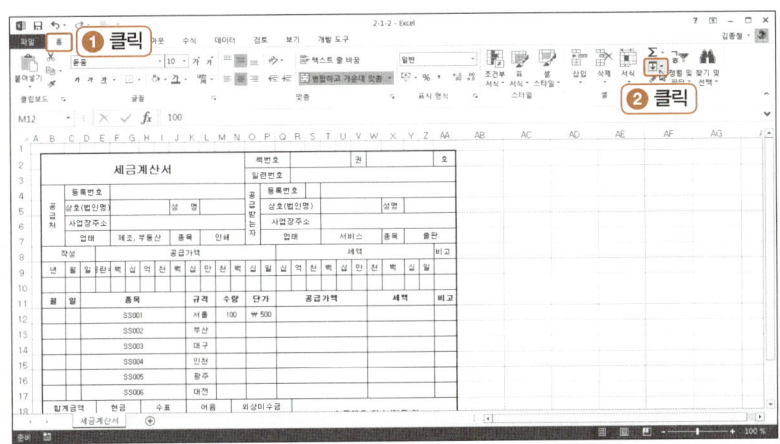

❸ '아래쪽'을 선택합니다.

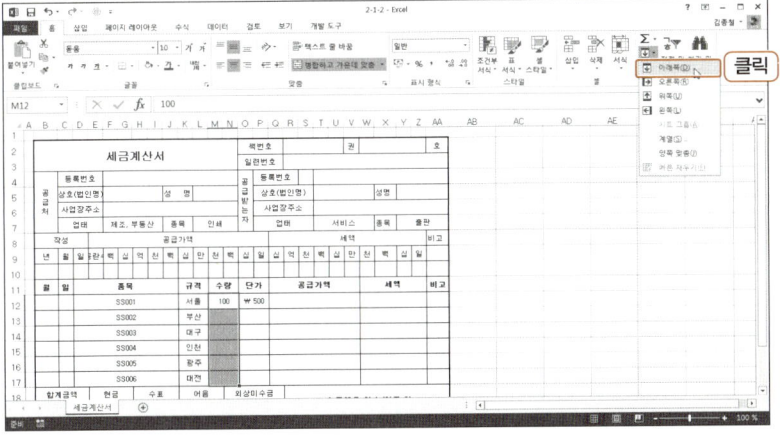

❹ 동일한 데이터 값(100)이 채워
집니다.

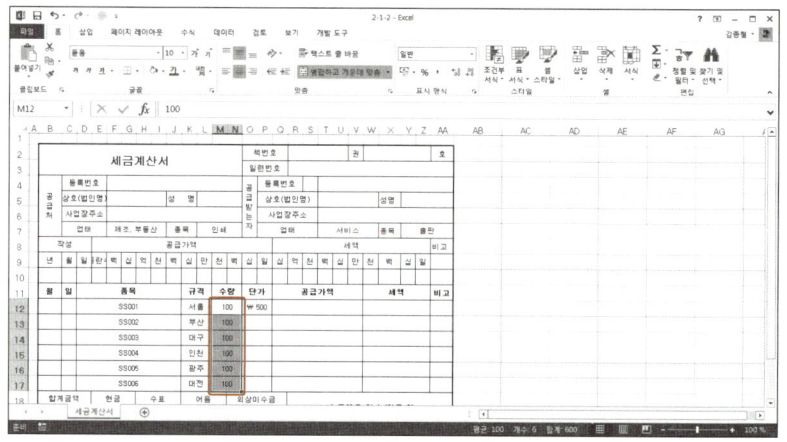

❺ [O12:O17] 영역을 선택합니
다. 그런 다음 [홈] 탭-[편집]
그룹-[채우기]의 목록 단추를
클릭한 후 '계열'을 선택합니다.

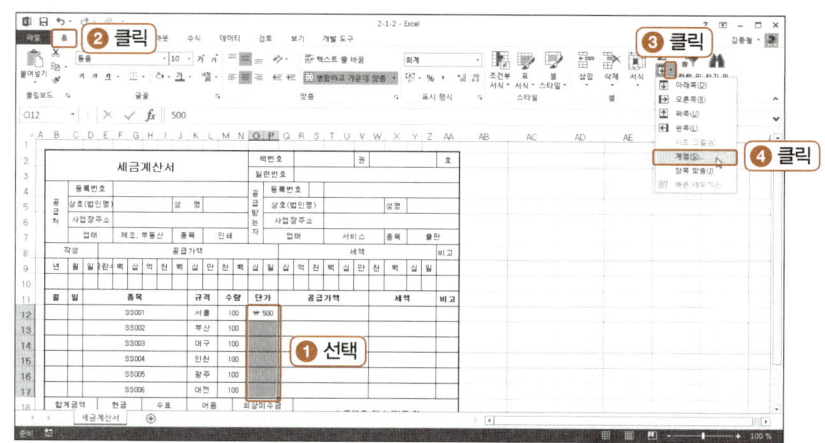

❻ '단계 값 : 50'을 입력한 후 〈확
인〉을 클릭합니다.

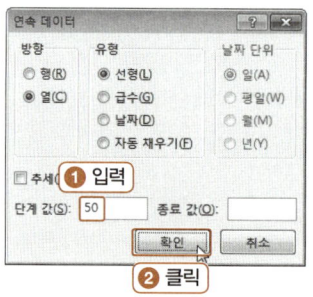

❼ 50씩 값이 증가됩니다.

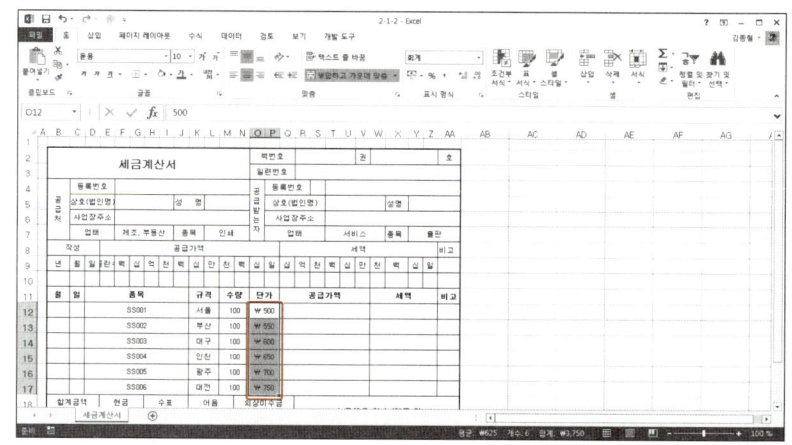

Chapter 02 고급 조건부 서식 및 필터링

2-1 사용자 지정 조건부 서식 만들기

'조건부 서식'은 사용자가 원하는 조건을 만족하는 셀에 미리 지정한 서식을 적용하는 기능입니다. 따라서 조건부 서식을 이용하면 원하는 데이터만 추출해서 편리하게 서식을 지정할 수 있습니다. 특히 데이터에 따라 데이터 막대, 색조, 아이콘 등으로 표시할 수 있습니다.

⊙ 예제 파일 : 2-2-1.xlsx

❖ 다음과 같이 조건부 서식을 이용하여 설정하시오.

영역	[J2]	[A4:A24]
조건	오늘 3일 이전	2007-03-01 이전
서식	파랑 글꼴 색	노란색 채우기

❶ [J2] 셀을 선택한 후 [홈] 탭-[스타일] 그룹-[조건부 서식] 명령 단추를 클릭한 후 '새 규칙'을 선택합니다.

> **멘토의 한 수**
>
> '조건부 서식'을 지정할 때는 셀 영역을 선택한 후 설정합니다.

❷ '수식을 사용하여 서식을 지정할 셀 결정'을 선택한 후 '=$J$2<=TODAY( )-3'을 설정하고 〈서식〉을 클릭합니다.

> **멘토의 한 수**
>
> 오늘을 구하는 함수는 TODAY() 입니다.

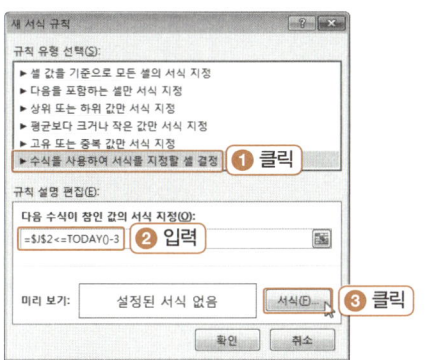

❸ '색'의 목록 단추를 클릭한 후
'파랑'을 선택합니다. 그런 다
음 〈확인〉을 클릭합니다.

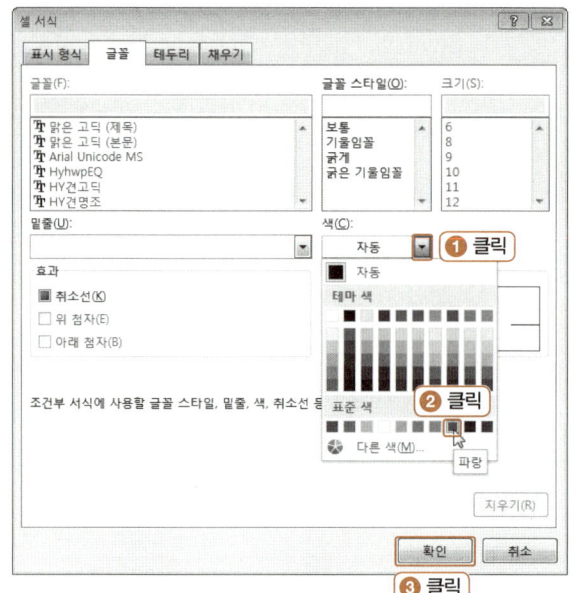

❹ 〈확인〉을 클릭합니다.

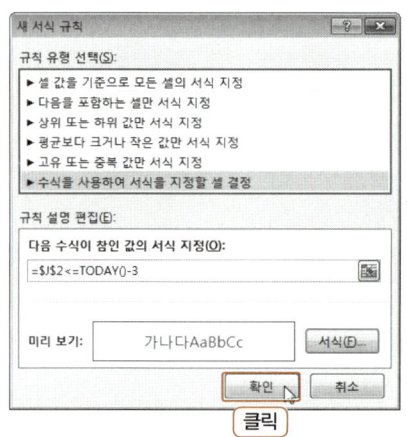

❺ 오늘보다 3일 이전의 데이터
인 경우 파란색 글꼴이 설정됩
니다.

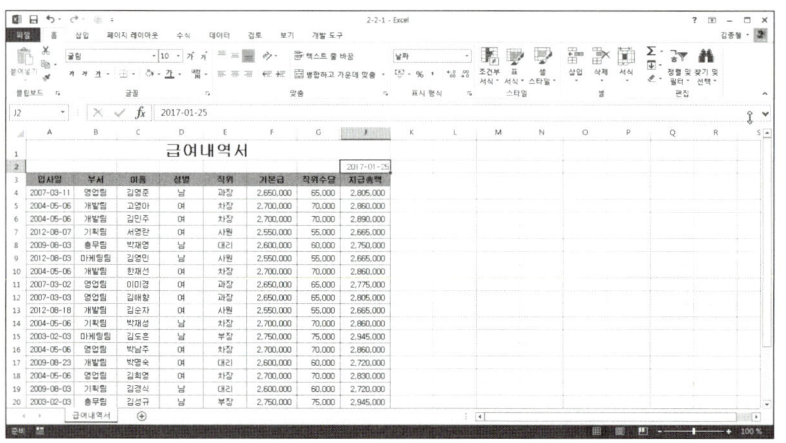

❻ [A4:A24] 영역을 선택한 후 [홈] 탭-[스타일] 그룹-[조건부 서식] 명령 단추를 클릭하고 '셀 강조 규칙'-'보다 작음'을 선택합니다.

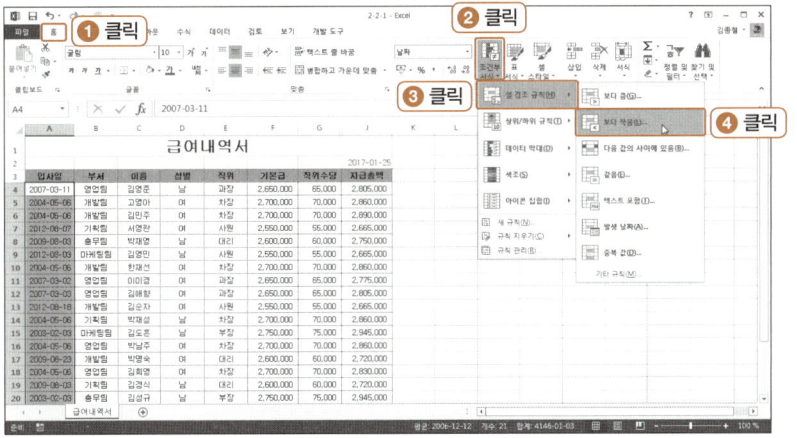

❼ '다음 값보다 작은 셀의 서식 지정 : 2007-03-01'을 입력한 후 '적용할 서식'의 목록 단추를 클릭하고 '사용자 지정 서식'을 선택합니다.

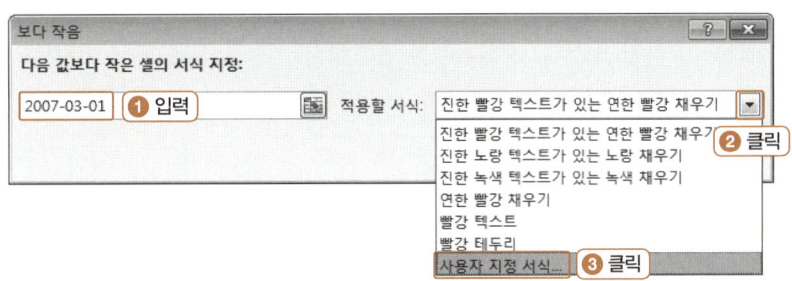

❽ [채우기] 탭에서 '노랑'을 선택한 후 〈확인〉을 클릭합니다.

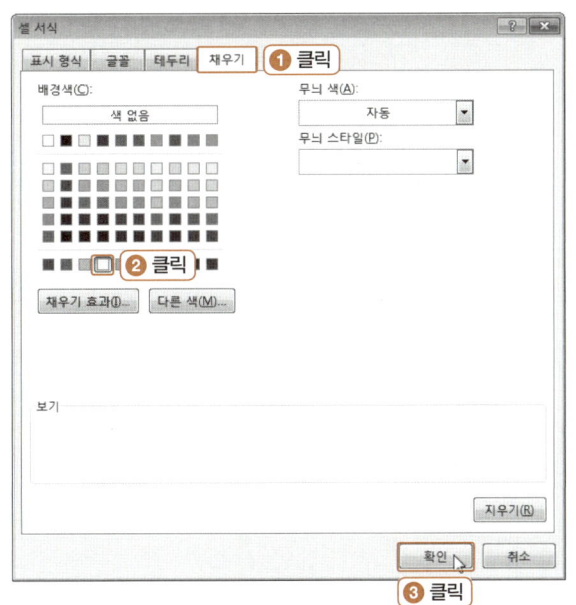

❾ 〈확인〉을 클릭합니다.

⓾ 2007−03−01 이전 데이터에
   노란색 채우기가 설정된 것을
   볼 수 있습니다.

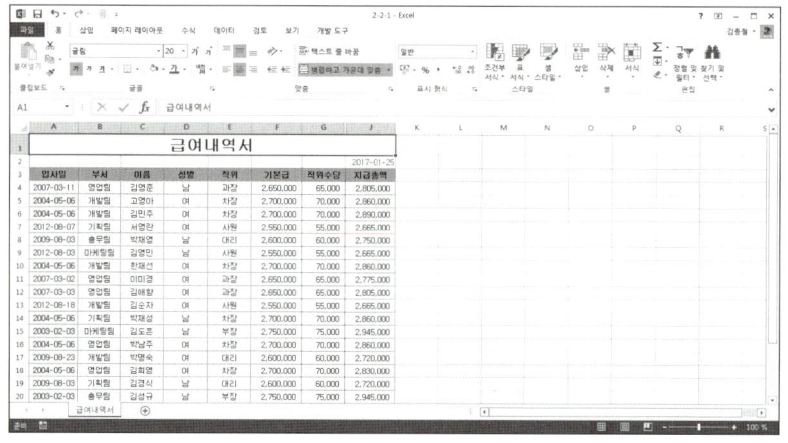

❖ 다음과 같이 조건부 서식을 이용하여 설정한 후 서식을 파란색 채우기로 변경하시오.

영역	[A4:A24]
조건	일요일
서식	빨강 글꼴 색

❶ [A4:A24] 영역을 선택한 후
   [홈] 탭-[스타일] 그룹-[조건
   부 서식] 명령 단추를 클릭하
   고 '새 규칙'을 선택합니다.

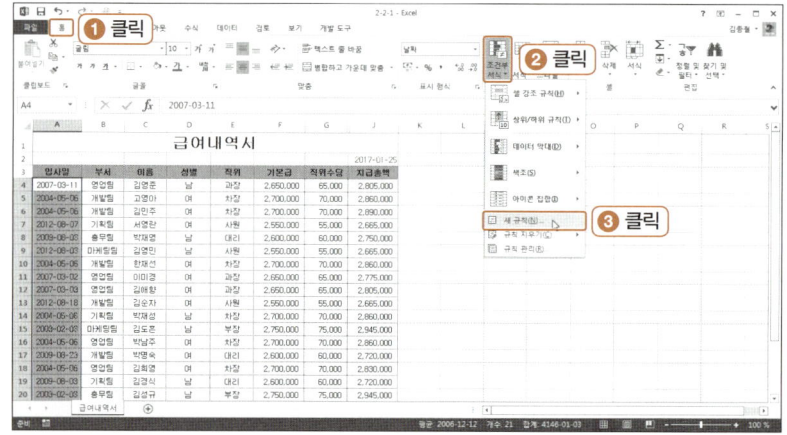

❷ '수식을 사용하여 서식을 지
   정할 셀 결정'을 선택한 후
   '=WEEKDAY($A4,3)=6'을 설
   정하고 〈서식〉을 클릭합니다.

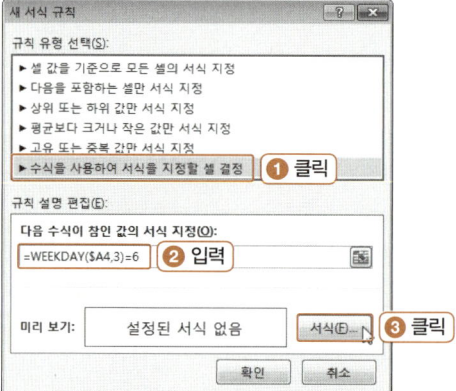

❸ '색'의 목록 단추를 클릭한 후
'빨강'을 선택합니다.

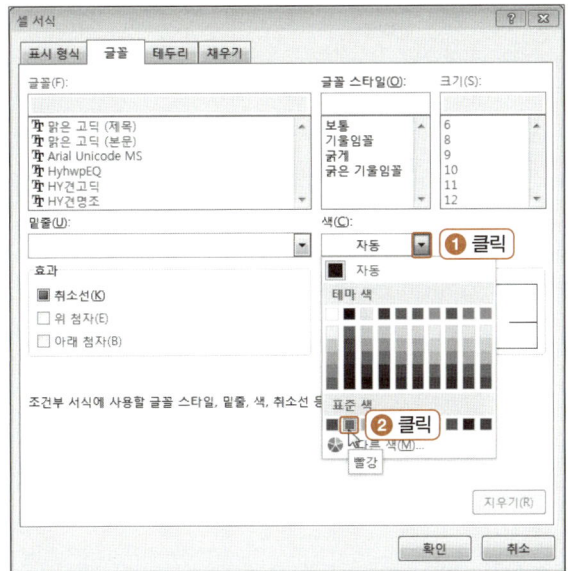

❹ 〈확인〉을 클릭합니다.

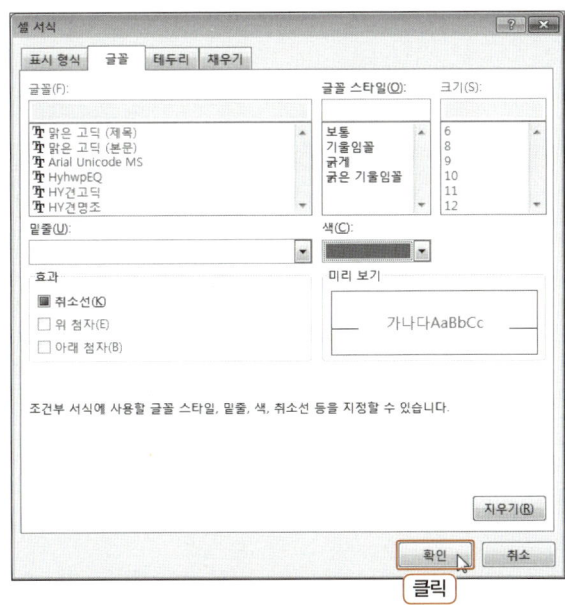

❺ 〈확인〉을 클릭합니다.

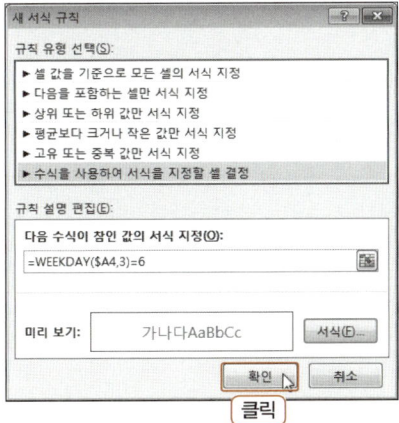

❻ '일요일' 데이터에 빨간색 글꼴이 설정됩니다.

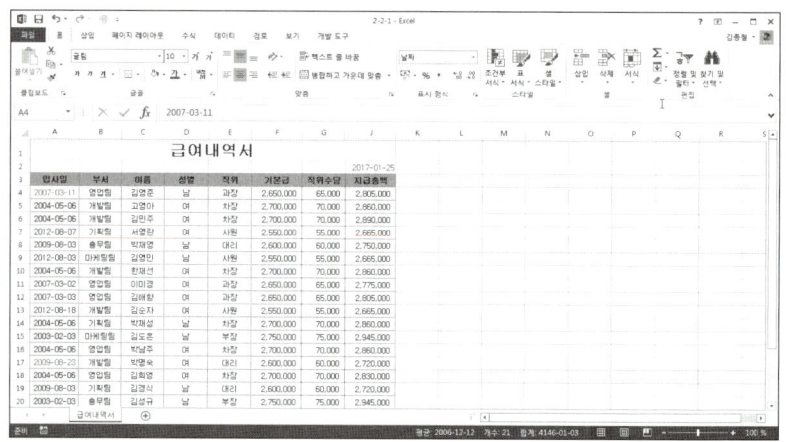

❼ [홈] 탭–[스타일] 그룹–[조건부 서식] 명령 단추를 클릭한 후 '규칙 관리'를 선택합니다.

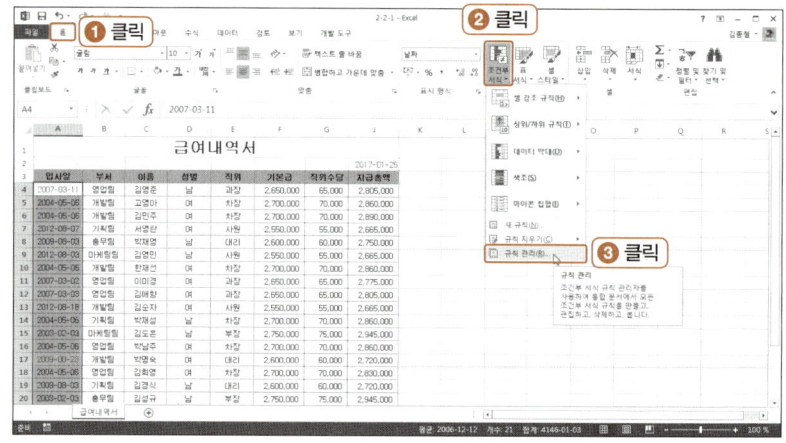

❽ '=WEEKDAY($…' 규칙을 선택한 후 〈규칙 편집〉을 클릭합니다.

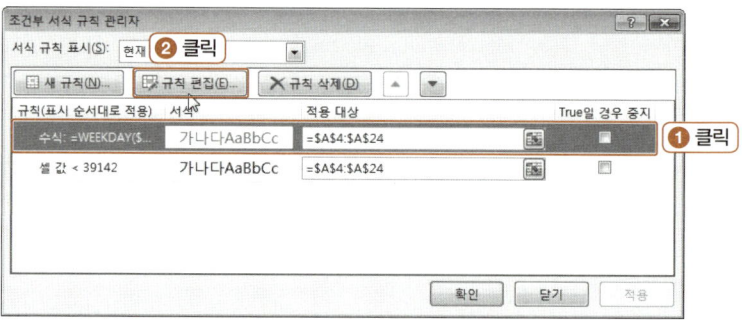

❾ 〈서식〉을 클릭합니다.

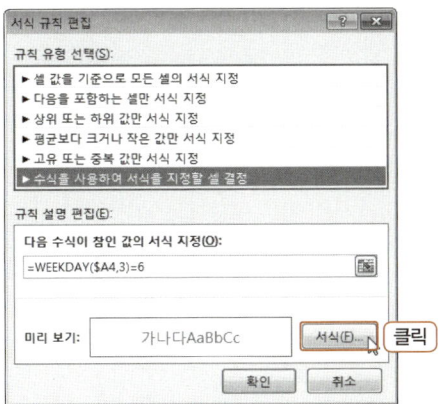

❿ [채우기] 탭에서 '파랑'을 선택
한 후 〈확인〉을 클릭합니다.

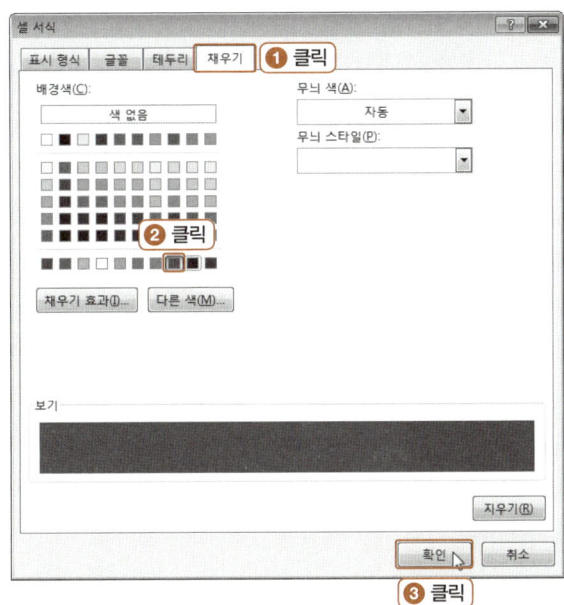

⓫ 〈확인〉을 클릭합니다.

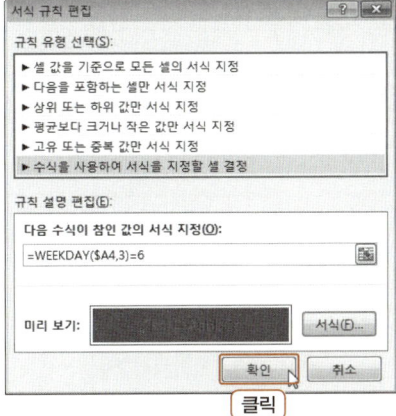

⑫ 〈확인〉을 클릭합니다.

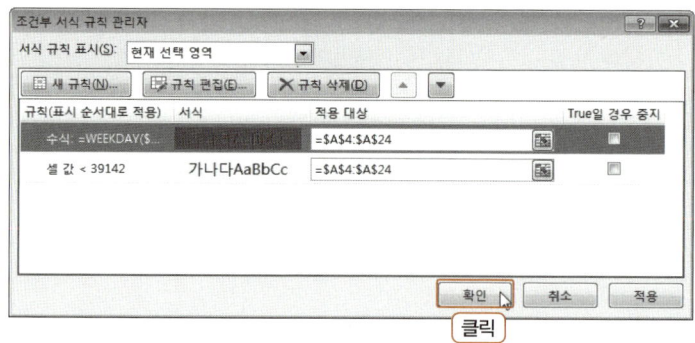

클릭

❖ 조건부 서식의 규칙 순서를 서로 맞바꾸시오.

❶ [홈] 탭-[스타일] 그룹-[조건
부 서식] 명령 단추를 클릭한
후 '규칙 관리'를 선택합니다.

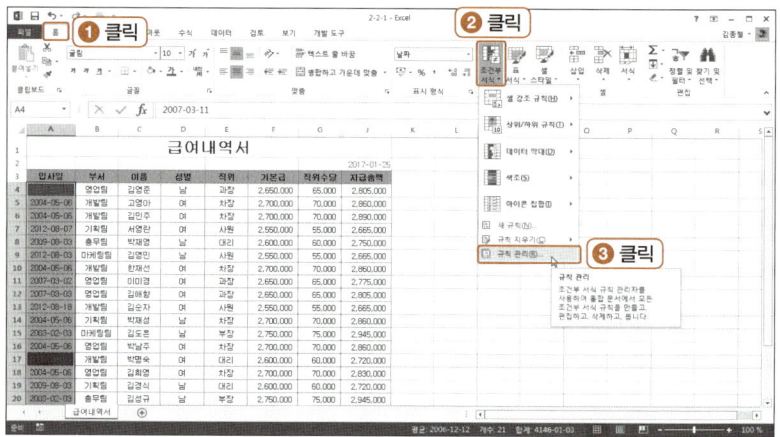

❷ 첫 번째 규칙을 선택한 후 [아
래로 이동] 명령 단추를 클릭
합니다.

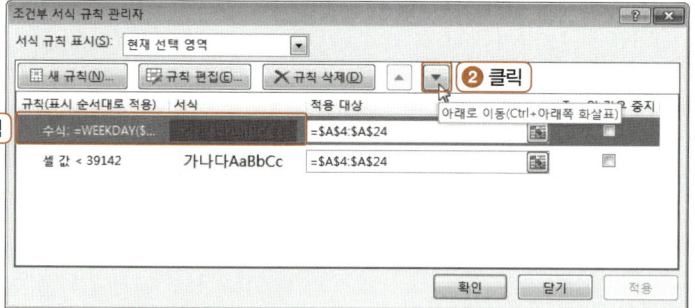

두 번째 규칙을 선택한 후 [위로 이동] 명령 단추를 클릭해도 됩니다.

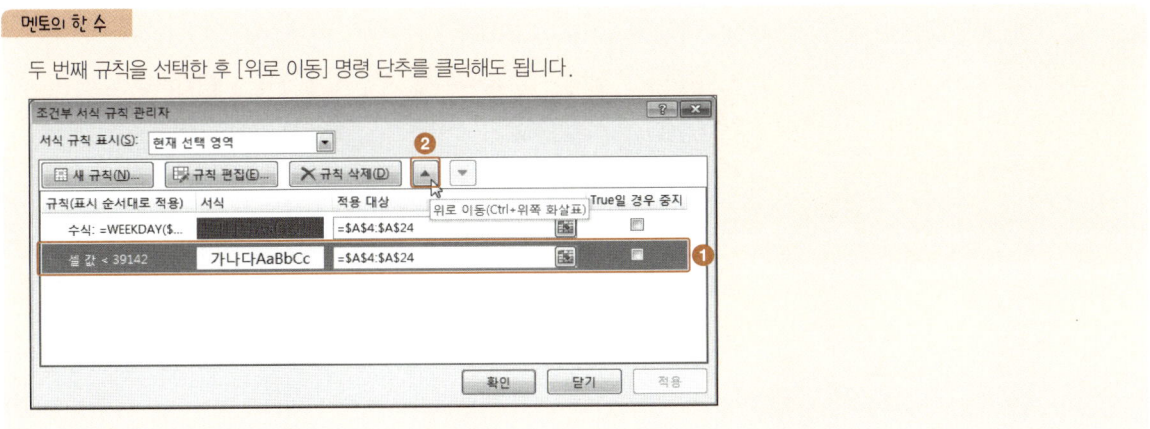

❸ 〈확인〉을 클릭합니다.

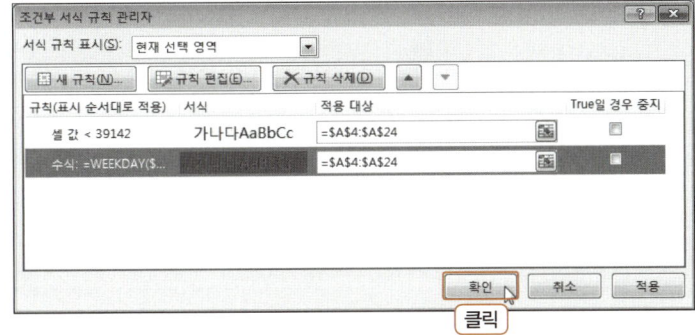

Chapter 03 사용자 지정 스타일 및 서식 파일 적용

3-1 셀 스타일 만들기

스타일은 글꼴, 테두리, 음영 등 셀에 적용할 서식을 한 번에 설정할 수 있도록 미리 만들어 놓은 것입니다. 엑셀 2013에서는 간단하게 적용할 수 있는 다양한 셀 스타일이 만들어져 있습니다. 또한 사용자가 원하는 스타일이 있으면 별도로 만들어서 저장할 수 있습니다.

⊙ 예제 파일 : 2–3–1.xlsx

❖ 다음과 같이 새로운 셀 스타일을 등록하시오.

스타일 이름	글꼴 스타일	배경색
모자이크서식	굵게, 기울임꼴	주황

❶ [홈] 탭–[스타일] 그룹–[셀 스타일]–[새 셀 스타일] 명령 단추를 클릭합니다.

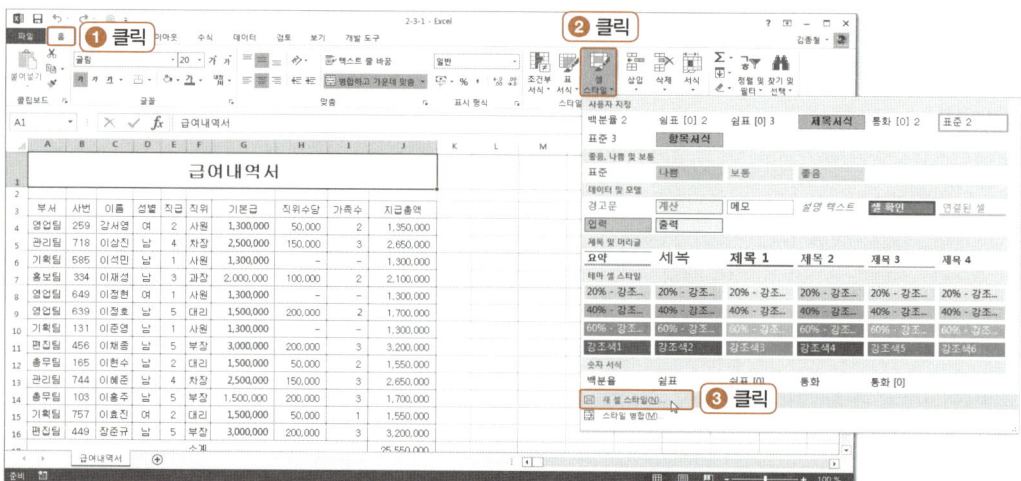

❷ '스타일 이름'에 '모자이크서식'을 입력한 후 〈서식〉을 클릭합니다.

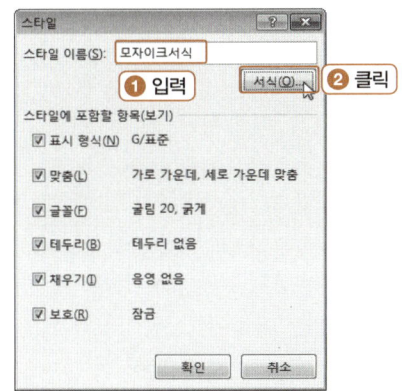

❸ [글꼴] 탭에서 '글꼴 스타일 : 굵은 기울임꼴'을 선택합니다.

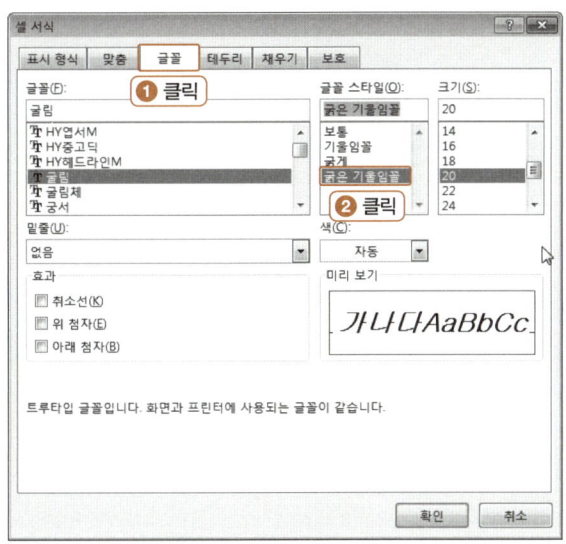

❹ [채우기] 탭에서 '배경색 : 주황'을 선택한 후 〈확인〉을 클릭합니다.

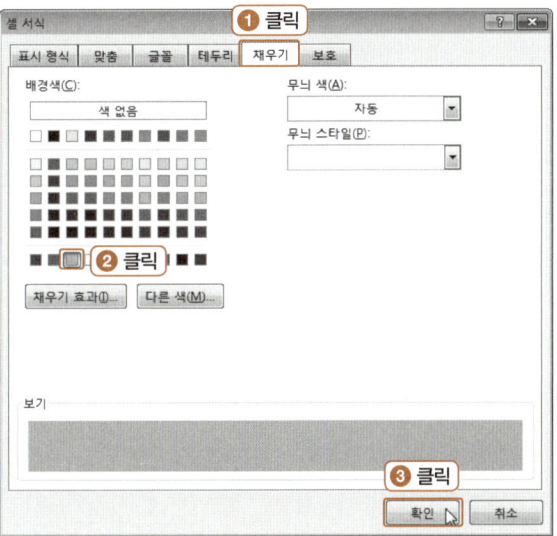

❺ 〈확인〉을 클릭합니다.

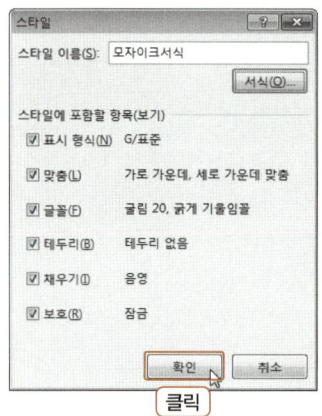

❻ '모자이크서식'이 등록된 것을 볼 수 있습니다.

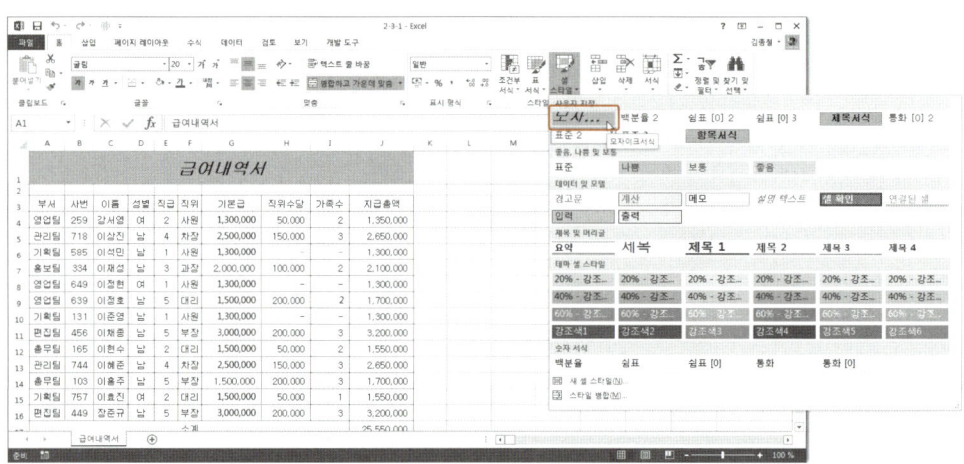

3-2 사용자 지정 색 및 글꼴 서식 만들기

엑셀에는 기본적으로 테마가 포함되어 있지만 사용자에 맞게 수정할 수 있습니다. 나만의 글꼴, 색 등을 저장하여 엑셀 문서를 꾸밀 때 사용하면 편리합니다.

❖ 다음과 같이 사용자 지정 색을 변경하시오.

테마 색	색상	이름
강조 3	빨강(100), 녹색(150), 파랑(180)	모자이크

❶ [페이지 레이아웃] 탭-[테마]
그룹-[색] 명령 단추를 클릭
한 후 '색 사용자 지정'을 선택
합니다.

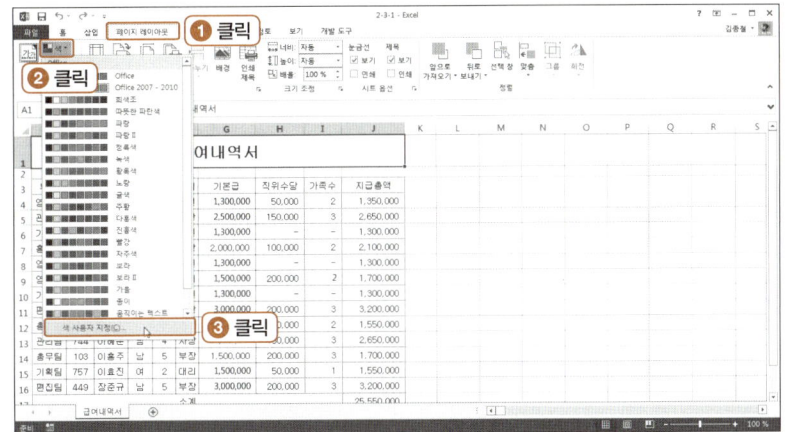

❷ '강조 3'에서 목록 단추를 클릭
한 후 '다른 색'을 선택합니다.

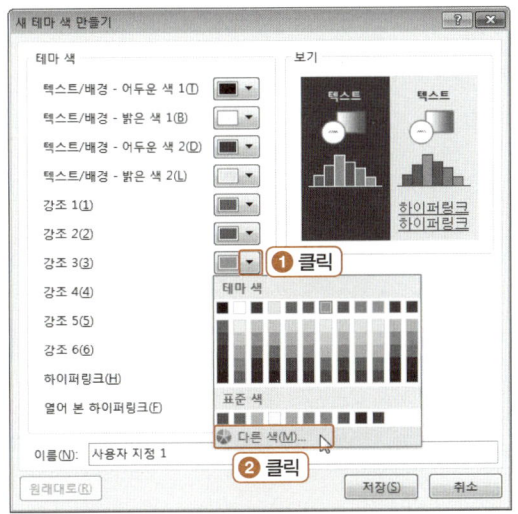

❸ '빨강(100), 녹색(150), 파랑
(180)' 설정한 후 〈확인〉을 클
릭합니다.

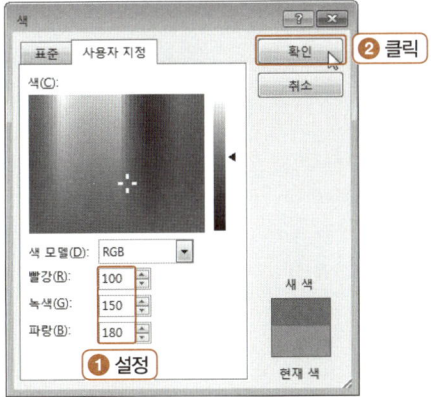

❹ '이름 : 모자이크'로 변경한 후 〈저장〉을 클릭합니다.

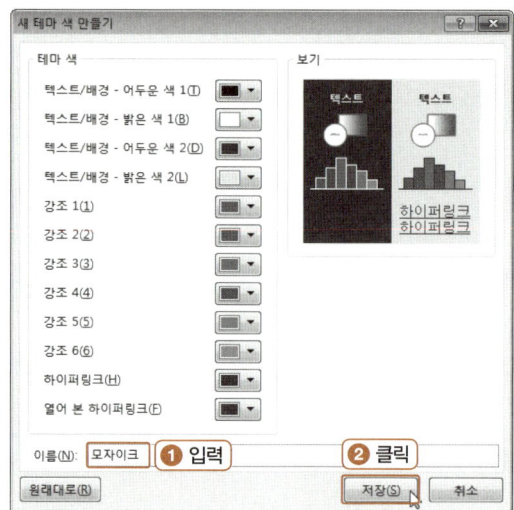

❺ [페이지 레이아웃] 탭-[테마] 그룹-[색] 명령 단추를 클릭하면 추가한 테마 색을 볼 수 있습니다.

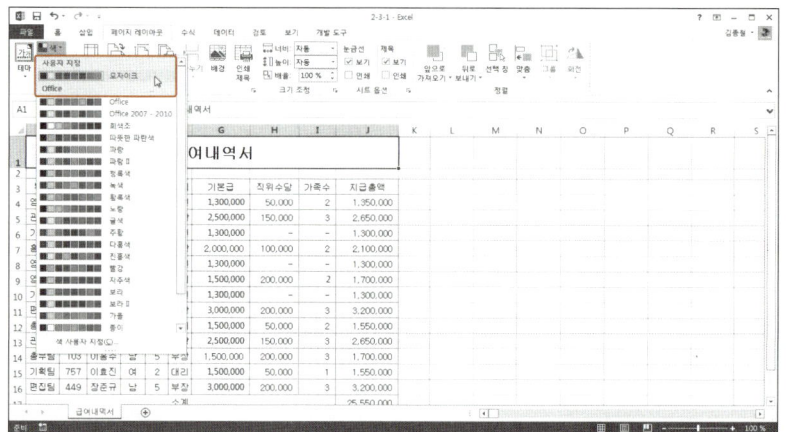

'글꼴 사용자 지정'은 [페이지 레이아웃] 탭-[테마] 그룹-[글꼴] 명령 단추를 클릭한 후 '글꼴 사용자 지정'을 선택합니다.

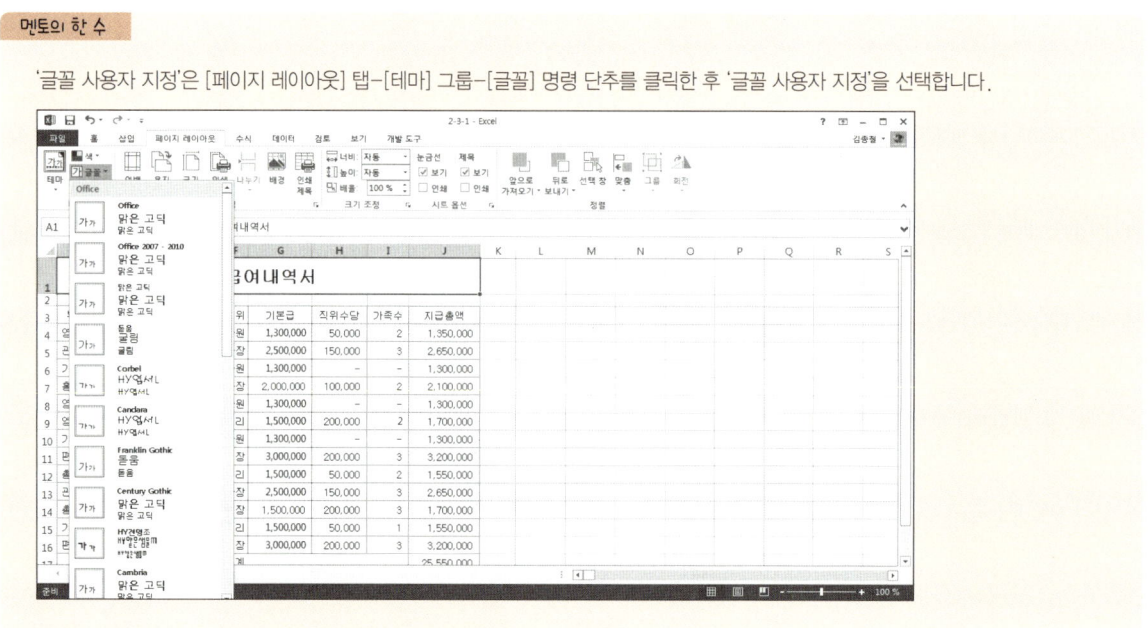

3-3 테마 만들기

테마는 통합 문서에 저장된 글꼴, 색, 효과 서식입니다. 나만의 테마는 저장해 두고 엑셀은 물론 다른 MS 오피스 프로그램에서도 사용할 수 있습니다.

⊙ 예제 파일 : 2-4-1.xlsx

❖ 현재 테마를 '모자이크테마'로 저장하시오.

❶ [페이지 레이아웃] 탭-[테마] 그룹-[테마] 명령 단추를 클릭하고 '현재 테마 저장'을 선택합니다.

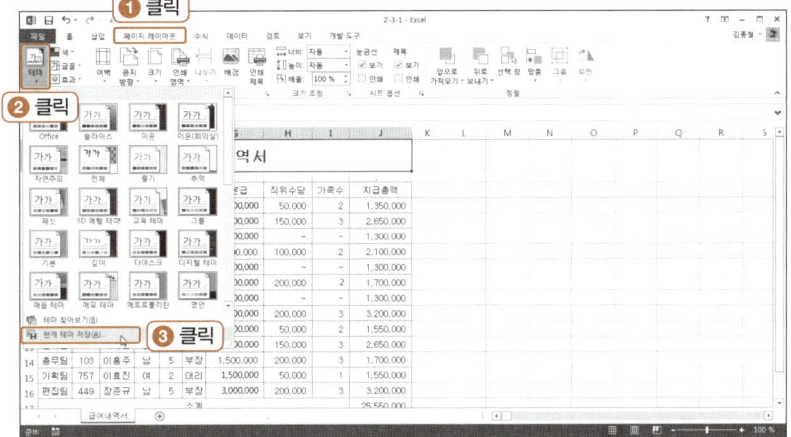

❷ '파일 이름 : 모자이크테마'를 입력한 후 〈저장〉을 클릭합니다.

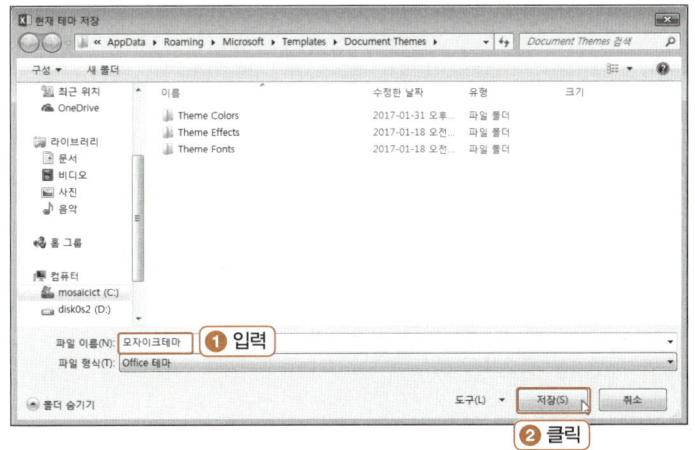

멘토의 한 수

테마를 저장하면 'C:\Users\user\AppData\Roaming\Microsoft\Templates\Document Themes'에 저장됩니다.

3-4 양식 필드

양식은 워크시트에 내용을 입력할 때 보다 편리하게 수행할 수 있는 도구를 제공합니다. 또한 매크로와 연동하여 역동적인 문서를 만들 수 있습니다.

❖ 다음과 같이 양식 필드를 삽입하시오.

콤보 상자	스핀 단추
위치 : A4	위치 : B4
입력 범위 : G5:G9, 목록 표시 줄 수 : 3	최대값 : 100, 셀 연결 : B4

❶ [개발 도구] 탭–[양식 컨트롤]
그룹–[삽입] 명령 단추를 클
릭하고 '콤보 상자(양식 컨트
롤)'를 선택합니다.

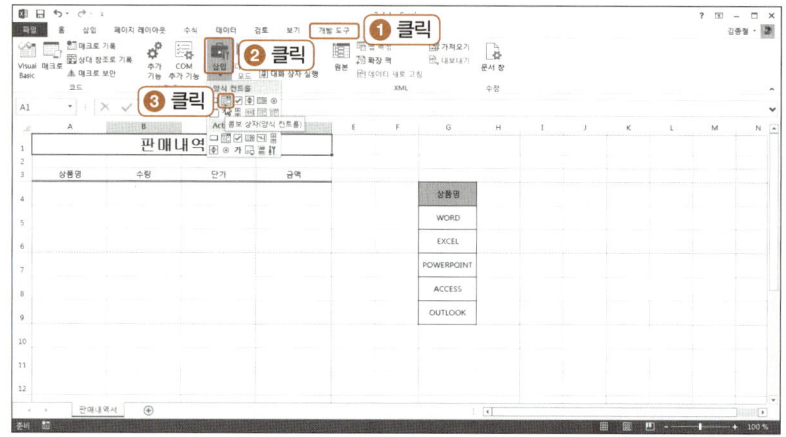

❷ [A4] 셀에 드래그해서 그립
니다.

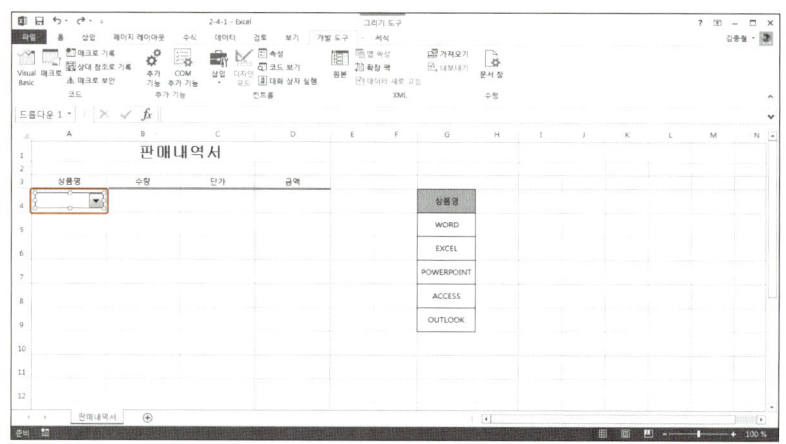

❸ '콤보 상자' 위에서 마우스 오
른쪽 단추를 클릭한 후 '컨트
롤 서식'을 선택합니다

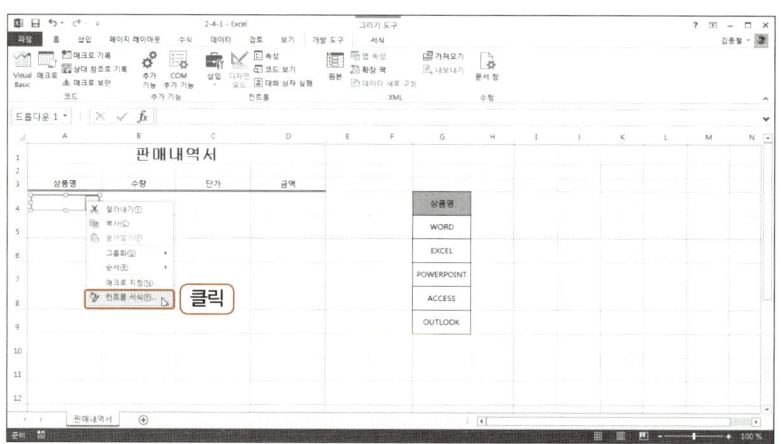

❹ [컨트롤] 탭에서 '입력 범위 : G5:G9, 목록 표시 줄 수 : 3' 으로 설정한 후 〈확인〉을 클릭 합니다.

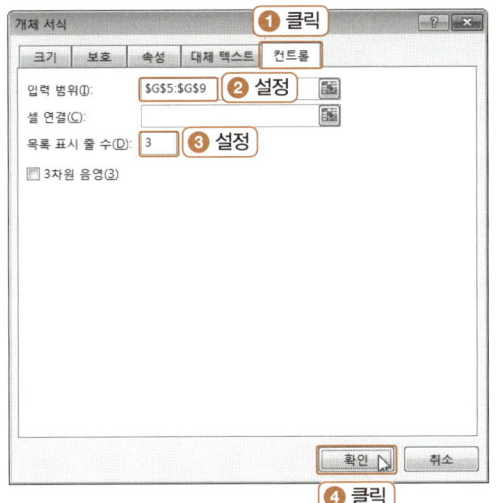

❺ 목록 단추를 클릭하면 편리하 게 입력할 수 있습니다.

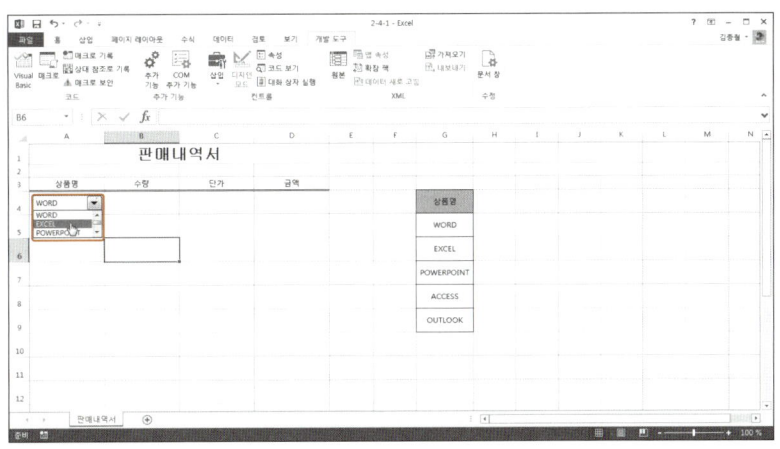

❻ [개발 도구] 탭-[양식 컨트롤] 그룹-[삽입] 명령 단추를 클 릭하고 '스핀 단추(양식 컨트 롤)'를 선택합니다.

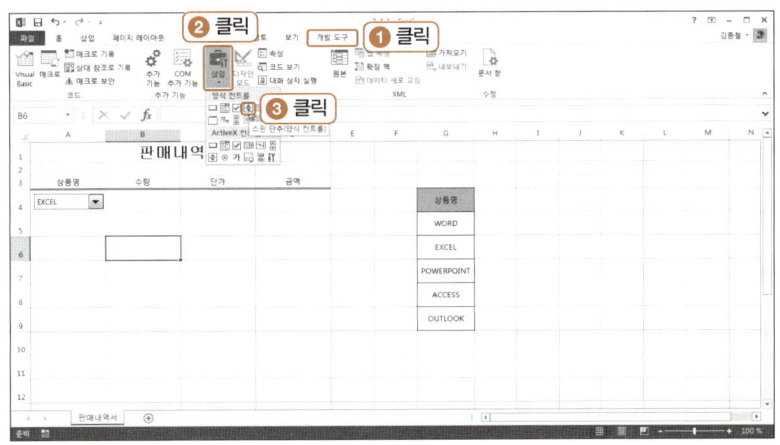

❼ 다음과 같이 [B4] 셀에 드래그
해서 그립니다.

❽ '스핀 단추' 위에서 마우스 오
른쪽 단추를 클릭한 후 '컨트
롤 서식'을 선택합니다.

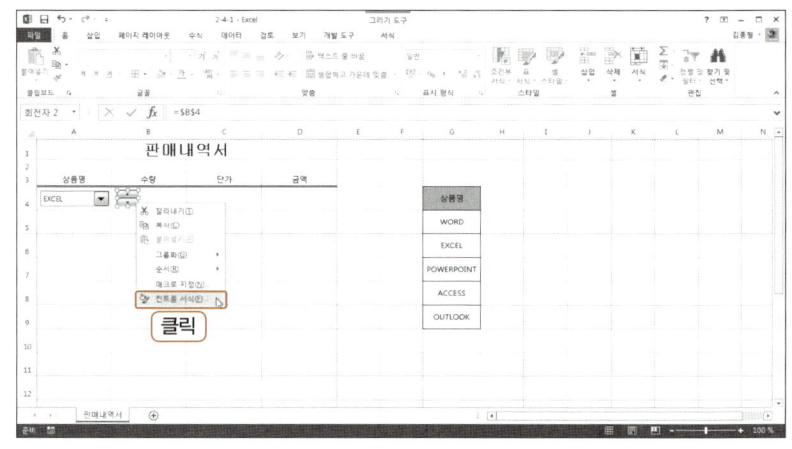

❾ [컨트롤] 탭에서 '최대값 :
100, 셀 연결 : B4'로 설정한
후 〈확인〉을 클릭합니다.

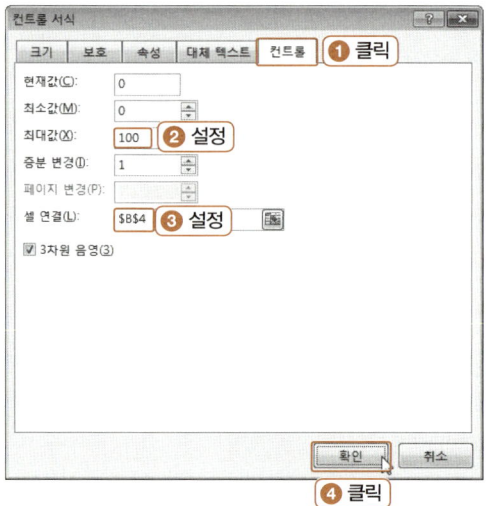

❿ '스핀 단추'를 클릭하면 숫자가
입력됩니다.

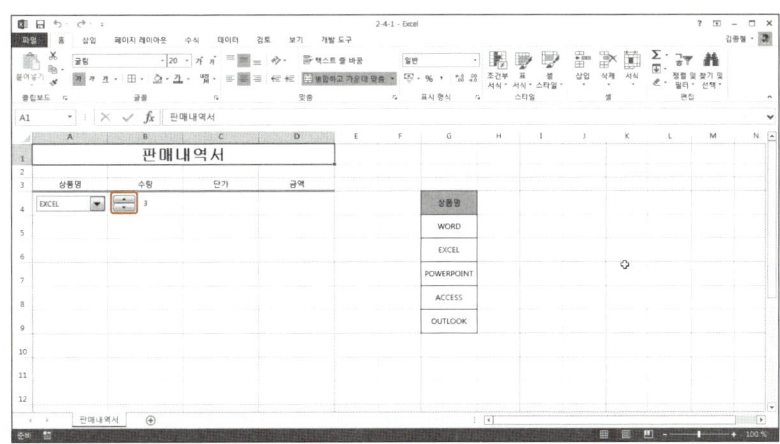

Chapter 04 접근성을 위한 통합 문서 준비

4-1 접근성 도구

엑셀은 워크시트의 내용을 읽고 편집하는 데 어려움이 있는 사용자를 위해 '접근성 도구'를 제공합니다. 예를 들어, 시각 장애가 있는 사용자에게 대체 하이퍼링크에 '표시할 텍스트'를 제공하는 것 등을 말합니다.

⊙ 예제 파일 : 2-4-2.xlsx

❖ **통합 문서의 접근성 검사를 실행하시오.**

❶ [파일] 탭-[정보]-[문제 확인]-[접근성 검사]를 클릭합니다.

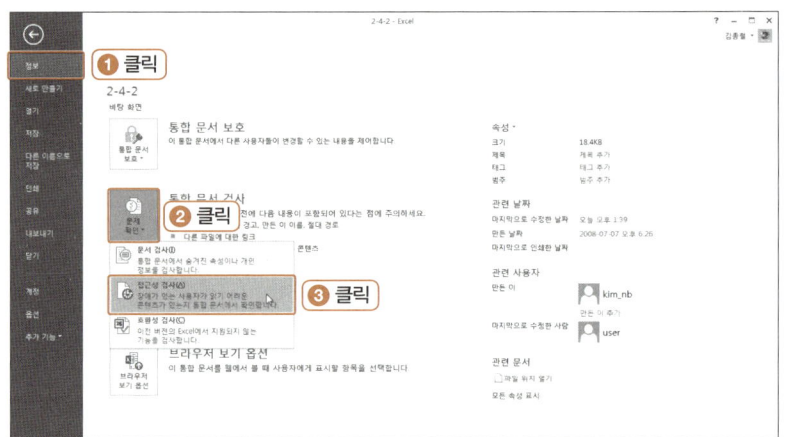

❷ 오른쪽에 접근성 검사 결과가 나타납니다.

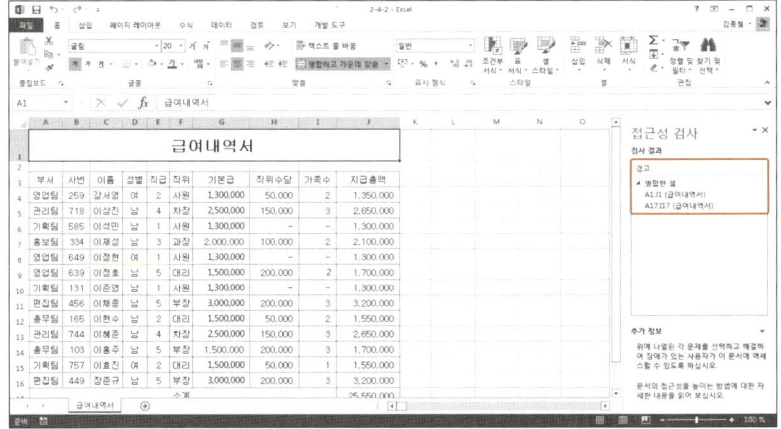

4-2 국제 형식으로 데이터 표시하기

엑셀 통합 문서를 만들 때 여러 언어, 국제 측정 단위 등을 사용할 수 있습니다. 여러 언어로 된 통합 문서를 작성할 때 사용하면 편리합니다.

❖ '사용할 사전의 언어'를 '영어(영국)'로 설정하시오.

❶ [파일] 탭-[옵션]을 클릭합니다.

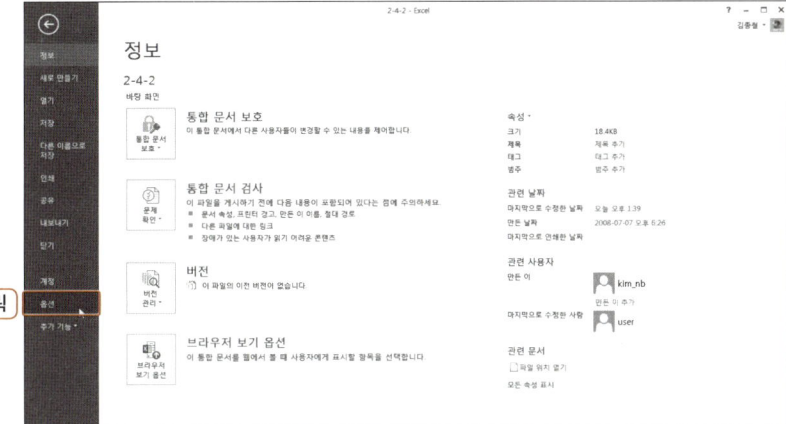

❷ '언어 교정'에서 '사용할 사전의 언어' 목록을 클릭한 후 '영어(영국)'를 선택합니다.

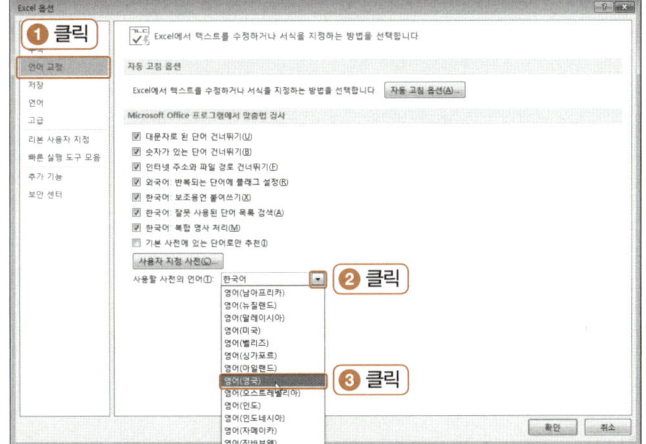

❸ 〈확인〉을 클릭합니다.

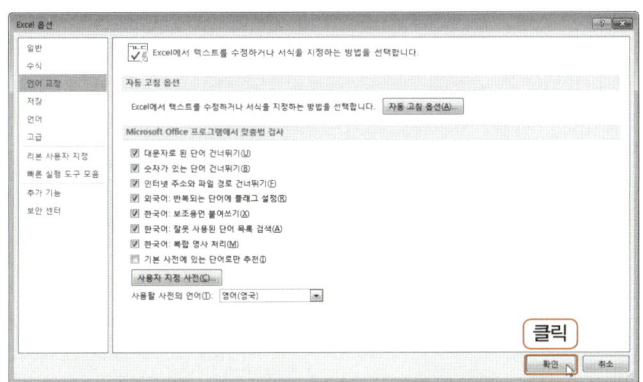

M·E·M·O

PART 3

고급 수식 만들기

학습목표

수식에 함수 적용, 함수를 사용한 데이터 찾기, 고급 날짜 및 시간 함수, 시나리오 등을 설정하는 방법에 대해 알아봅니다.

Chapter 01. 수식에 함수 적용

Chapter 02. 시나리오

Chapter 01 수식에 함수 적용

1-1 기본 함수

함수는 복잡한 계산을 빠르고 편리하게 사용할 수 있도록 엑셀에서 미리 만들어 둔 수식 기능입니다. 그 중 엑셀에서 가장 많이 사용하는 함수는 합계(SUM), 평균(AVERAGE), 최소값(MIN), 최대값(MAX), 개수(COUNT) 등이 있습니다.

◉ 예제 파일 : 3-1-1.xlsx

❖ '1' 시트에서 함수를 이용하여 [M4:M8] 영역에 맞게 지급액을 구하시오.

❶ [M4] 셀을 선택한 후 [수식] 탭-[함수 라이브러리] 그룹-[자동 합계] 명령 단추를 클릭합니다.

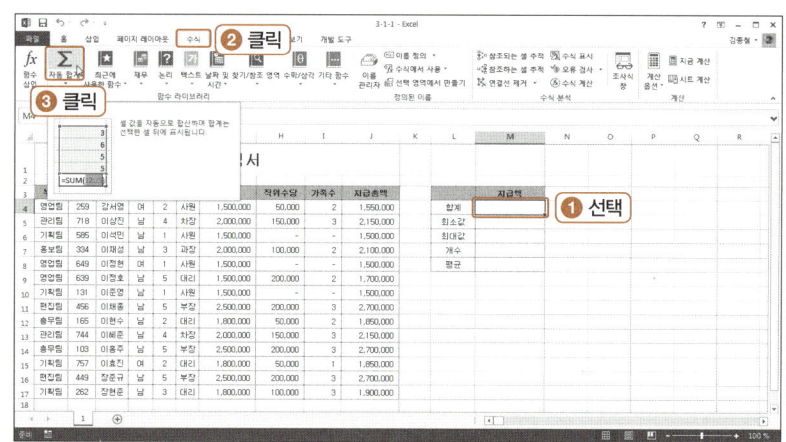

멘토의 한 수

• [홈] 탭-[편집] 그룹-[합계] 명령 단추를 클릭해도 됩니다.

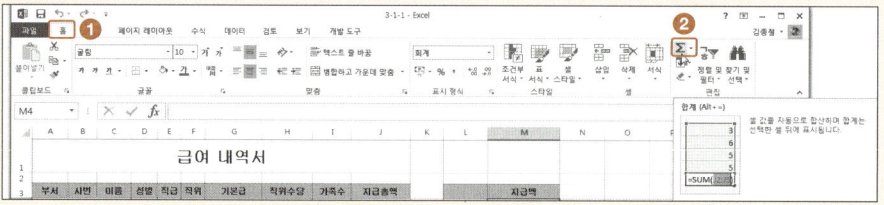

• **함수 구문 |** =SUM(Number1, Number2⋯)
인수(Number1, Number2⋯) | 합계를 구하는 인수들로 개별 숫자와 숫자로 입력된 셀 영역을 모두 이용할 수 있으며, 최대 255개까지 지정할 수 있습니다.

❷ [J4:J17] 영역을 설정한 후 Enter를 누릅니다.

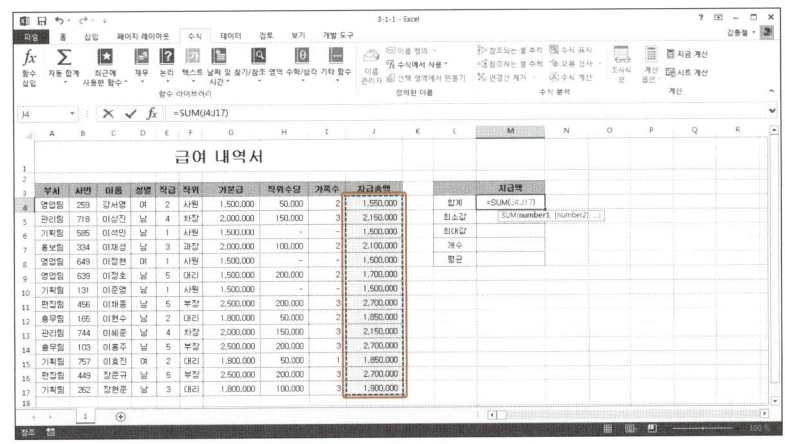

❸ 지급액의 '합계'를 볼 수 있습니다.

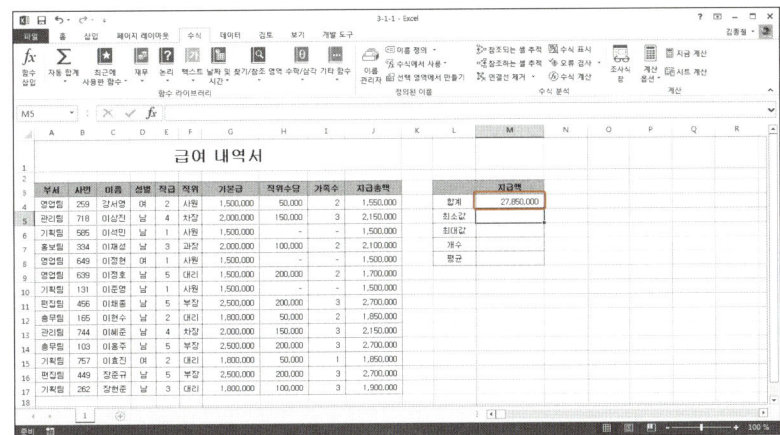

- 함수 '=SUM(J4:J17)'을 직접 입력해도 됩니다.
- 함수를 구할 이름을 입력한 후 Ctrl + A 를 누르면 [함수 인수] 대화상자가 나타납니다. 즉, '=SUM'을 입력한 후 단축키 Ctrl + A 를 누르면 'SUM' 함수에 대한 [함수 인수] 대화상자가 나타납니다.
- Shift + F3 을 누르고 '함수 마법사'를 불러온 후 삽입해도 됩니다.

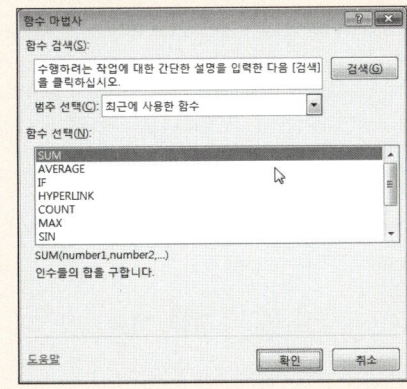

❹ [M5] 셀을 선택한 후 [수식]
탭–[함수 라이브러리] 그룹–[자
동 합계]의 목록 단추를 클릭하
고 '최소값'을 선택합니다.

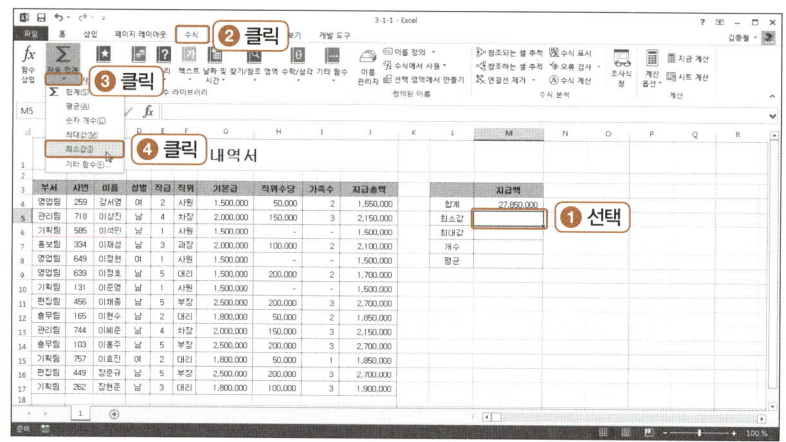

멘토의 한 수

• **함수 구문 |** =MIN(Number1, Number2…)
인수(Number1, Number2…) | 최소값을 구하는 인수들로 개별 숫자와 참조 영역을 모두 이용할 수 있으며, 최대 255개까지 지
정할 수 있습니다.

• **함수 구문 |** =MAX(Number1, Number2…)
인수(Number1, Number2…) | 최대값을 구하는 인수들로 개별 숫자와 참조 영역을 모두 이용할 수 있으며, 최대 255개까지 지
정할 수 있습니다.

❺ [J4:J17] 영역을 설정한 후
Enter 를 누릅니다. 동일한
방법으로 [M6] 셀에 최대값
(MAX 함수)을 구합니다.

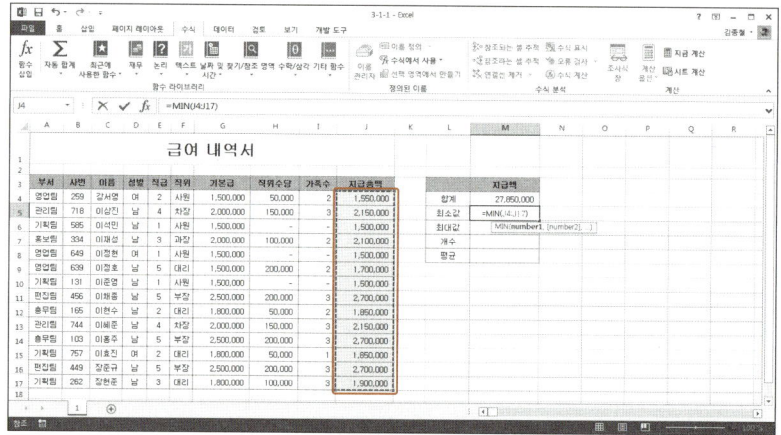

❻ [M7] 셀을 선택한 후 [수식]
탭–[함수 라이브러리] 그룹
–[자동 합계]의 목록 단추를
클릭하고 '숫자 개수'를 선택합
니다.

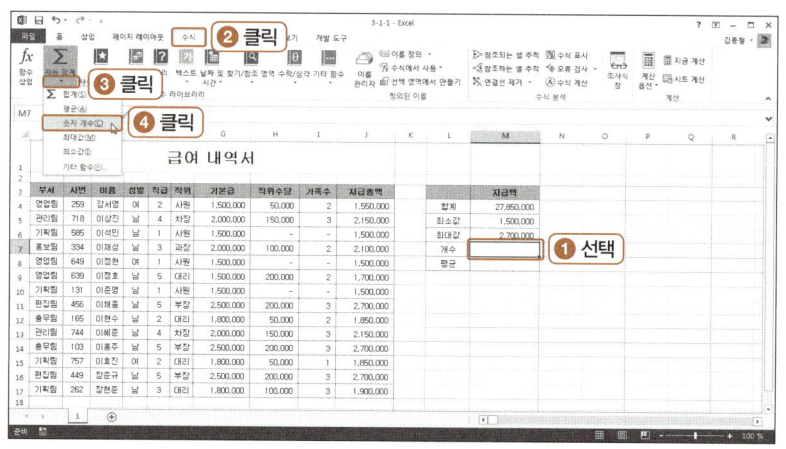

- **함수 구문 |** =COUNT(Value1, Value2…)
  인수(Value1, Value2…) | 인수들 중에 숫자가 입력된 셀의 개수를 세려는 영역을 지정합니다.

- **함수 구문 |** =COUNTA(Value1, Value2…)
  인수(Value1, Value2…) | 인수들 중에 값이 입력되어 있거나 비어 있지 않은 셀의 개수를 세려는 영역을 지정합니다.

- **함수 구문 |** =COUNTBLANK(Range)
  인수(Value1, Value2…) | 인수들 중에 값이 비어 있는 셀의 개수를 세려는 영역을 지정합니다.

- **함수 구문 |** =COUNTIF(Range, Criteria)
  인수(Range, Criteria) | 조건에 맞는 데이터를 검색할 셀 영역을 지정(Range), Range에서 검색할 조건을 지정합니다(Criteria).

❼ [J4:J17] 영역을 설정한 후 Enter 를 누릅니다.

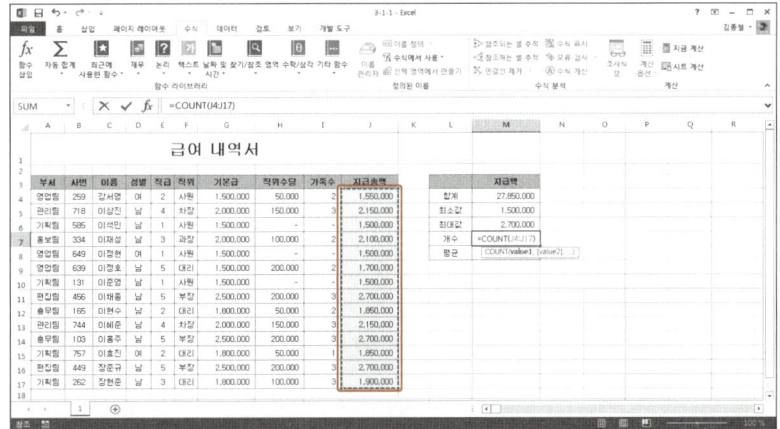

❽ [M8] 셀을 선택한 후 [수식] 탭-[함수 라이브러리] 그룹-[자동 합계]의 목록 단추를 클릭하고 '평균'을 선택합니다.

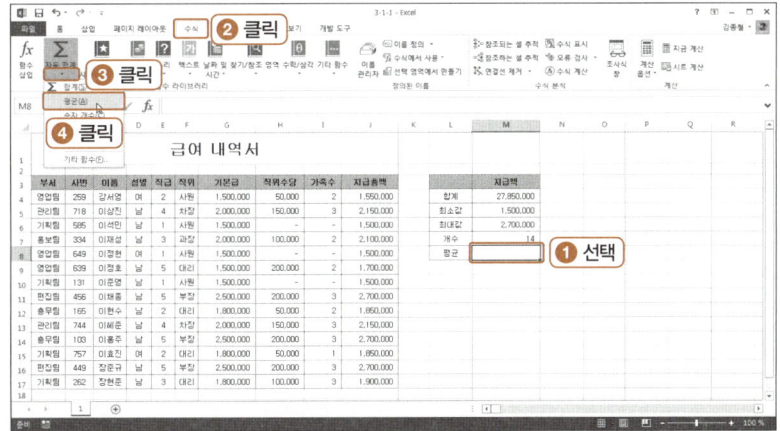

함수 구문 | =AVERAGE(Number1, Number2…)
인수(Number1, Number2…) | 평균을 구하는 인수들로 개별 숫자와 숫자로 입력된 셀 영역을 모두 이용할 수 있으며, 최대 255개까지 지정할 수 있습니다.

❾ [J4:J17] 영역을 설정한 후 Enter 를 누릅니다.

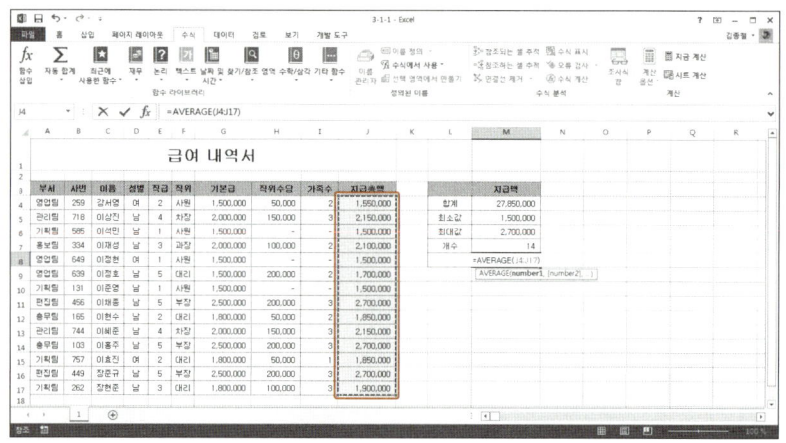

❿ 지급액의 '평균'을 볼 수 있습니다.

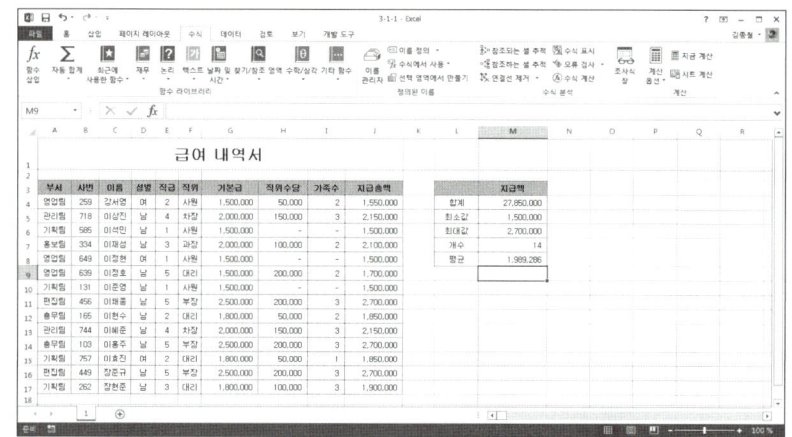

1-2 논리 함수

IF 함수는 양자 택일 함수로서 어떤 조건을 만족하면 A 결과값, 그렇지 않으면 B 결과값을 나타낼 때 사용합니다. 또한 함수를 사용하다보면 하나의 함수로는 원하는 결과값을 얻지 못할 경우가 종종 발생합니다. 이럴 경우를 대비해서 여러 개의 함수를 중첩해서 사용할 수 있습니다. 중첩 함수를 이용하면 도저히 얻지 못할 것 같은 결과값도 의외로 쉽게 처리할 수 있습니다. 가장 많이 사용하는 중첩 함수 중 하나는 IF와 AND/OR 함수를 같이 사용하는 방법입니다.

❖ '2' 시트에서 함수를 이용하여 [H4:H17] 영역에 평균이 800을 초과하면 'Pass', 그렇지 않으면 'Fail'이 나타나도록 설정하시오.

❶ [H4] 셀을 선택한 후 [수식]
탭-[함수 라이브러리] 그
룹-[논리] 명령 단추를 클릭
한 후 'IF'를 선택합니다.

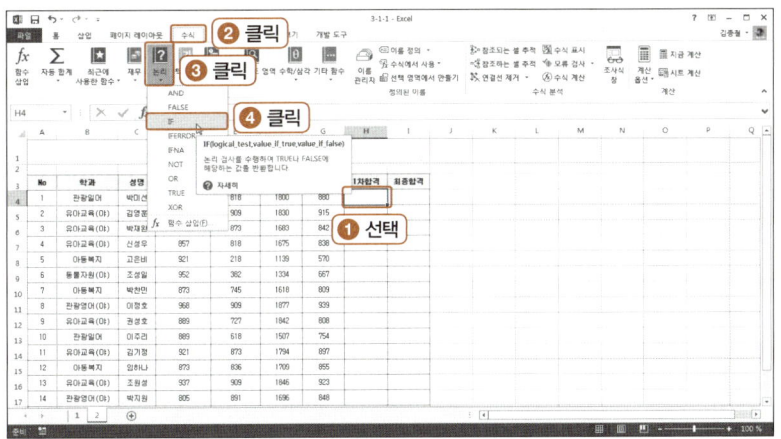

❷ 'Logical _test' 항목에
'G4〉800', 'Value_if_true' 항
목에 'Pass', 'Value_if_false'
항목에 'Fail'을 입력한 후 〈확
인〉을 클릭합니다.

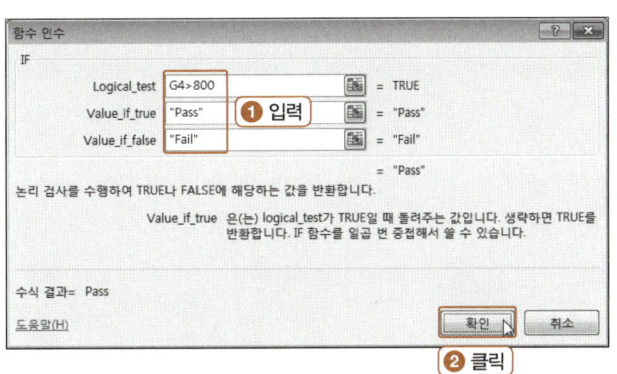

멘토의 한 수

• Pass/Fail 양 옆에 ""는 입력하지 않아도 됩니다.

•

초과	미만	이상	이하
〉	〈	〉=	〈=

❸ [H4] 셀에 결과가 나타납니다.

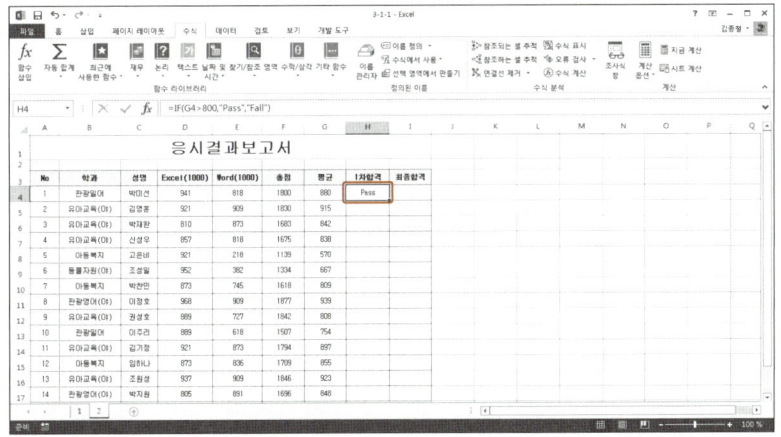

❹ '채우기 핸들'에 마우스를 올려
  놓은 후 더블 클릭합니다.

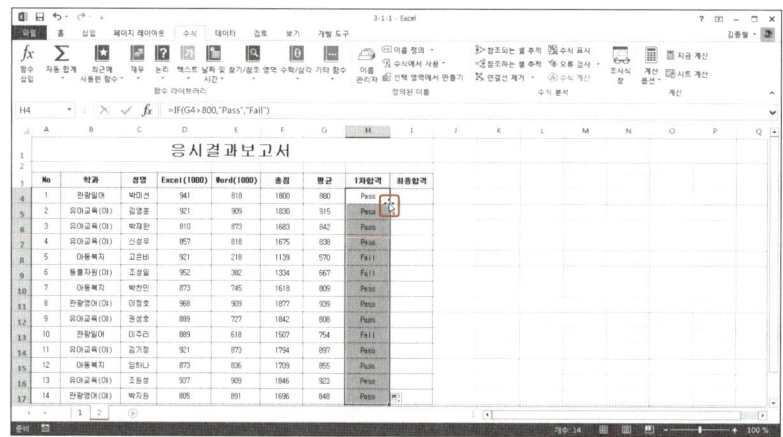

멘토의 한 수

함수 구문 | =IF(Logical_test, Value_if_true, Value_if_false)
인수(Logical_test, Value_if_true, Value_if_false) | '참' 또는 '거짓' 을 결정하는 조건을 지정(Logical_test), 조건이 '참'일 때
표시할 값을 지정(Value_if_true), 조건이 '거짓'일 때 표시할 값을 지정(Value_if_false)합니다.

✦ [I4:I17] 영역에 Excel과 Word의 평균 점수가 800 이상이면 'Pass', 그렇지 않으면 'Fail'이 나타나도록
설정하시오.

❶ [I4] 셀을 선택한 후 [수식]
  탭-[함수 라이브러리] 그
  룹-[논리] 명령 단추를 클릭
  한 후 'IF'를 선택합니다.

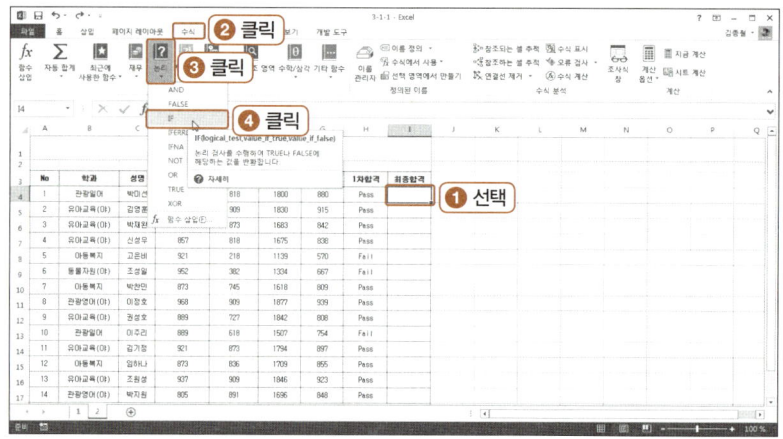

❷ '함수 추가'의 목록 단추를 클
  릭한 후 '함수 추가'를 선택합
  니다.

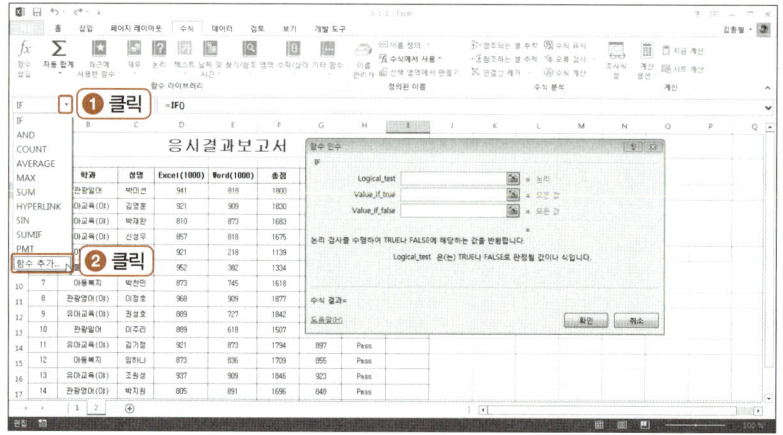

❸ '범주 선택 : 논리, 함수 선택 :
AND'를 선택한 후 〈확인〉을
클릭합니다.

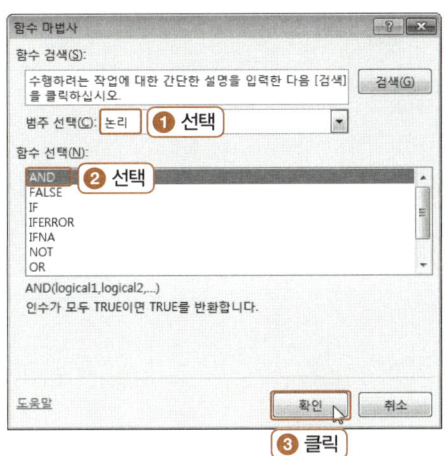

❹ 'Logical1' 항목에 'D4>=800',
'Logical2' 항목에 'E4>=800'
을 입력한 후 '수식 입력줄'에
있는 'IF'를 클릭합니다.

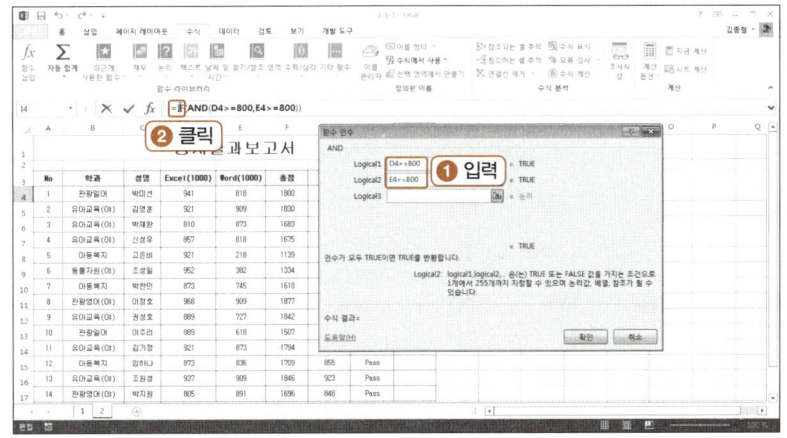

❺ 'Value_if_true' 항목에
'Pass', 'Value_if_false' 항목
에 'Fail'을 입력한 후 〈확인〉
을 클릭합니다.

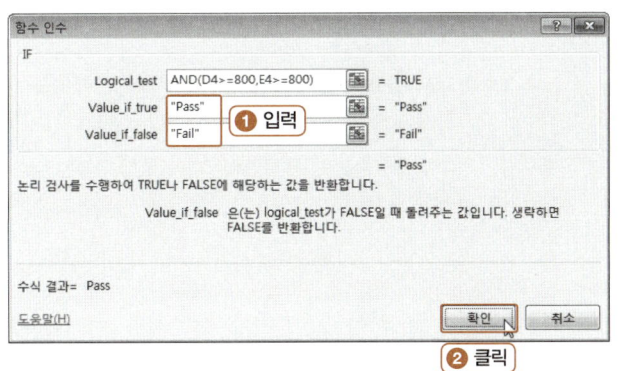

❻ '채우기 핸들'에 마우스를 올려
놓은 후 더블 클릭합니다.

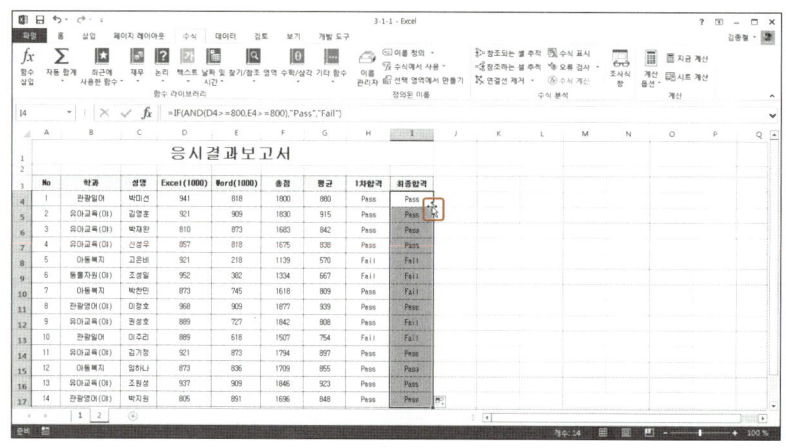

✤ '3' 시트에서 [H4:H19] 영역에 'IFERROR' 함수를 이용하여 수식에 오류가 발생하면 '입력오류'가 나타나
도록 하시오.

❶ 합계를 구할 [H4] 셀을 선택한
후 [수식] 탭−[함수 라이브러
리] 그룹−[논리] 명령 단추를
클릭한 후 'IFERROR'를 선택
합니다.

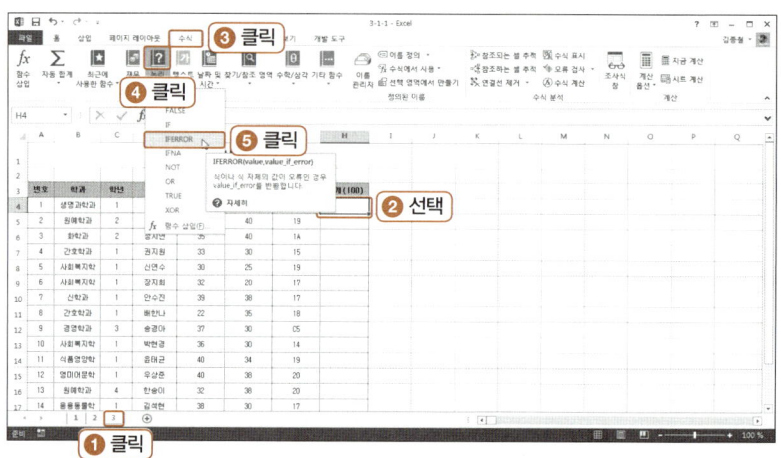

❷ [함수 인수] 대화상자의 'Value'
항목에 합계를 구할 셀인
'E4+F4+G4'를 입력합니다.

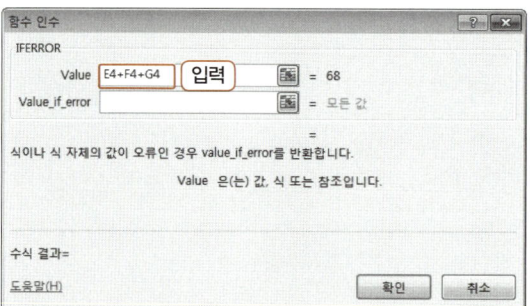

멘토의 한 수

• 'Value' 항목에는 오류를 검사할 인수를 지정합니다.
• 합계 함수를 구할 때처럼 [E4:G4] 영역으로 지정하면 올바른 수식을 구할 수 없기 때문에 주의해야 합니다.

❸ 'Value_if_error' 항목에 수식
에서 오류가 발생할 경우 나타
나는 메시지인 '입력오류'를 입
력한 후 〈확인〉을 클릭합니다.

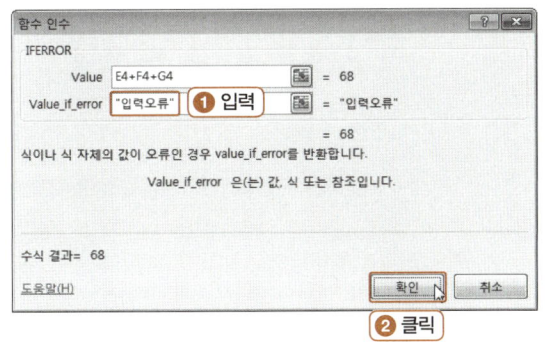

멘토의 한 수

'Value_if_error' 항목에는 수식에
서 오류(#N/A, #VALUE!, #REF!,
#DIV/0!, #NUM!, #NAME?,
#NULL!)가 발생할 경우 표시하는 값
을 입력합니다.

❹ 나머지 셀은 자동 채우기를 이
용하여 채웁니다.

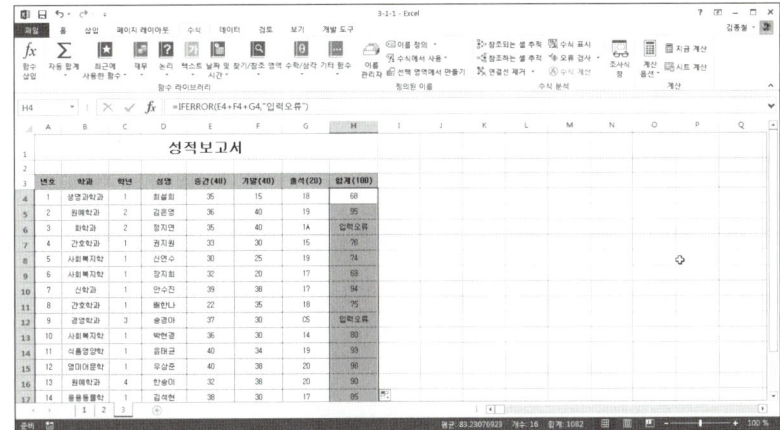

1-3 날짜 및 시간 함수

NOW, TODAY, DATE, HOUR, SECOND, WEEKDAY, NETWORKDAYS와 같은 날짜 및 시간 함수는
통합 문서를 열 때마다 날짜 및 시간이 자동으로 현재 날짜 및 날짜로 입력되는 유용한 함수입니다. 문서를 만들
때 날짜 및 시간 함수는 많이 사용되기 때문에 그 사용법을 반드시 알아두어야 합니다.

❖ '4' 시트에서 [H4:H8] 영역에 'TODAY' 함수를 이용하여 오늘까지 학교에 재적한 일수를 구하시오.

❶ [H4] 셀에 [=TODAY( )-C4]
를 입력합니다.

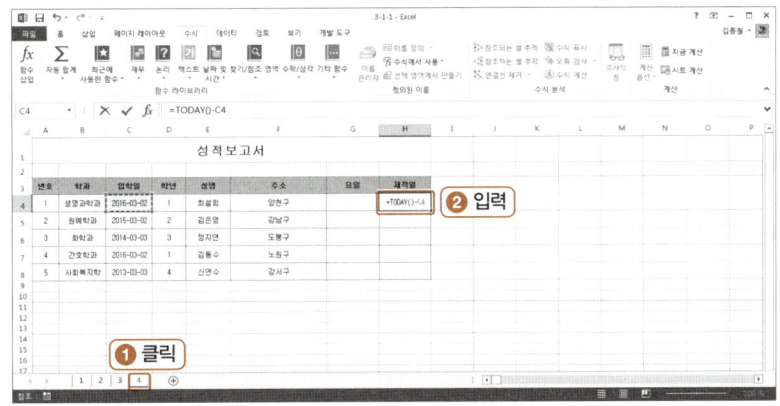

❷ 나머지 셀은 자동 채우기를 이
용하여 채웁니다.

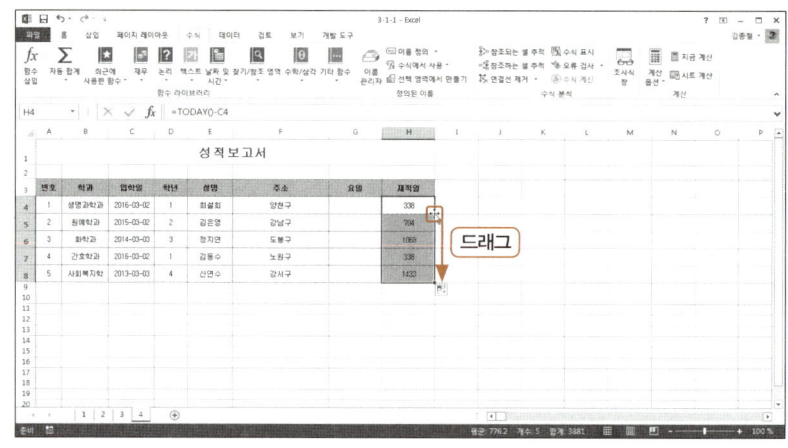

❖ [G4:G8] 영역에 일요일이면 '휴강', 그렇지 않으면 '수강'이 표시되도록 설정하시오.

❶ [G4] 셀을 선택한 후 [수식]
탭-[함수 라이브러리] 그
룹-[논리] 명령 단추를 클릭
하고 'IF'를 선택합니다.

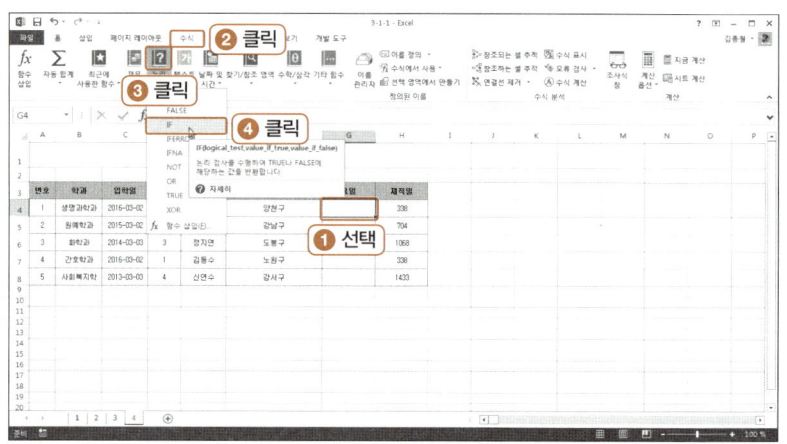

❷ '함수 추가'의 목록 단추를 클
릭한 후 '함수 추가'를 선택합
니다.

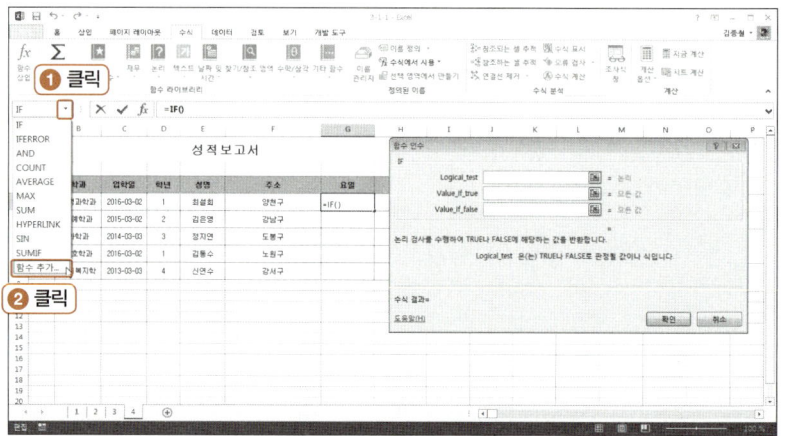

❸ '범주 선택 : 날짜/시간, 함수 선택 : WEEKDAY'를 선택한 후 〈확인〉을 클릭합니다.

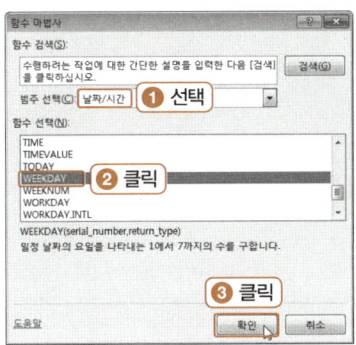

❹ 'Serial _number' 항목에 'C4', 'Return_type' 항목에 '3'을 입력한 후 '수식 입력줄'에 있는 'IF' 함수를 클릭합니다.

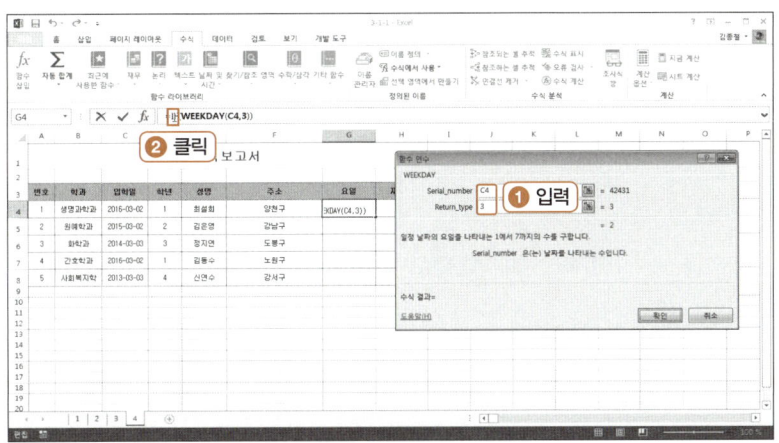

❺ 'Logical _test' 항목에 'WEEKDAY(C4,3)=6', 'Value_if_true' 항목에 '휴강', 'Value_if_false' 항목에 '수강'을 입력한 후 〈확인〉을 클릭합니다.

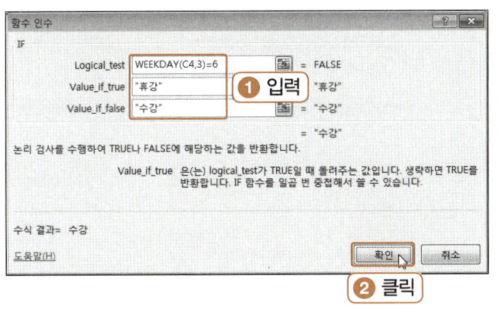

❻ 나머지 셀은 자동 채우기를 이용하여 채웁니다.

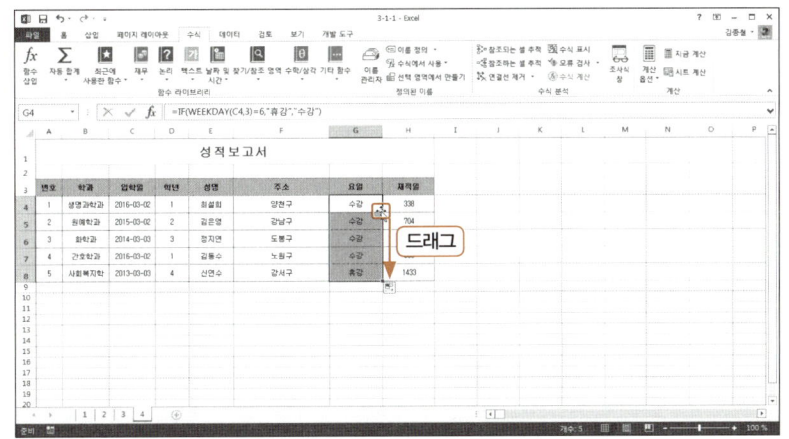

함수 구문 | =WEEKDAY(Serial_number, Return_type)
– Serial_number | 날짜의 일련번호 또는 날짜 형식의 데이터
– Return_type | 반환값의 종류를 나타내는 숫자

1 또는 생략	2	3
1(일요일)에서 7(토요일)까지의 숫자를 사용	1(월요일)에서 7(일요일)까지의 숫자를 사용	0(월요일)에서 6(일요일)까지의 숫자를 사용

❖ '5' 시트에서 [F3:F10] 영역에 'NETWORKDAYS' 함수를 이용하여 주말과 휴일을 제외한 근무일수를 구하시오(수식을 복사할 때 서식은 제외할 것).

❶ [F3] 셀을 선택한 후 [수식] 탭-[함수 라이브러리] 그룹-[날짜 및 시간] 명령 단추를 클릭하고 'NETWORKDAYS'를 선택합니다.

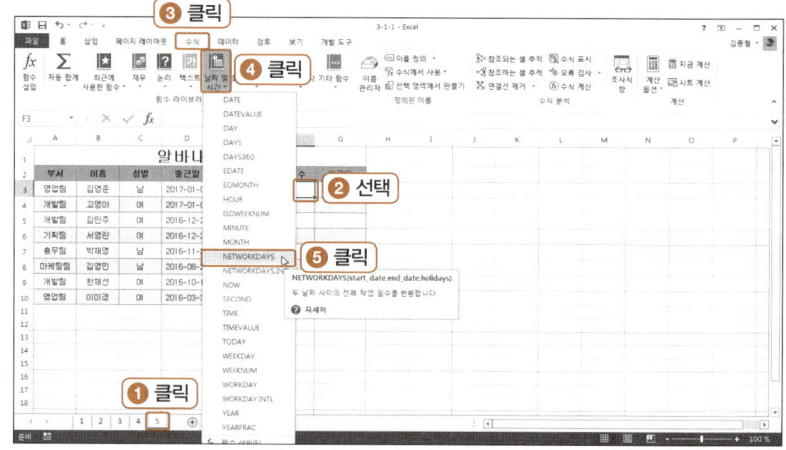

❷ 'Start_date' 항목에 'D3', 'End_date' 항목에 'E3'을 설정한 후 〈확인〉을 클릭합니다.

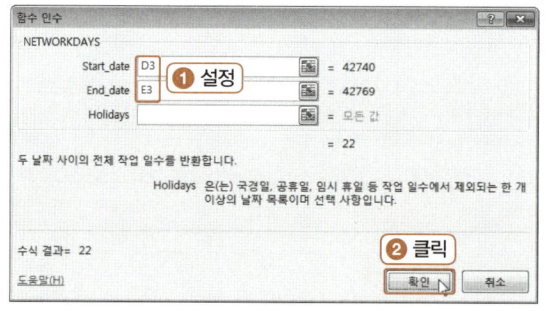

❸ 나머지 셀은 자동 채우기를 이용하여 채웁니다.

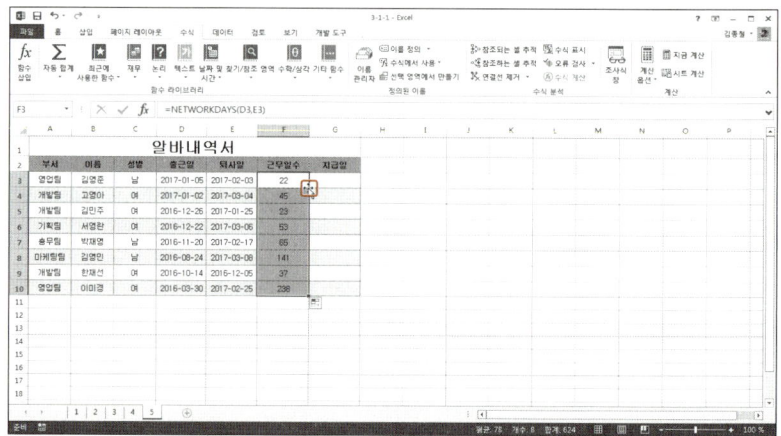

함수 구문 | =NETWORKDAYS(Start_date, End_date, Holidays)
– Start_date | 시작 날짜
– End_date | 마지막 날짜
– Holidays | 국경일, 공휴일, 임시 휴일 등 작업 일수에서 제외되는 한 개 이상의 날짜 목록

❹ '자동 채우기 옵션'을 클릭한 후 '서식 없이 채우기'를 선택합니다.

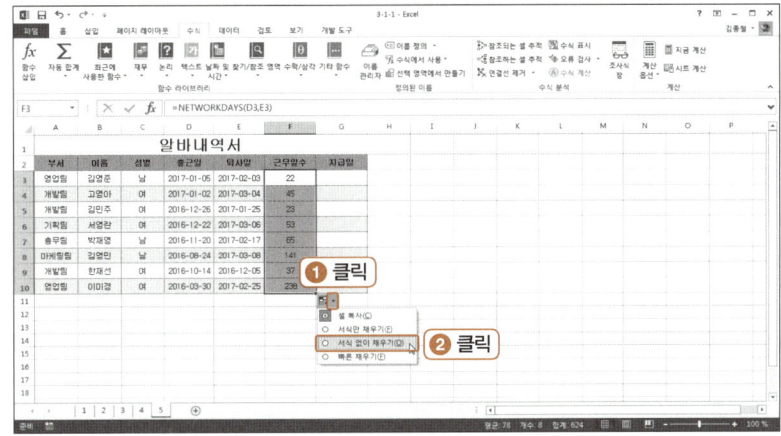

✦ [G3:G10] 영역에 'WORKDAY' 함수를 이용하여 지급일을 구하시오(지급일은 토요일과 일요일을 제외한 7일 이후임).

❶ [G3] 셀을 선택한 후 [수식] 탭–[함수 라이브러리] 그룹–[날짜 및 시간] 명령 단추를 클릭하고 'WORKDAY'를 선택합니다.

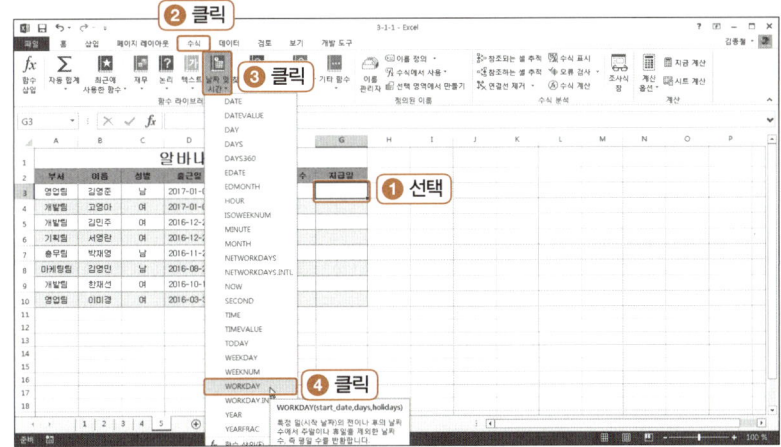

❷ 'Start_date' 항목에 'E3', 'Days' 항목에 'F3'을 설정한 후 〈확인〉을 클릭합니다.

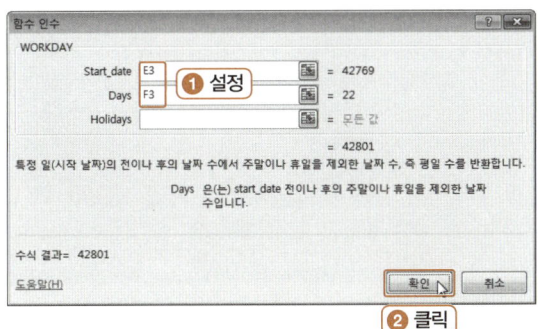

❸ 나머지 셀은 자동 채우기를 이용하여 채운 후 '자동 채우기 옵션'을 클릭한 후 '서식 없이 채우기'를 선택합니다.

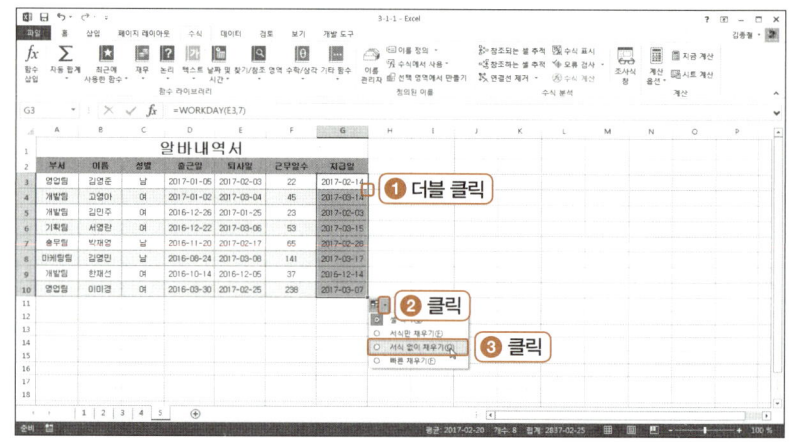

함수 구문 | =WORKDAY(Start_date, Days, Holidays)
- Start_date | 시작 날짜
- Days | Start_date 전이나 주말이나 휴일을 제외한 날짜 수
- Holidays | 국경일, 공휴일, 임시 공휴일 등 작업 일수에서 제외되는 날짜 목록

1-4 찾기 및 참조 함수

참조한 범위에서 비교값을 찾아 선택한 셀에 값을 구하는 것으로, 조건이 있는 별도의 표를 만들어서 사용해야 합니다. 대표적인 VLOOKUP 함수는 범위로 정한 영역의 첫 번째 열에서 특정 기준값으로 자료를 찾고, 그 자료가 속한 행 중에서 필요한 값이 있는 열의 위치를 지정하여 값을 반환하는 함수입니다. 또한 HLOOKUP 함수는 범위로 정한 영역의 첫 번째 행에서 특정 기준값으로 자료를 찾고, 그 자료가 속한 열 중에서 필요한 값이 있는 행의 위치를 지정하여 값을 반환하는 함수입니다.

❖ '6' 시트에서 [G4:I13] 영역에 VLOOKUP 함수를 이용하여 학점을 구하시오.

❶ '6' 시트에서 [G4] 셀을 선택한 후 [수식] 탭-[함수 라이브러리] 그룹-[찾기/참조 영역] 명령 단추를 클릭한 후 'VLOOKUP'을 선택합니다.

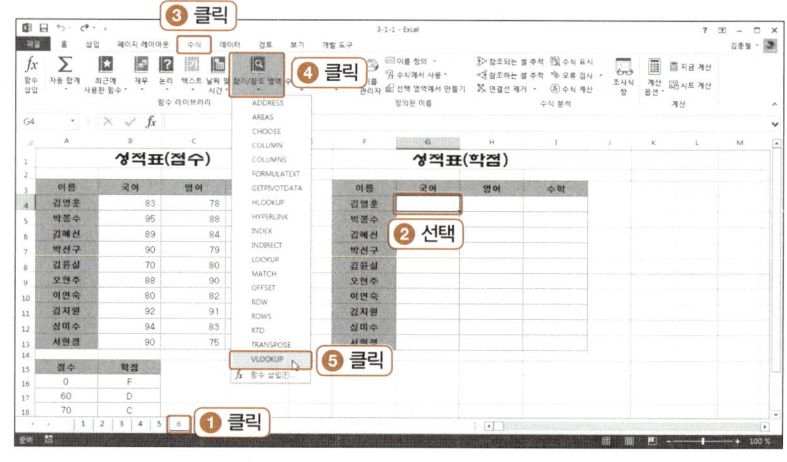

❷ 'Lookup_value : B4, Table_array : $A$16:$B$20, Col_index_num : 2'를 설정한 후 〈확인〉을 클릭합니다.

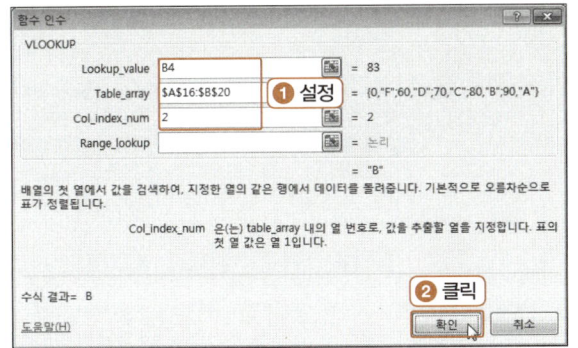

❸ 성적이 구해지면 자동 채우기를 이용하여 나머지 셀을 채웁니다.

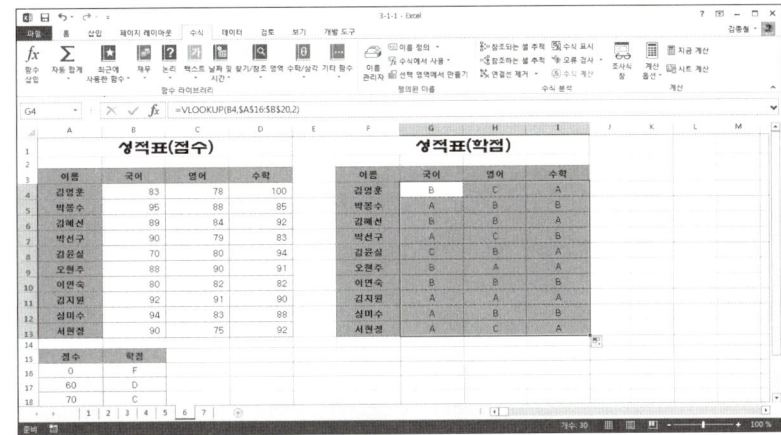

멘토의 한 수

함수 구문 | =VLOOKUP(Lookup_value, Table_array, Col_index_num, Range_lookup)
- Lookup_value | 데이터 목록에서 검색할 데이터 지정
- Table_array | Lookup_value에서 지정한 데이터를 검색할 셀 영역 지정('열 머리글'은 제외하고 선택해야 함)
- Col_index_num | Lookup_value에서 지정한 데이터를 Table_array의 첫 번째 열에서 검색해 같은 행에 있는 몇 번째 열의 데이터를 가져올 것인지 숫자로 지정
- Range_lookup | Lookup_value와 정확하게 일치하는 값을 검색하려면 'False'를, 비슷하게 찾으려면 'TRUE'를 입력하거나 생략

❖ '7' 시트에서 [G4:I13] 영역에 LOOKUP 함수를 이용하여 학점을 구하시오.

❶ '7' 시트에서 [G4] 셀을 선택한 후 [수식] 탭-[함수 라이브러리] 그룹-[찾기/참조 영역] 명령 단추를 클릭한 후 'LOOKUP'을 선택합니다.

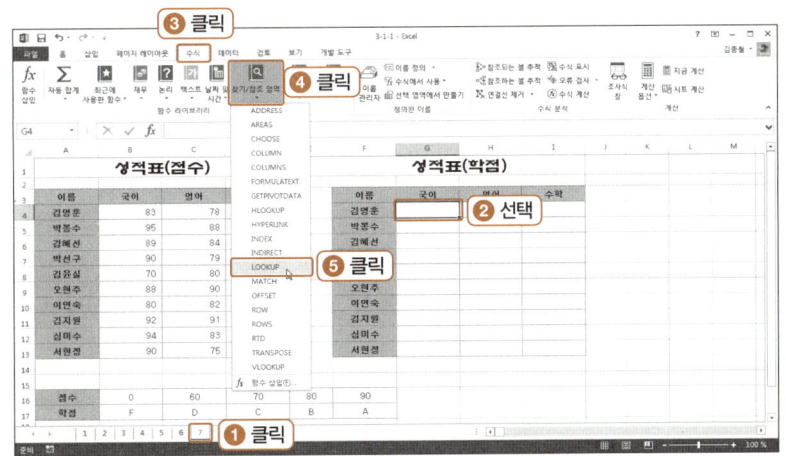

❷ '인수 : lookup_value,array' 를 선택한 후 〈확인〉을 클릭합니다.

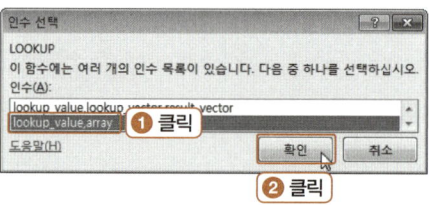

❸ 'Lookup_value : B4, Array : $B$16:$F$17'을 설정한 후 〈확인〉을 클릭합니다.

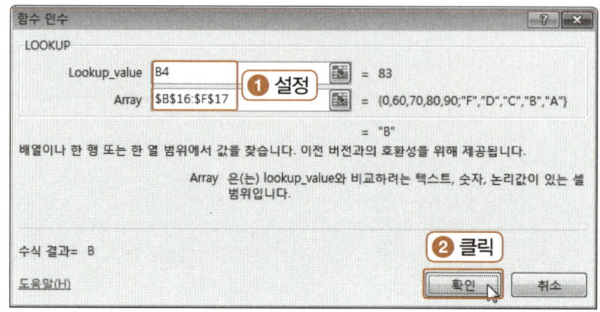

❹ 성적이 구해지면 자동 채우기를 이용하여 나머지 셀을 채웁니다.

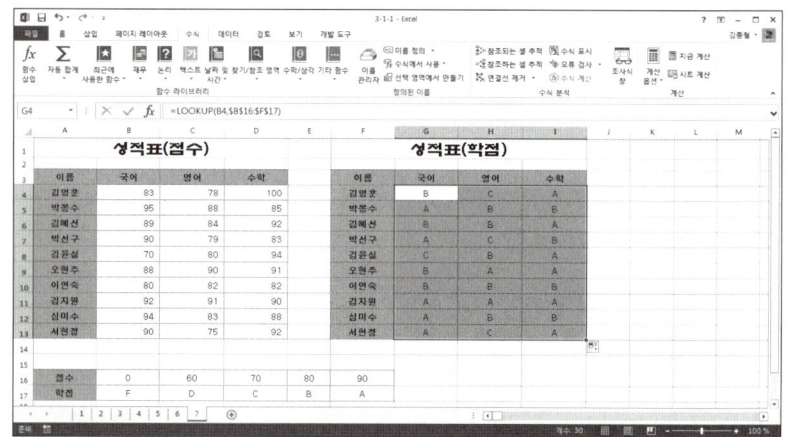

멘토의 한 수

함수 구문 | =LOOKUP(Lookup_value, Array)
– Lookup_value | 비교하려는 기준값
– Array | 데이터 목록

1-5 ▶ 수학 및 삼각 함수

계산식을 사용하다 보면 소수점 이하의 자릿수가 많이 나타납니다. 이럴 경우 ROUNDDOWN 및 ROUNDUP 함수를 이용하면 손쉽게 자릿수를 조정할 수 있습니다. 또한 많은 데이터 중에서 조건에 맞는 합계를 구할 때는 SUMIF를 사용하면 편리하게 원하는 결과값을 얻을 수 있습니다.

❖ '8' 시트에서 [G4:G17] 영역에 평균을 구하시오(내림, 소수 자릿수는 1자리로 할 것).

❶ [G4] 셀을 선택한 후 [수식] 탭-[함수 라이브러리] 그룹-[수학/삼각] 명령 단추를 클릭한 후 'ROUNDDOWN'을 선택합니다.

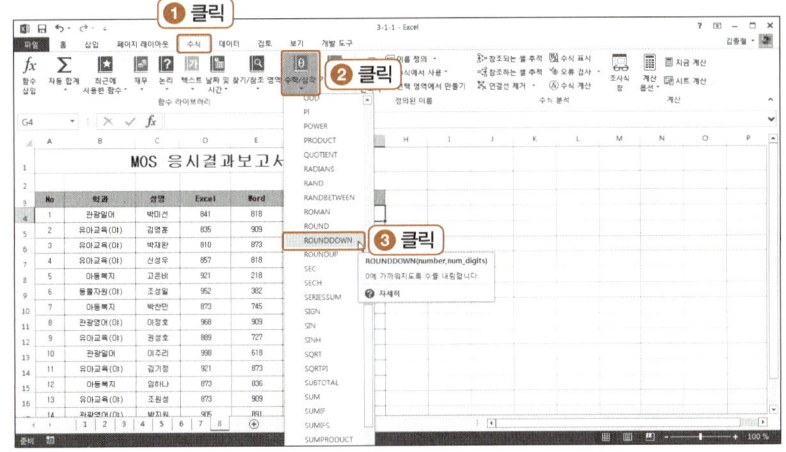

❷ '함수 추가'의 목록 단추를 클릭한 후 '함수 추가'를 선택합니다.

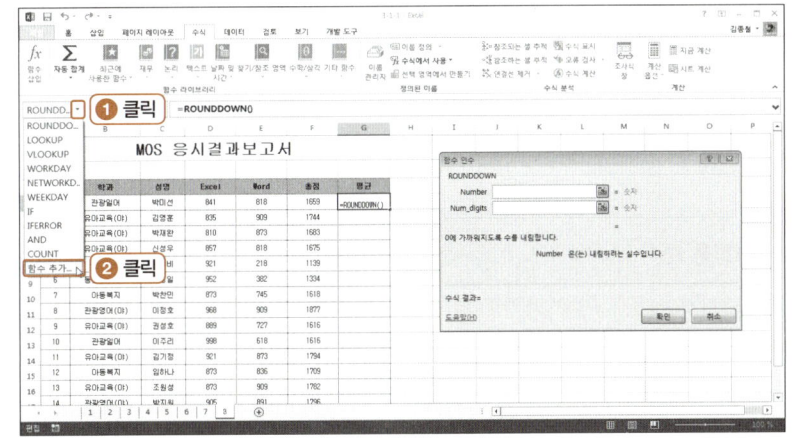

❸ '범주 선택 : 통계, 함수 선택 : AVERAGE'를 선택합니다. 그런 다음 〈확인〉을 클릭합니다.

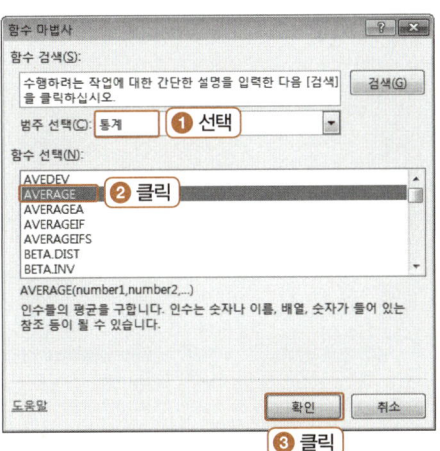

❹ 'Number1' 항목에 'D4:E4'를 설정한 후 '수식 입력줄'에 있는 'ROUNDDOWN' 함수를 클릭합니다.

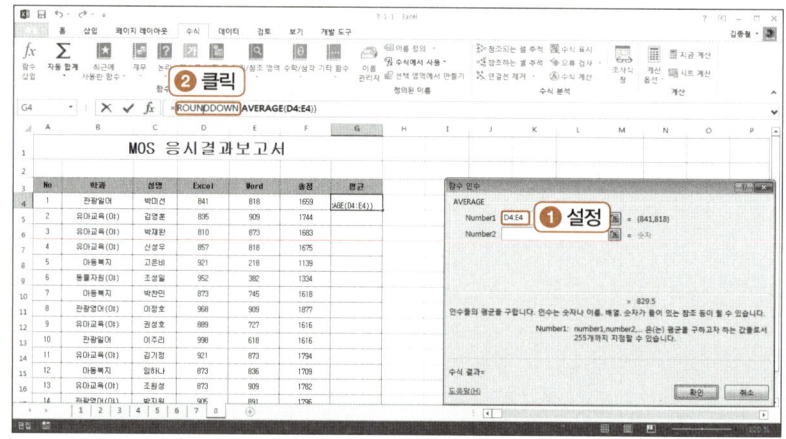

❺ 'Num_digits' 항목에 '1'을 입력한 후 〈확인〉을 클릭합니다.

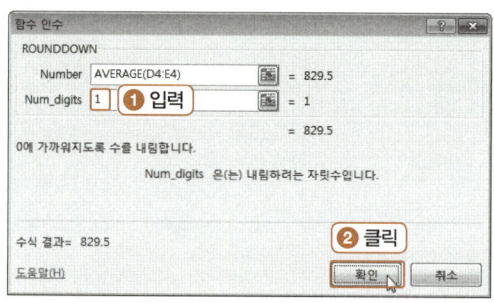

함수 구문 | =ROUNDDOWN(Number, Num_digits)
– Number | 내림을 하려는 숫자 셀
– Num_digits | 내림을 하여 나타날 결과값의 자릿수로 정수는 음수로, 소수점 이하 자리는 양수로 지정

---

❻ 자동 채우기를 이용하여 나머지 셀을 채웁니다.

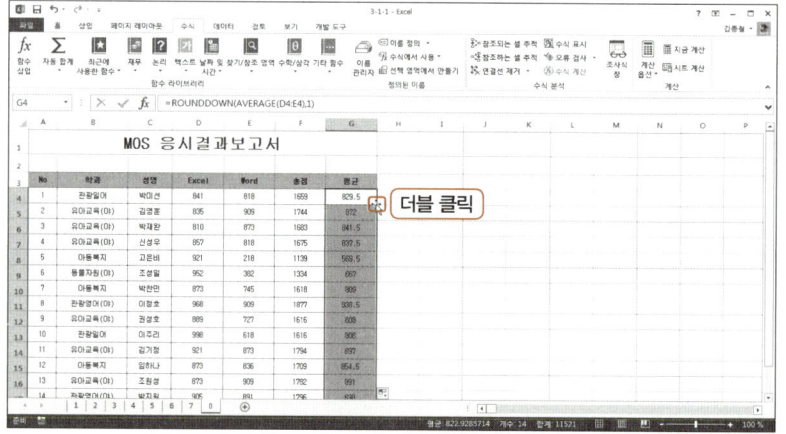

• ROUNDUP : 지정한 자릿수가 되도록 무조건 올립니다.
• **함수 구문 | =ROUNDUP(Number, Num_digits)**
 – Number | 올림을 하려는 숫자 셀
 – Num_digits | 올림을 하여 나타날 결과값의 자릿수로 정수는 음수로, 소수점 이하 자리는 양수로 지정

❖ '9' 시트에서 [L4] 셀에 영업팀의 지급총액을 구하시오.

❶ [L4] 셀을 선택한 후 [수식] 탭–[함수 라이브러리] 그룹–[수학/삼각] 명령 단추를 클릭한 후 'SUMIF'를 선택합니다.

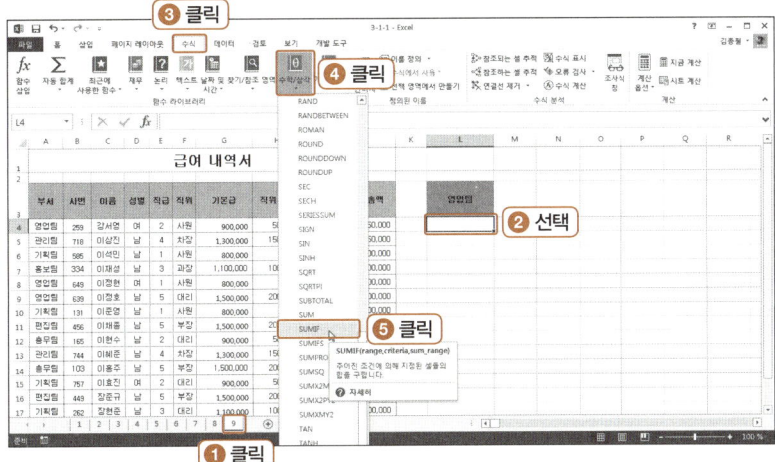

❷ 'Range : A4:A17, Criteria : 영업팀, Sum_range : J4:J17' 을 설정한 후 〈확인〉을 클릭합니다.

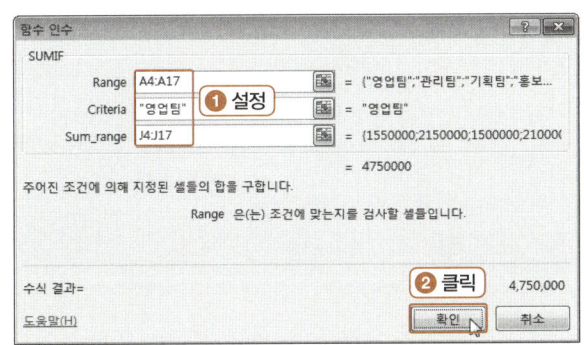

❸ 영업팀의 지급총액이 계산됩니다.

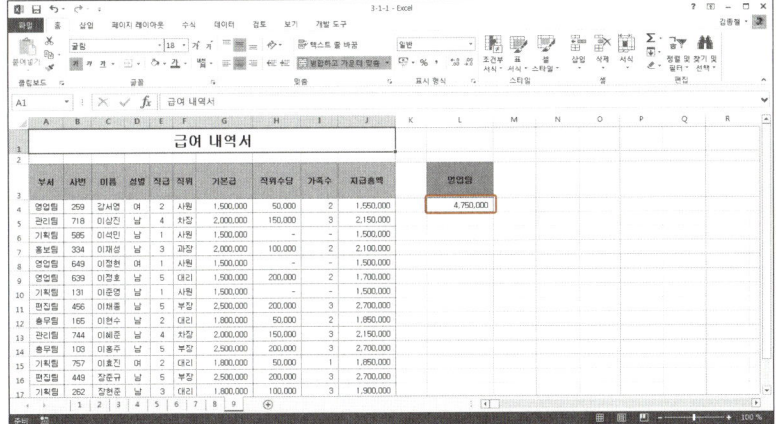

멘토의 한 수

• 함수 구문 | SUMIF(Range, Criteria, Sum_range)
  – Range | 조건이 포함된 데이터가 있는 전체 영역
  – Criteria | 합계를 구할 조건
  – Sum_range | 합계를 구하려는 데이터가 있는 셀 영역

• 'Criteria'에 문자를 입력하면 '겹 따옴표(" ")'는 자동으로 입력됩니다.

❖ '10' 시트에서 [M4:N5] 영역에 직원의 지급총액을 구하시오.

❶ [M4] 셀을 선택한 후 [수식]
탭-[함수 라이브러리] 그
룹-[수학/삼각] 명령 단추를
클릭한 후 'SUMIFS'를 선택합
니다.

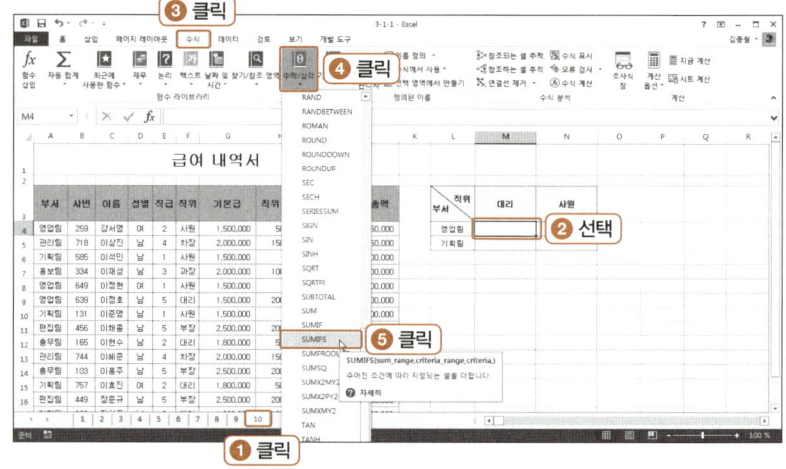

❷ 'Sum_range : $J$4:$J$17,
Criteria range1 :
$A$4:$A$17, Criteria1 :
$L4, Criteria range1 :
$F$4:$F$17, Criteria1 :
M$3'을 설정한 후 〈확인〉을
클릭합니다.

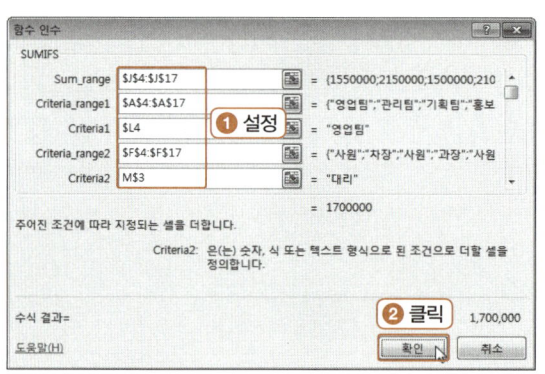

❸ 자동 채우기를 이용하여 나머
지 셀을 채웁니다.

함수 구문 | SUMIFS(Sum_range, Criteria range1, Criteria1, Criteria range2, Criteria2…)
- Sum_range : 조건이 포함된 데이터가 있는 전체 영역
- Criteria range1, Criteria range2… : 합계를 구할 조건
- Criteria1, Criteria2… : 합계를 구하려는 데이터가 있는 셀 영역

❖ '11' 시트에서 [M4:N4] 영역에 직위별 직원의 수를 구하시오.

❶ [M4] 셀을 선택한 후 [수식] 탭-[함수 라이브러리] 그룹-[기타 함수] 명령 단추를 클릭한 후 [통계]-[COUNTIF]를 클릭합니다.

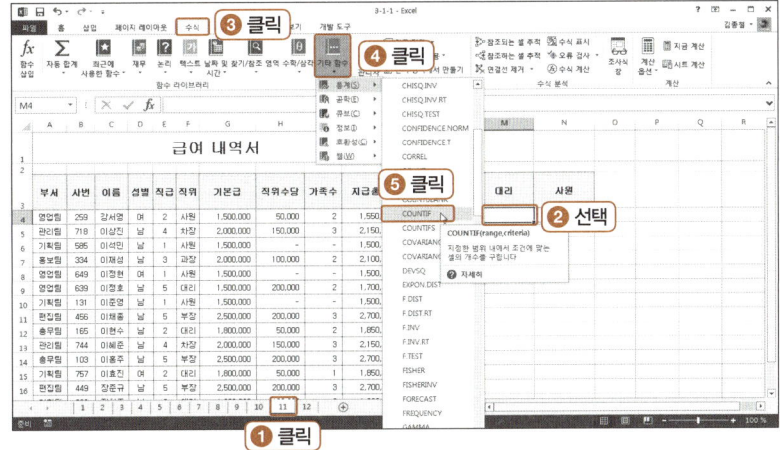

❷ 'Range : $F$4:$F$17, Criteria : M3'을 설정한 후 〈확인〉을 클릭합니다.

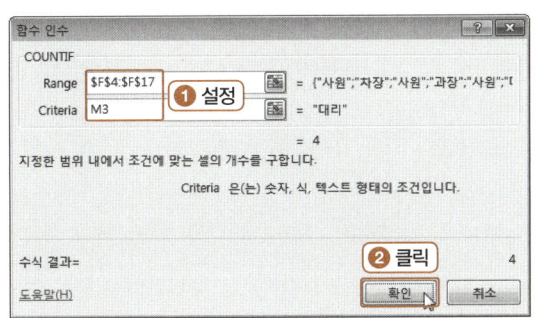

❸ 자동 채우기를 이용하여 나머지 셀을 채웁니다.

멘토의 한 수

• COUNTIF(Range, Criteria)
 – Range : 개수를 세는 데이터가 있는 영역
 – Criteria : 개수를 셀 조건

• '이름'이 '이'로 시작하는 데이터를 찾을 때는 "이*"를 입력하면 됩니다.

✤ '12' 시트에서 [M4] 셀에 성별이 '남'이고, 지급총액이 2,000,000원 이상인 직원 수를 구하시오.

❶ [M4] 셀을 선택한 후 [수
식] 탭-[함수 라이브러리]
그룹-[기타 함수] 명령 단
추를 클릭한 후 [통계]-
[COUNTIFS]를 클릭합니다.

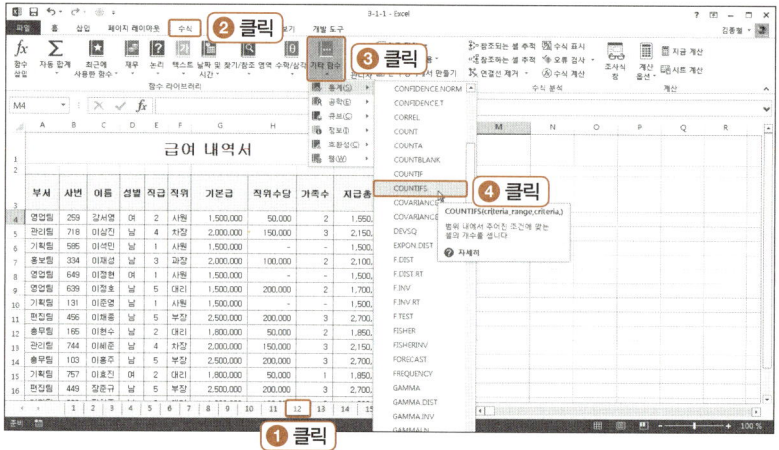

❷ 'Criteria_range1 : D4:D17,
Criteria1 : 남, Criteria_range2
: J4:J17, Criteria2 : 〉2000000'
을 설정한 후 〈확인〉을 클릭합
니다.

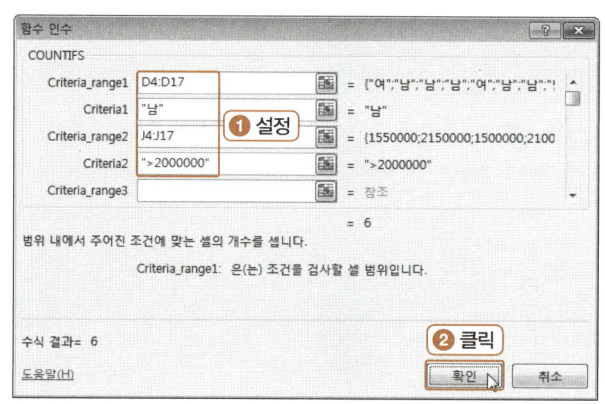

❸ 성별이 '남'이고 지급총액이
2,000,000원 이상인 직원 수
가 구해집니다.

멘토의 한 수

COUNTIFS(Criteria_range1, Criteria1, Criteria_range2, Criteria2…)
– Criteria_range1, Criteria_range2, … : 개수를 세는 데이터가 있는 영역
– Criteria1, Criteria2, … : 원하는 조건 입력

Chapter 02 시나리오

2-1 목표값 찾기

'목표값 찾기'는 결과값을 미리 정한 후에 원하는 데이터값을 찾는 것을 말합니다. 예를 들어, 전체 직원의 급여를 1억원으로 정할 경우 급여 인상률은 몇 %로 결정하면 되는지를 알아보고자 할 때 사용합니다. 목표값 찾기를 수행하려면 결과값이 계산된 셀에는 입력값을 참조하는 수식이 입력되어 있어야 합니다.

❖ '13' 시트에서 목표값을 이용하여 [L6] 셀의 인상 예정인 총급여가 '40,000,000'원이 되려면 [L5] 셀이 몇 % 증가해야 하는가?

❶ [데이터] 탭–[데이터 도구] 그룹–[가상 분석] 명령 단추를 클릭한 후 '목표값 찾기'를 선택합니다.

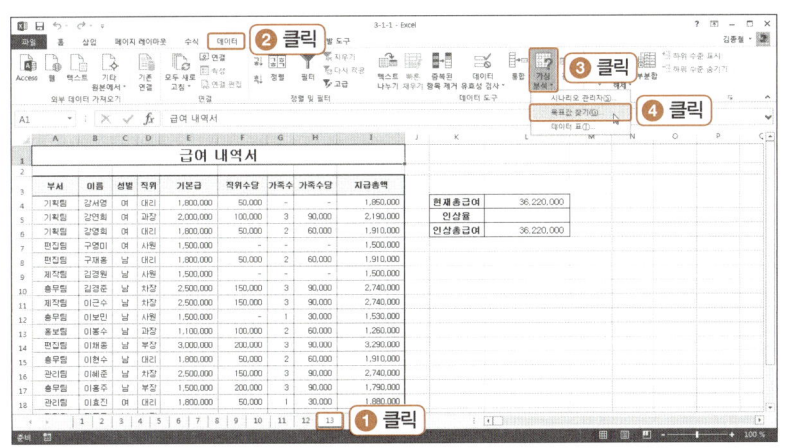

❷ '수식 셀' 항목에서 [L6] 셀을 클릭합니다.

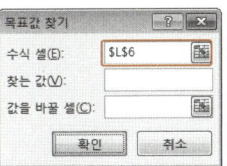

멘토의 한 수

'수식 셀' 항목에는 구하려고 하는 결과값이 있는 셀을 지정합니다. 그러면 셀 주소는 자동으로 절대 주소로 변경되어 입력됩니다.

❸ '찾는 값' 항목에 '40000000'을 입력합니다.

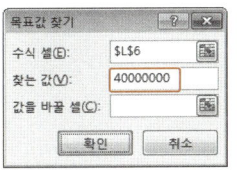

멘토의 한 수

'찾는 값' 항목에는 구하려는 최종 총급여를 입력합니다.

❹ '값을 바꿀 셀' 항목에서 [L5] 셀을 선택한 후 〈확인〉을 클릭합니다.

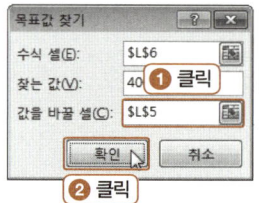

멘토의 한 수

'값을 바꿀 셀' 항목에는 최종 목표값을 구할 셀을 지정합니다.

❺ 〈확인〉을 클릭합니다.

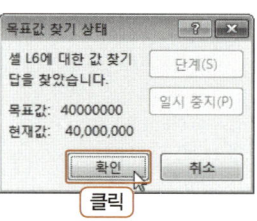

❻ 인상 총급여가 '40,000,000' 원이 되려면 '10%' 증가해야 하는 것을 확인할 수 있습니다.

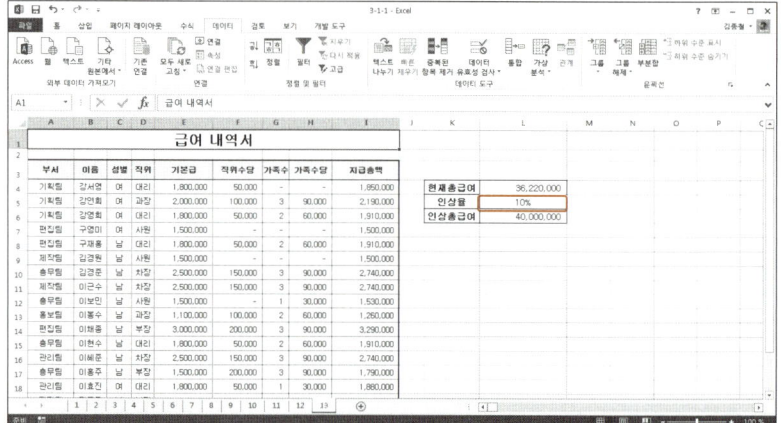

2-2 해 찾기

'해 찾기'는 결과값에 영향을 주는 여러 가지의 상황에 따라 조건 값을 알아낼 때 사용합니다. 즉, 결과값은 알고 있지만 그 결과값을 위해 수식에 사용되는 입력값을 모를 때 사용합니다.

❖ '14' 시트에서 해 찾기 기능을 이용하여 [G9] 셀의 조성일 평균이 800이 되려면 Excel과 Word 점수가 얼마가 되어야 하는지 알아보시오.

❶ [데이터] 탭-[분석] 그룹-[해 찾기] 명령 단추를 클릭합니다.

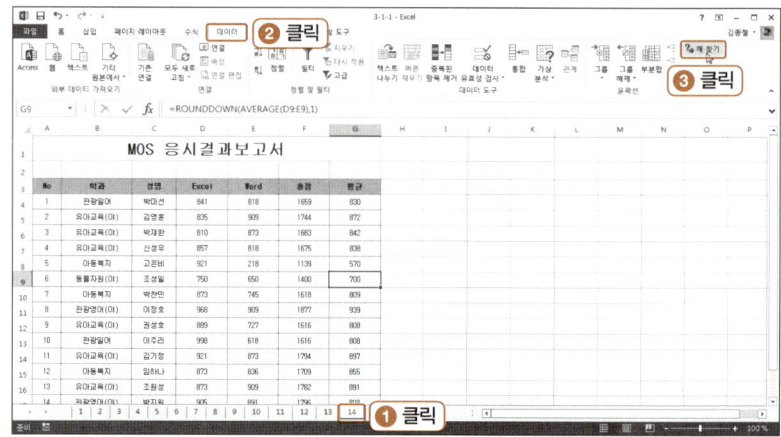

❷ '목표 설정'에 '$G$9'를 지정합
니다.

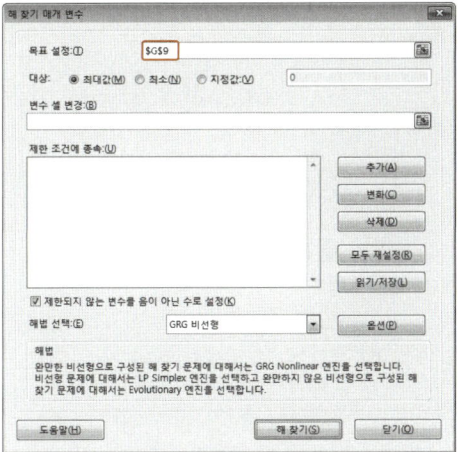

멘토의 한 수

- 해 찾기 기능을 실행하기 전에 [G9] 셀을 클릭하면 자동으로 목표 설정에 'G9'가 지정됩니다.
- 해 찾기 기능은 엑셀의 기본 기능에 포함되어 있지 않기 때문에 사용하려면 기능을 다음과 같은 방법으로 추가해야 합니다.

❶ [파일] 탭-[옵션]을 선택합니다.
❷ [추가 기능]-[해 찾기 추가 기능]을
선택한 후 〈이동〉을 클릭합니다.

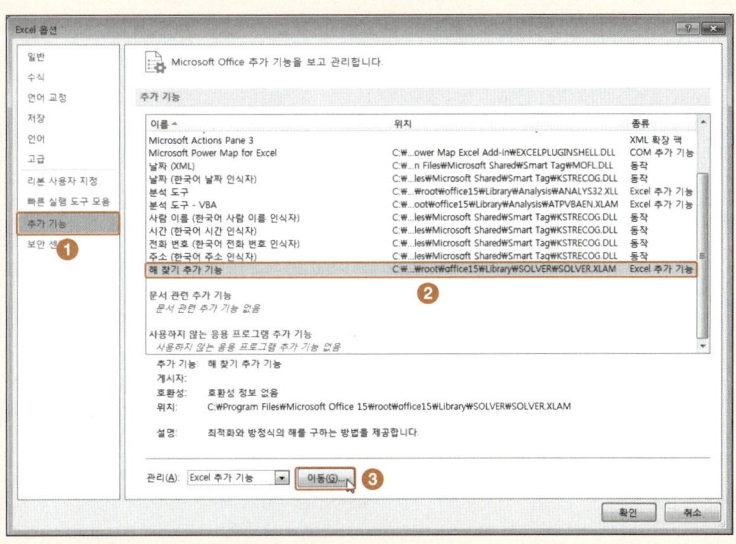

❸ '해 찾기 추가 기능'을 선택한 후
〈확인〉을 클릭합니다.

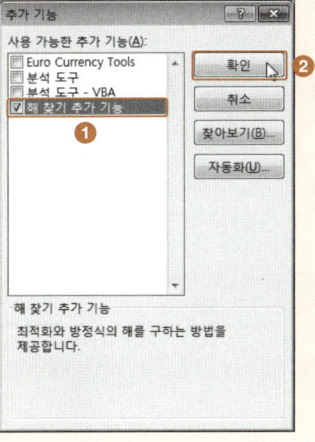

❸ '지정값'에 '800'을 설정합
니다.

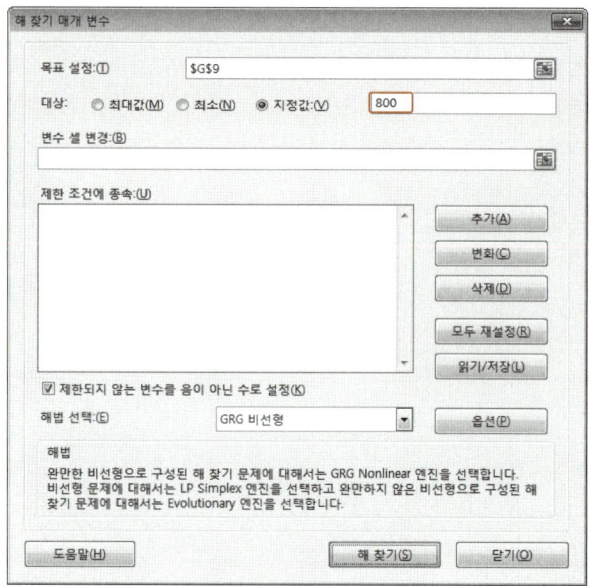

❹ '변수 셀 변경'에 '$D$9:$E$9'
를 설정한 후 〈해 찾기〉를 클
릭합니다.

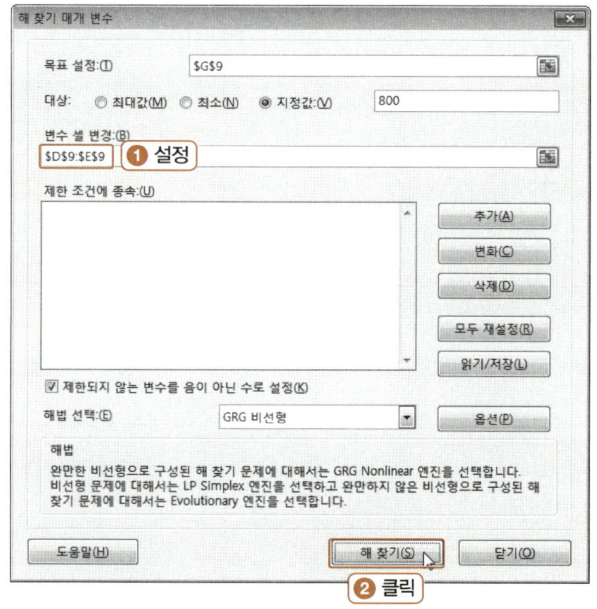

❺ 해를 찾았다는 메시지가 나타
나면 〈확인〉을 클릭합니다.

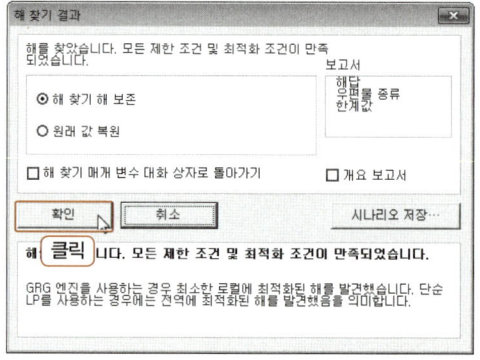

❻ 해 찾기의 결과값을 볼 수 있습니다.

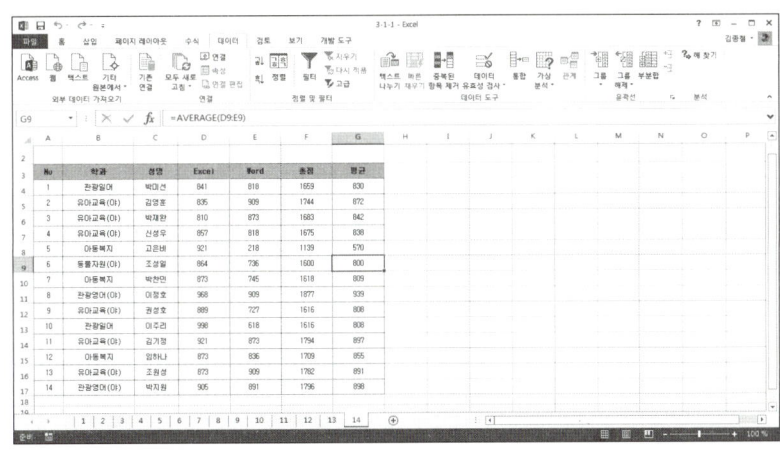

2-3 시나리오 관리자

시나리오는 다양한 조건을 부여해서 그 결과를 예측하는 것으로, 아직 일어나지 않은 상황을 예측하여 데이터를 분석하는 방법입니다. 따라서 여러 가지 가상 상황을 설정하여 아직 일어나지 않은 미래의 결과를 예측하는 방법입니다. 각 상황에 맞는 결과값을 미리 예측할 수 있기 때문에 데이터 분석에 많이 사용됩니다.

❖ '15' 시트에서 인상률(10, 2%)에 대한 각각의 총급여 시나리오를 작성하시오(시나리오 이름은 '인상', '인하'로 할 것).

❶ [데이터] 탭–[데이터 도구] 그룹–[가상 분석] 명령 단추를 클릭한 후 '시나리오 관리자'를 선택합니다.

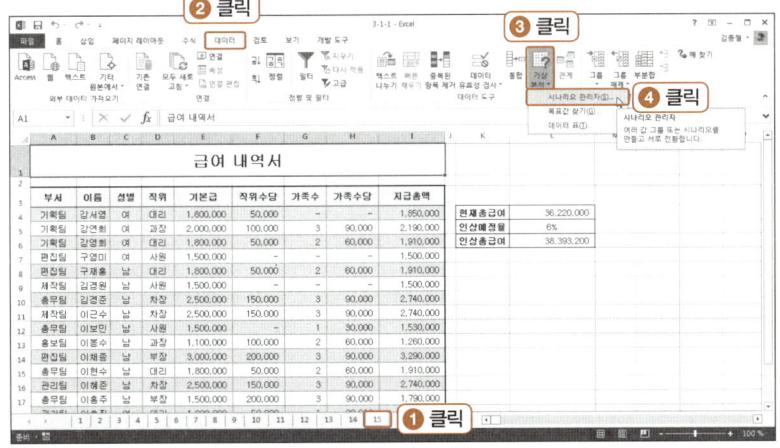

❷ 〈추가〉를 클릭합니다.

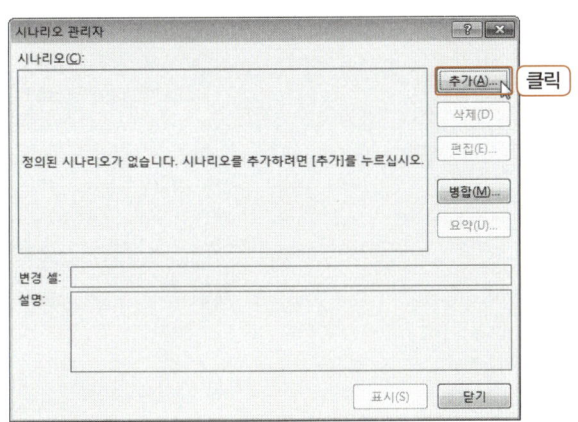

❸ '시나리오 이름' 항목에 '인상'을, '변경 셀' 항목에서 'L5' 셀을 선택한 후 〈확인〉을 클릭합니다.

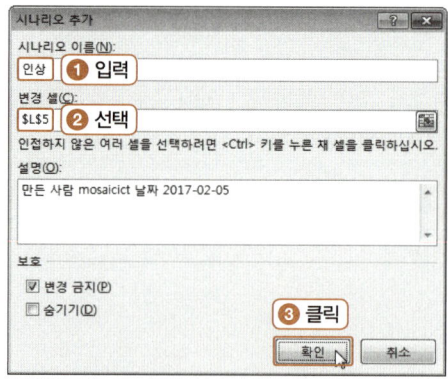

❹ '0.1'을 입력한 후 〈추가〉를 클릭합니다.

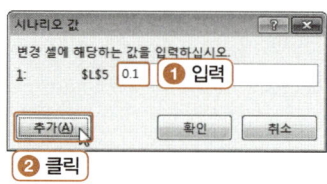

❺ '시나리오 이름' 항목에 '인하'를 입력한 후 〈확인〉을 클릭합니다. '변경 셀' 항목에 'L5' 셀이 선택되어 있는지 확인합니다.

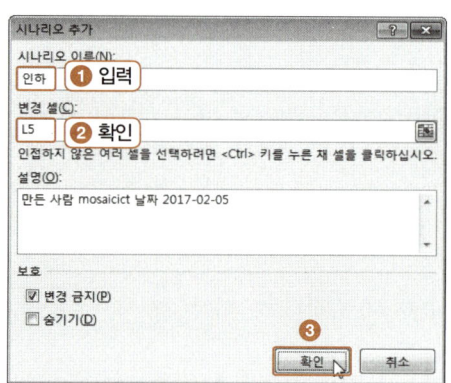

❻ '0.02'를 입력한 후 〈확인〉을 클릭합니다.

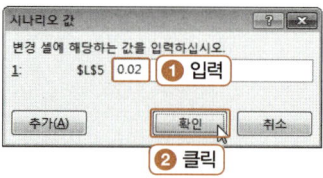

❼ 〈닫기〉를 클릭합니다.

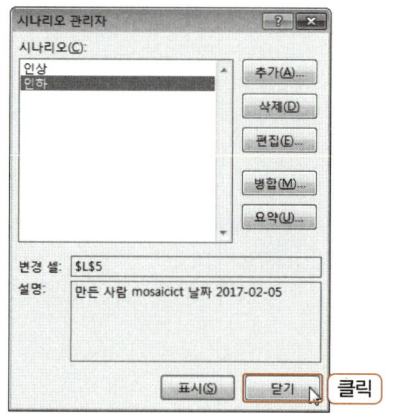

❖ **'인하' 시나리오의 값을 '3%'로 수정하시오.**

❶ [데이터] 탭-[데이터 도구] 그
룹-[가상 분석] 명령 단추를
클릭한 후 '시나리오 관리자'를
선택합니다.

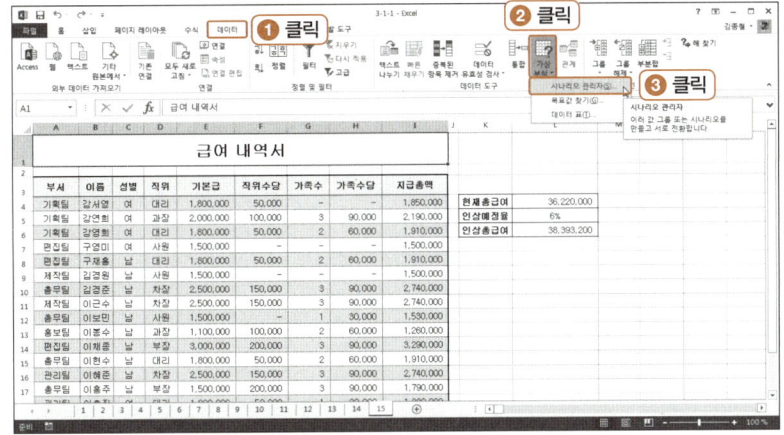

❷ '인하' 시나리오를 선택한 후
⟨편집⟩을 클릭합니다.

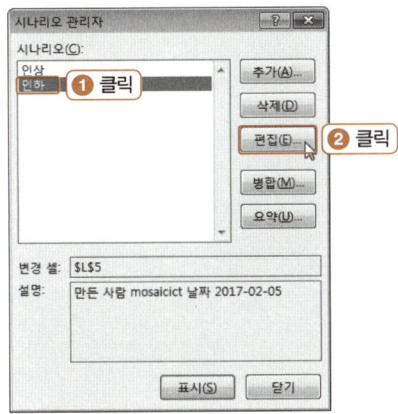

❸ ⟨확인⟩을 클릭합니다.

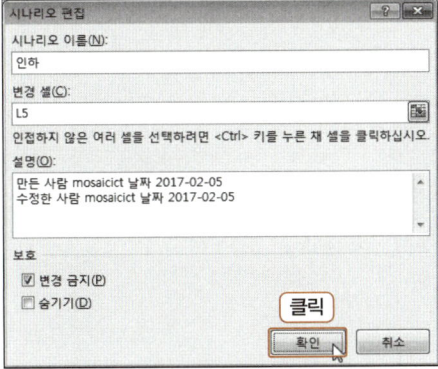

❹ 값을 '0.03'으로 수정한 후 ⟨확
인⟩을 클릭합니다.

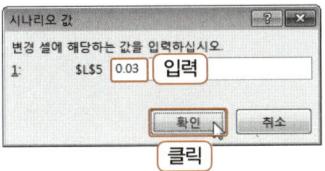

❺ 〈닫기〉를 클릭합니다.

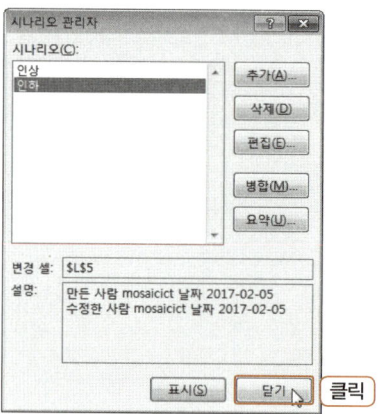

✤ **시나리오에 대한 '요약 보고서'를 작성하시오.**

❶ [데이터] 탭-[데이터 도구] 그룹-[가상 분석] 명령 단추를 클릭한 후 '시나리오 관리자'를 선택합니다.

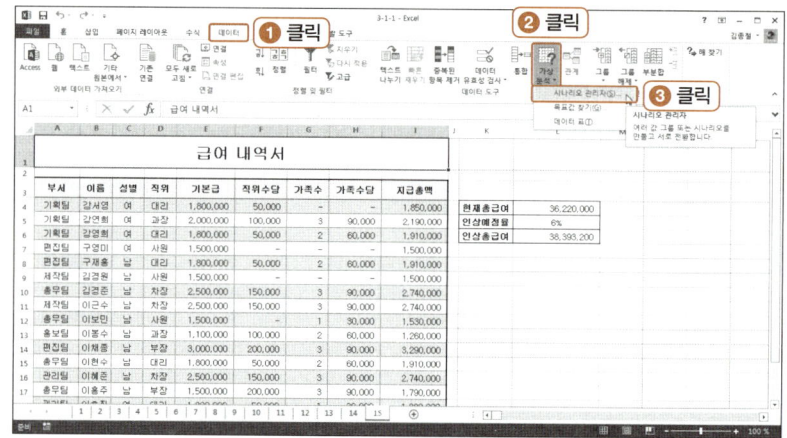

❷ 〈요약〉을 클릭합니다.

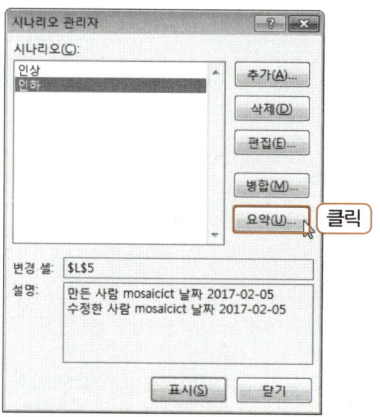

❸ '결과 셀' 항목에서 'L6' 셀을 선택한 후 〈확인〉을 클릭합니다.

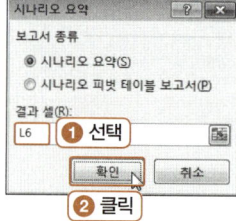

❹ 급여 인상률에 대한 인상 및 인하금액을 확인할 수 있는 요약 보고서가 만들어진다.

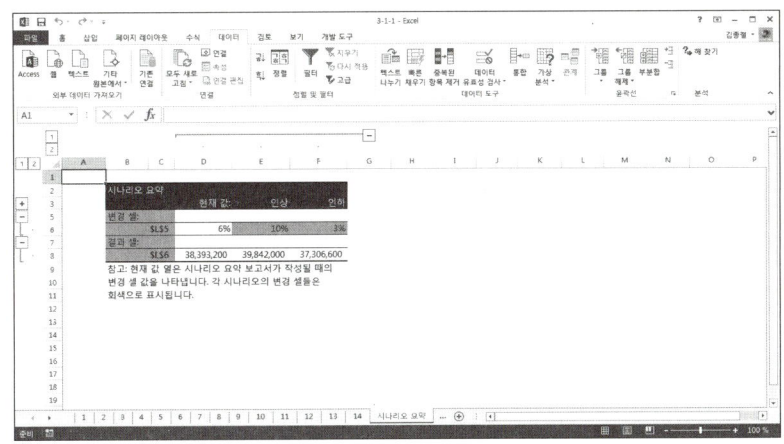

2-4 데이터 통합

'데이터 통합'은 여러 곳에 분산되어 있는 데이터를 일정한 기준으로 데이터 범위를 요약하여 하나의 결과로 합치는 기능입니다. 또한 다른 시트에 있는 데이터 중 특정 항목을 기준으로 통합할 수도 있습니다.

⊙ 예제 파일 : 3-2-1.xlsx

✤ 상반기와 하반기 데이터를 이용하여 '통합' 시트에 데이터를 통합하시오.

❶ 표 안의 임의의 셀을 클릭한 후 [데이터] 탭-[데이터 도구] 그룹-[통합] 명령 단추를 클릭합니다.

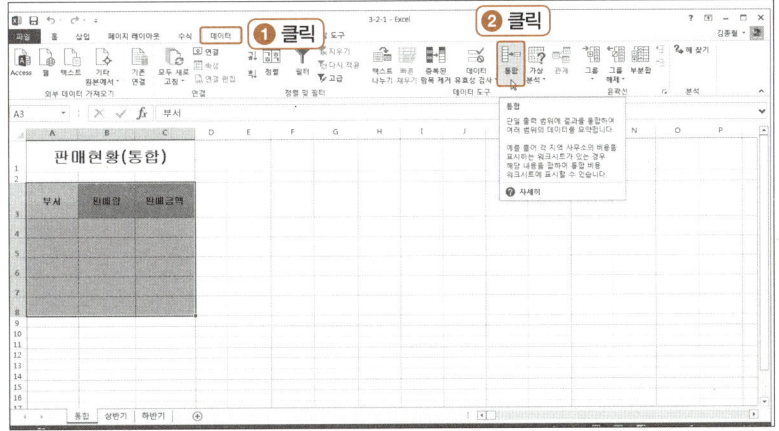

❷ [상반기] 탭에서 [A3:C8] 영역을 선택한 후 〈추가〉를 클릭합니다.

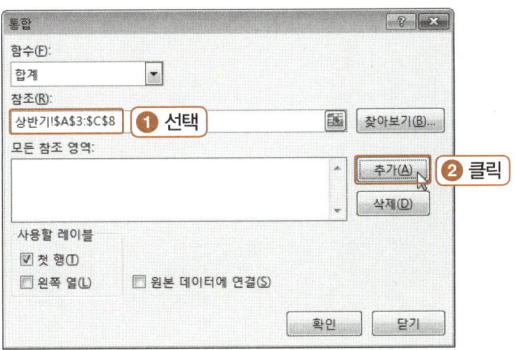

❸ [하반기] 탭에서 [A3:C8] 영역
을 선택한 후 〈추가〉를 클릭합
니다.

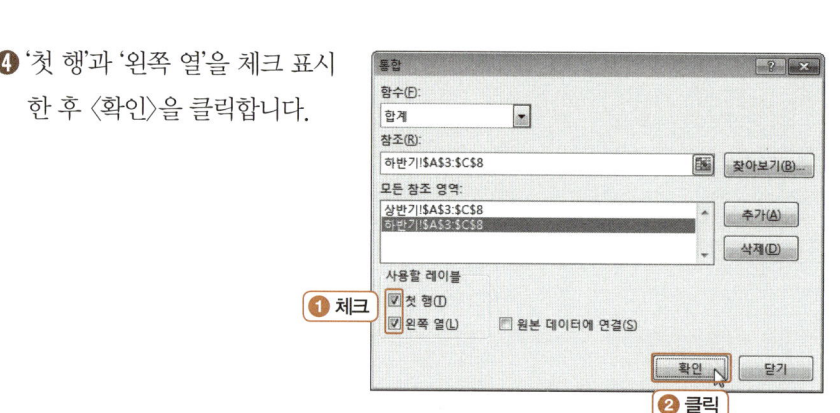

멘토의 한 수

[하반기] 탭을 클릭하면 [A3:C8] 영
역이 자동으로 설정됩니다.

❹ '첫 행'과 '왼쪽 열'을 체크 표시
한 후 〈확인〉을 클릭합니다.

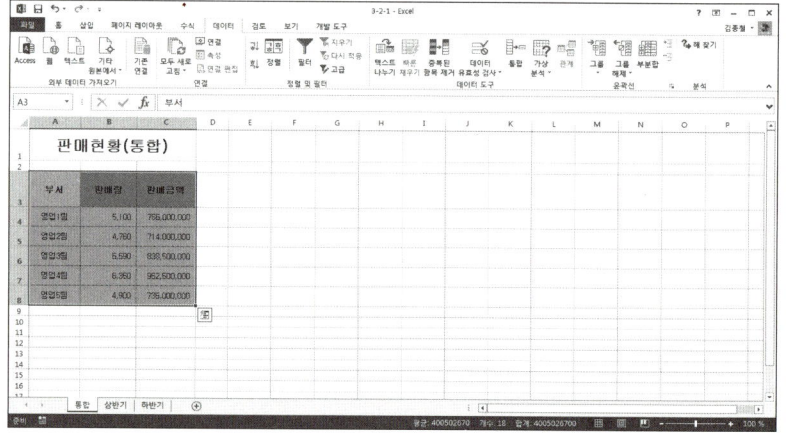

❺ 통합된 데이터를 볼 수 있습
니다.

PART 4

고급 차트와 피벗 테이블 만들기

학습목표

고급 차트 요소 만들기, 피벗 테이블 및 피벗 차트 만들기 방법에 대해 알아봅니다.

Chapter 01. 고급 차트 요소 만들기

Chapter 02. 피벗 테이블 만들기

Chapter 03. 피벗 차트 만들기

고급 차트 요소 만들기

1-1 콤보 차트

콤보 차트는 데이터 차가 큰 값을 하나의 차트에 표현할 때 사용하면 편리합니다. 기본 축과 보조 축으로 차트를 만들면 효과적으로 데이터를 표현할 수 있습니다.

❖ 다음과 같은 콤보 차트를 삽입하시오.

⊙ 예제 파일 : 4-1-1.xlsx

영업1팀, 영업3팀	영업2팀, 영업4팀
묶은 세로 막대형 / 보조축	표식이 있는 꺾은선형

❶ [A3:E7] 영역을 선택한 후 [삽입] 탭-[차트] 그룹-[콤보 차트 삽입] 명령 단추를 클릭합니다.

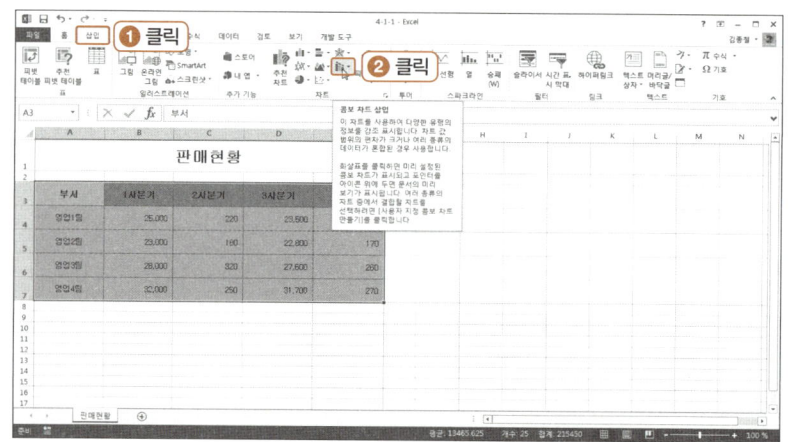

❷ '사용자 지정 콤보 차트 만들기'를 선택합니다.

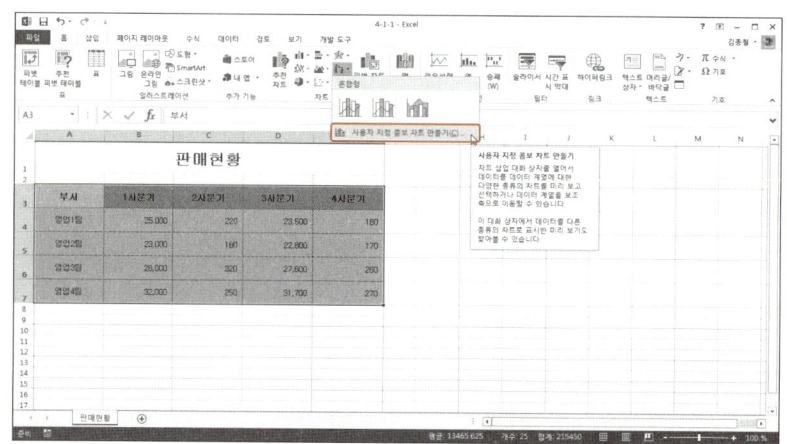

❸ '영업1팀 : 묶은 세로 막대형, 영업2팀 : 표식이 있는 꺾은선형, 영업3팀 : 묶은 세로 막대형, 영업4팀 : 표식이 있는 꺾은선형'으로 설정합니다.

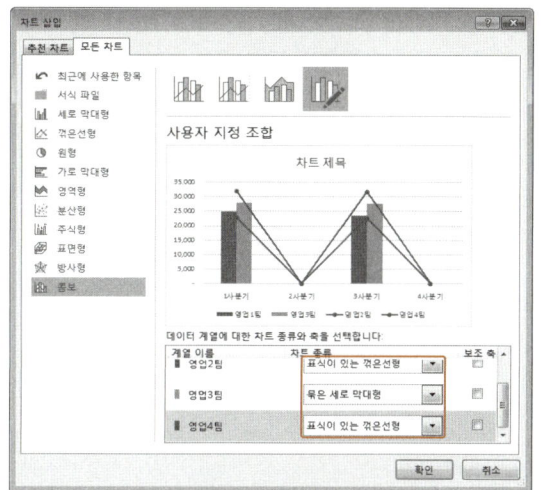

❹ '영업1팀 / 영업3팀 : 보조축 체크 표시'를 설정한 후 〈확인〉을 클릭합니다.

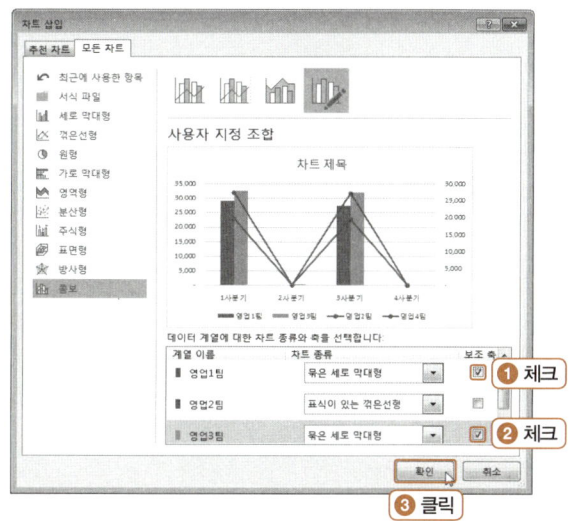

❺ 콤보 차트가 삽입됩니다.

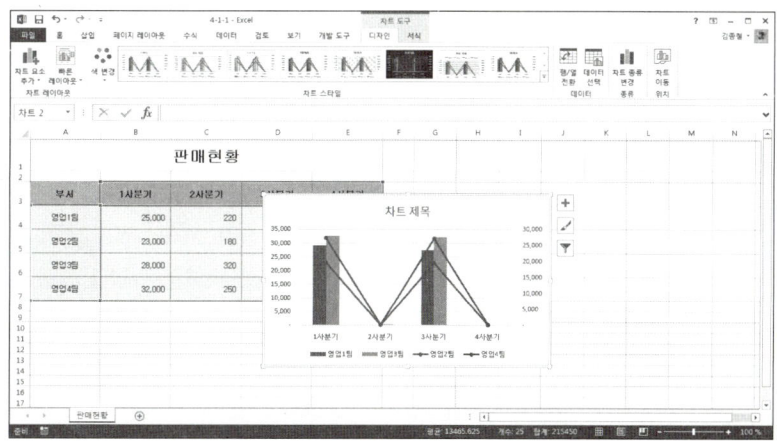

❖ **차트를 새로운 시트로 이동하시오(시트 이름은 '콤보'로 할 것).**

❶ 차트를 선택한 후 [차트 도구]-[디자인] 탭-[위치] 그룹-[차트 이동] 명령 단추를 클릭합니다.

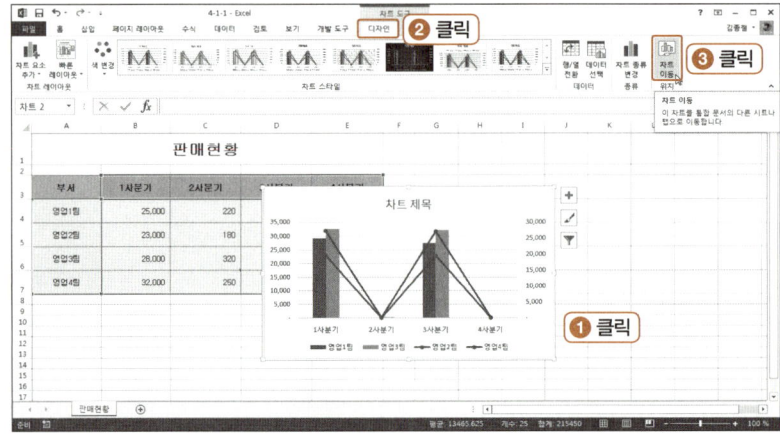

❷ '새 시트'를 선택한 후 이름을 '콤보'로 입력하고 〈확인〉을 클릭합니다.

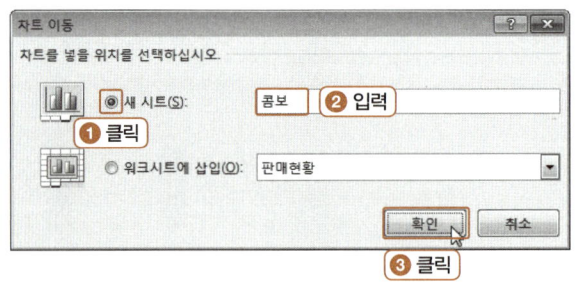

❸ 차트가 새로운 시트를 만들면서 이동됩니다.

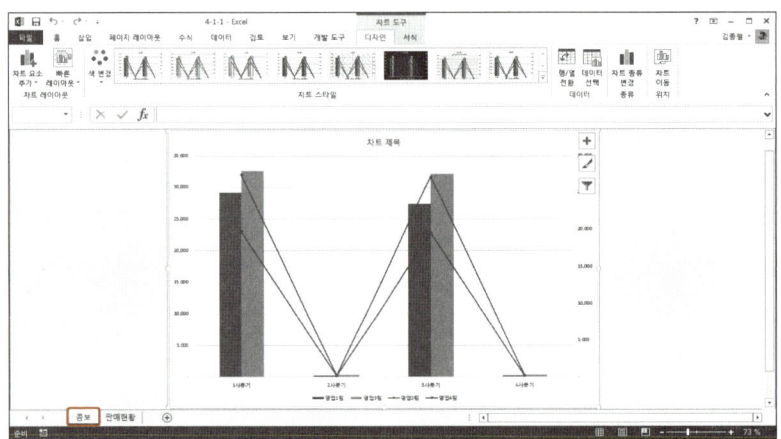

❖ 세로 축을 '최소값 : 100, 최대값 : 300'으로 설정하시오.

❶ 세로 축을 클릭한 후 [차트 도구]–[서식] 탭–[현재 선택 영역] 그룹–[선택 영역 서식] 명령 단추를 클릭합니다.

❷ '최소값 : 100, 최대값 : 300'으로 설정합니다.

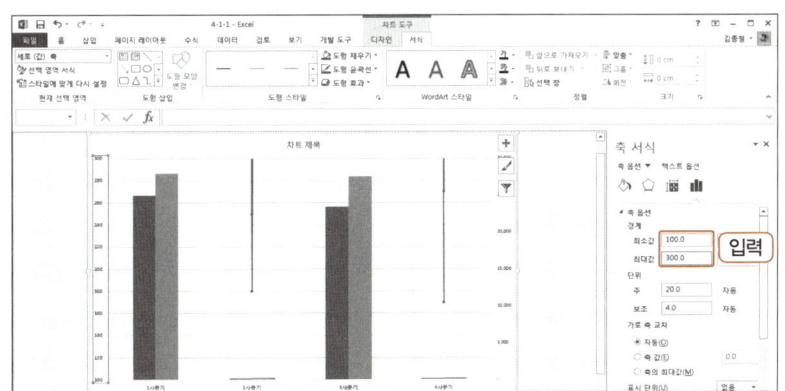

1-2 추세선

'추세선'은 시간 경과에 따른 데이터 이동을 검토할 때 사용합니다. 회귀분석에 주로 사용되는 회귀선은 이전의 데이터를 활용하여 미래의 데이터를 예측할 수 있는 통계 분석으로 사용됩니다.

❖ '영업2팀'에 추세선을 추가하시오.

❶ 영업2팀을 클릭한 후 [차트 도구]–[디자인] 탭–[차트 레이아웃] 그룹–[차트 요소 추가] 명령 단추를 클릭합니다.

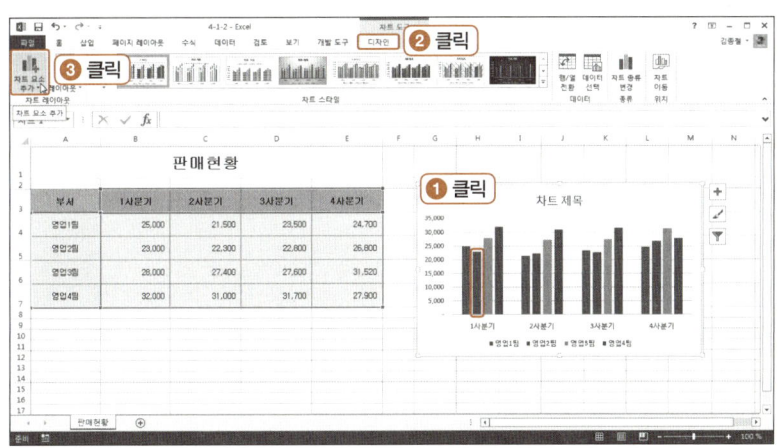

❷ [추세선]−[선형]을 선택합니다.

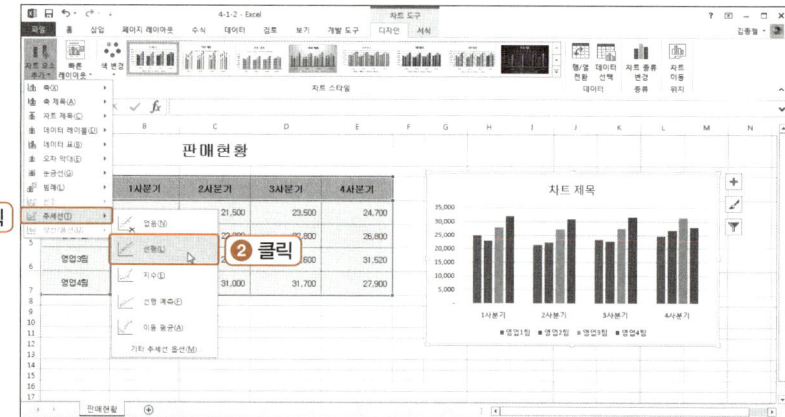

멘토의 한 수

'영업2팀' 위에서 마우스 오른쪽 단추
를 클릭한 후 '추세선'을 선택해도 됩
니다.

❸ '영업2팀'을 선택한 후 〈확인〉
을 클릭합니다.

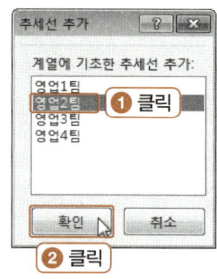

❹ '영업2팀'에 추세선이 추가됩
니다.

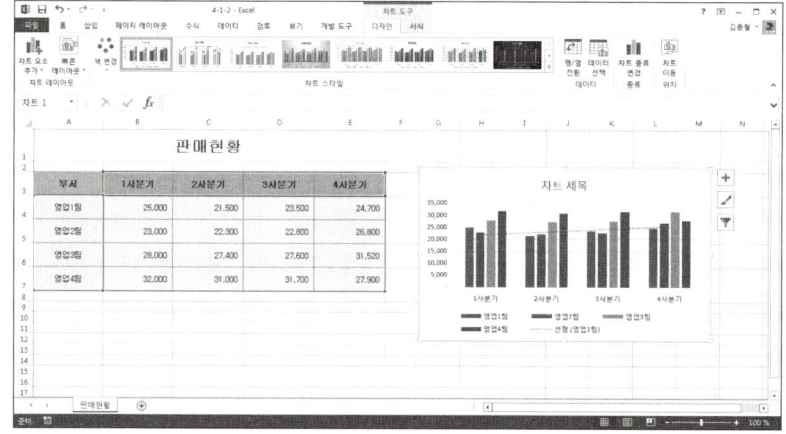

차트 서식 파일

멋지게 만든 차트는 다른 통합 문서에도 적용할 수 있도록 차트 서식 파일로 저장할 수 있습니다. 힘들게 만든 차트를 저장해서 다른 엑셀 문서에 활용하면 편리할 것입니다.

❖ **차트를 서식 파일로 저장하시오(이름은 '모자이크차트'로 할 것).**

❶ 차트 위에서 마우스 오른쪽 단
추를 클릭한 후 '서식 파일로
저장'을 선택합니다.

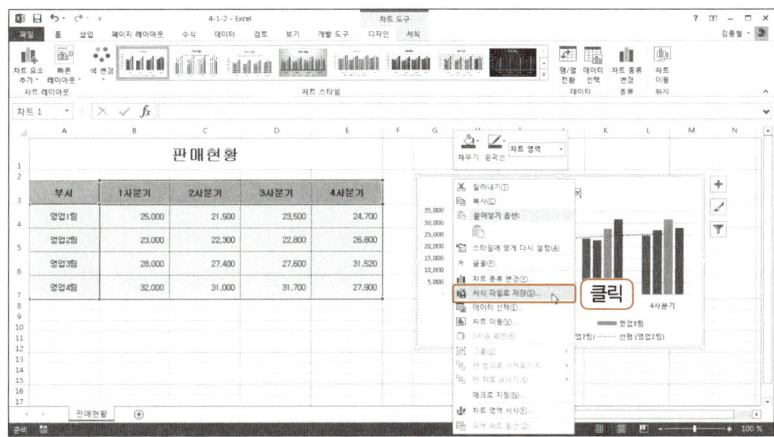

❷ '파일 이름 : 모자이크차트'를
입력한 후 〈저장〉을 클릭합
니다.

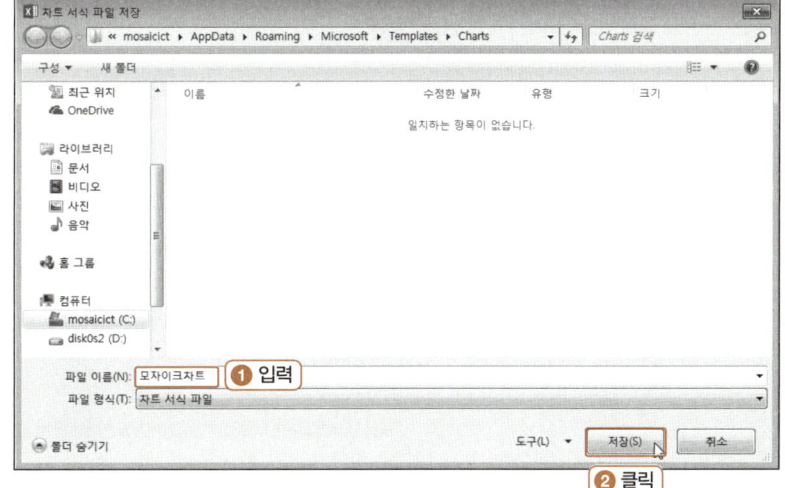

멘토의 한 수

차트 서식 파일은 기본적으로
'C:\Users\user\AppData\
Roaming\Microsoft\Templates\
Charts'에 저장됩니다.

Chapter 02 피벗 테이블 만들기

2-1 피벗 테이블

피벗 테이블은 데이터가 많을 때 데이터를 요약해서 워크시트를 분석하는 편리한 도구입니다. 간단하게 몇 번의 클릭만으로 보고서를 만들어주는 기능으로, 사용자가 원하는 목록만을 뽑아서 관리와 분석이 편한 표로 재구성해 줍니다.

⊙ 예제 파일 : 4-2-1.xlsx

✤ [A3:I100] 영역을 이용하여 다음과 같이 새로운 워크시트에 피벗 테이블을 삽입하시오.

필터	열 레이블	행 레이블	값
부서	성별	직위	지급총액

❶ 표 안의 임의의 셀을 클릭한 후 [삽입] 탭-[표] 그룹-[피벗 테이블] 명령 단추를 클릭합니다.

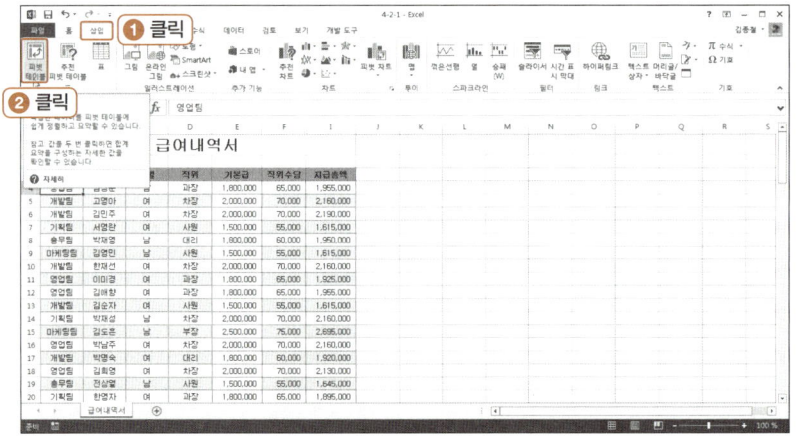

❷ '새 워크시트'로 되어 있는지 확인한 후 〈확인〉을 클릭합니다.

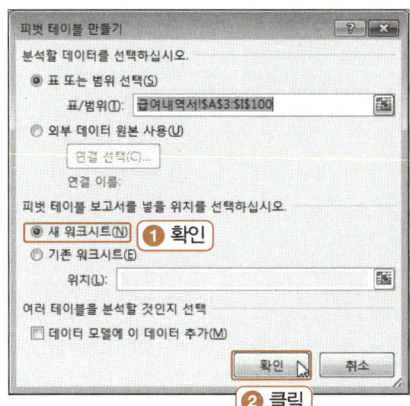

❸ '필터 : 부서, 열 레이블 : 성별, 행 레이블 : 직위, 값 : 지급총액'을 드래그하면 피벗 테이블에 만들어집니다.

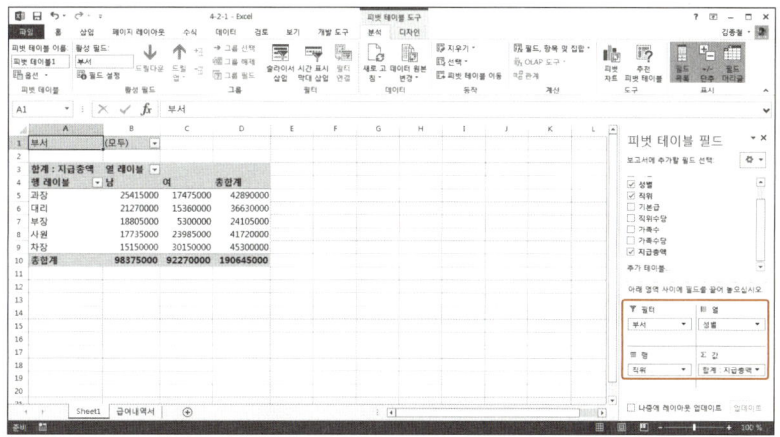

멘토의 한 수

- '피벗 테이블' 명령 단추를 클릭하면 바로 '피벗 테이블'이 삽입되며, '피벗 테이블의 목록 단추를 클릭하면 '피벗 테이블/차트'를 선택해서 삽입할 수 있습니다.
- '피벗 테이블'을 삽입할 때 테이블 안의 임의의 셀을 클릭하면 자동으로 범위가 선택됩니다.
- '피벗 테이블'을 삽입할 때 위치를 '기존 워크시트'로 선택하면 새로운 시트가 만들어지지 않고 동일한 통합 문서의 다른 시트에 삽입할 수 있습니다.

❖ '합계' 값이 평균으로 계산되도록 수정하시오(표시 형식을 통화, 소수 자릿수는 0으로 설정할 것).

❶ '값'에서 목록 단추를 클릭한 후 '값 필드 설정'을 선택합니다.

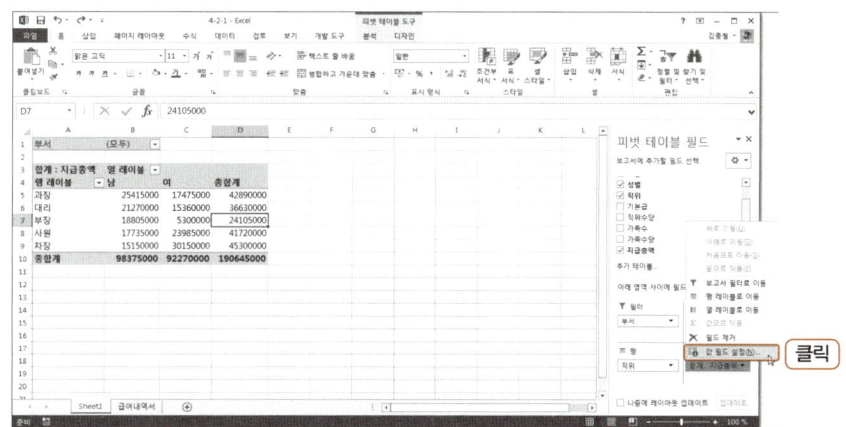

❷ '선택한 필드의 데이터 : 평균'을 선택한 후 〈표시 형식〉을 클릭합니다.

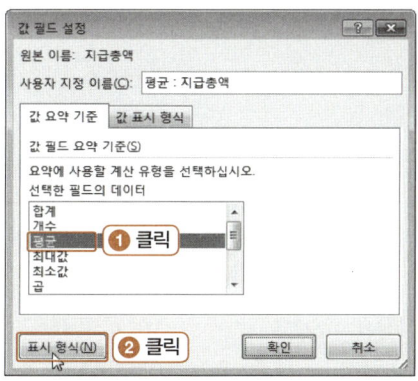

❸ '범주 : 통화, 소수 자릿수 : 0'
으로 설정한 후 〈확인〉을 클릭
합니다.

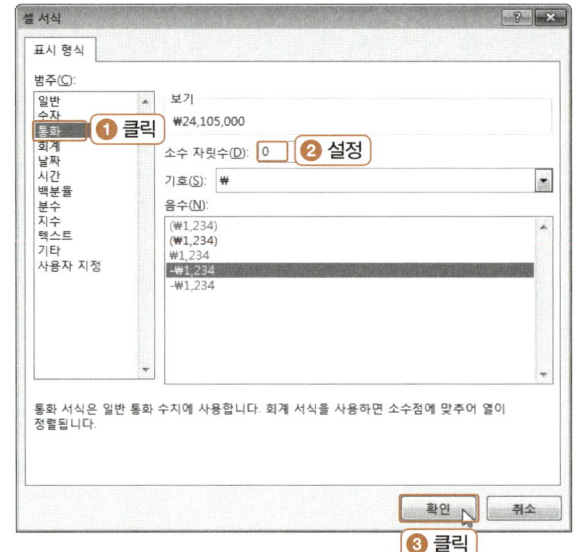

❹ 〈확인〉을 클릭합니다.

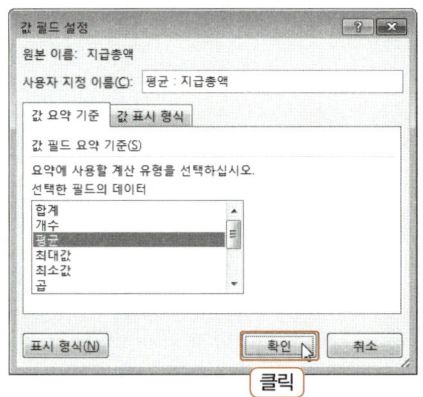

❺ 피벗 테이블의 값이 평균으로
변동됩니다.

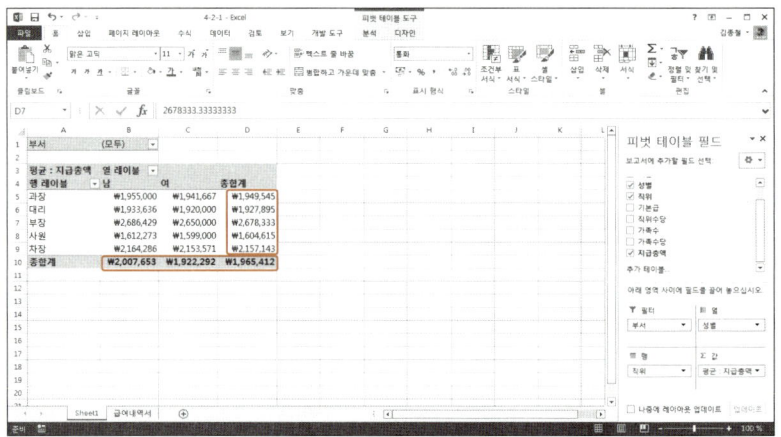

2-2 피벗 테이블 옵션

삽입된 피벗 테이블은 사용자의 필요에 따라 여러 가지 옵션을 설정할 수 있습니다. 정렬, 필터, 날짜 표시 형식 등 다양한 옵션을 이용하여 피벗 테이블을 멋지게 만들 수 있습니다.

❖ '행 레이블'이 '여'인 데이터를 내림차순으로 정렬하시오.

❶ '행 레이블 : 여'인 임의의 셀을 선택한 후 마우스 오른쪽 단추를 클릭하고 '정렬'→'숫자 내림차순 정렬'을 선택합니다.

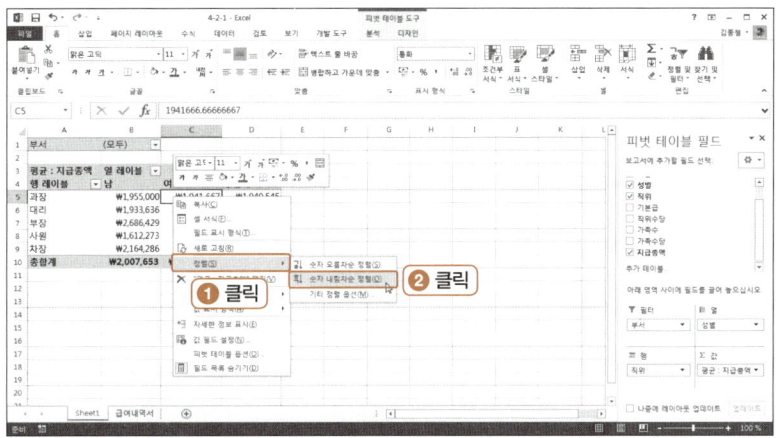

❷ 피벗 테이블이 정렬됩니다.

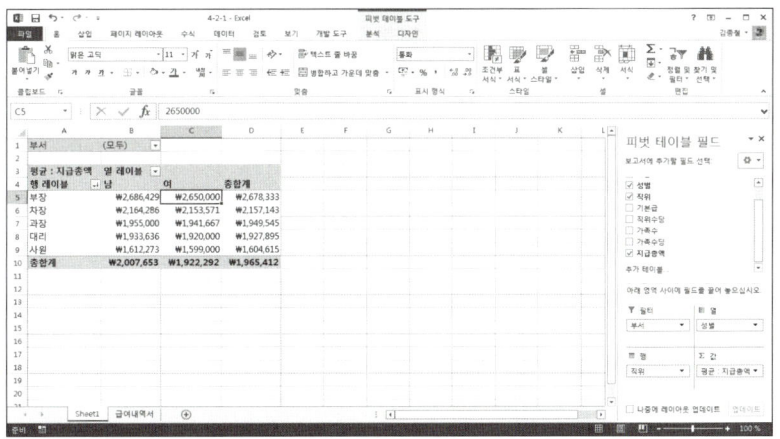

❖ '과장과 부장' 데이터만 나타내시오.

❶ '행 레이블'의 '자동 정렬'을 클릭합니다.

❷ '과장과 부장'만 남겨 두고 나머지는 체크를 해제한 후 〈확인〉을 클릭합니다.

❸ 과장과 부장인 데이터만 나타납니다.

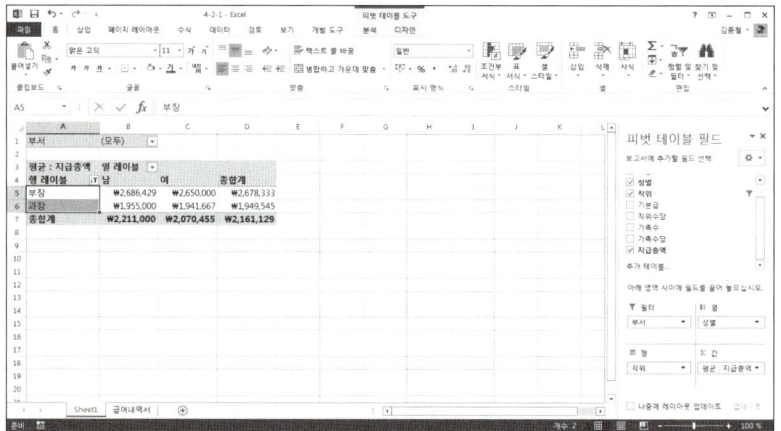

✤ **데이터를 '연간' 단위로 나타내시오.**

❶ 임의의 날짜 데이터를 클릭한 후 [피벗 테이블 도구]–[분석] 탭–[그룹] 그룹–[그룹 선택]을 클릭합니다.

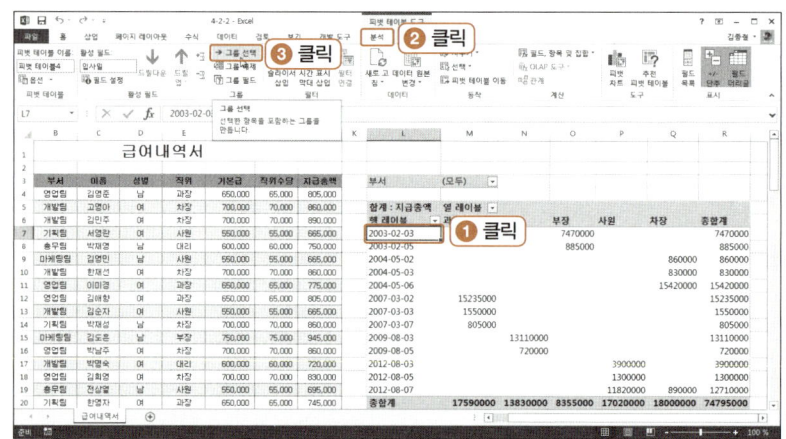

❷ 그룹화의 단위를 '연'으로 선택한 후 〈확인〉을 클릭합니다.

❸ 피벗 테이블의 데이터가 연 단위로 나타납니다.

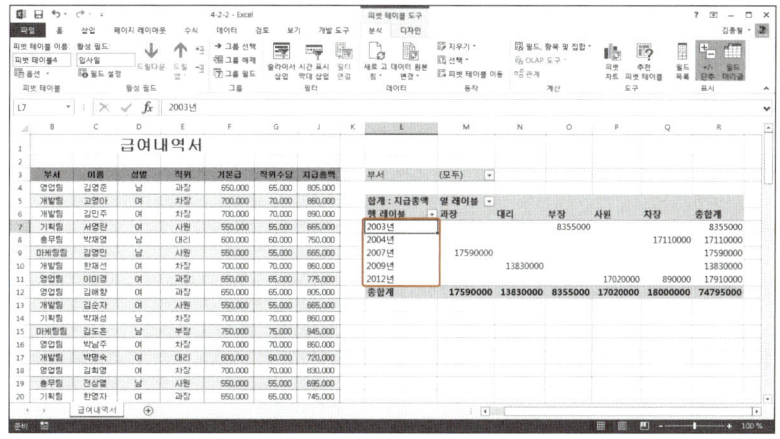

2-3 슬라이서 만들기

슬라이서는 피벗 테이블에서 필드별로 데이터를 클릭하는 것만으로도 데이터를 표시해주는 편리한 도구입니다. 마치 매크로 버튼을 만들어 놓은 것처럼 피벗 테이블을 편리하게 만들어 주는 도구입니다.

❖ **피벗 테이블을 이용하여 슬라이서를 삽입하시오(부서, 직위를 삽입할 것).**

❶ 피벗 테이블의 임의의 데이터를 클릭한 후 [피벗 테이블 도구]−[분석] 탭−[필터] 그룹−[슬라이서 삽입]을 클릭합니다.

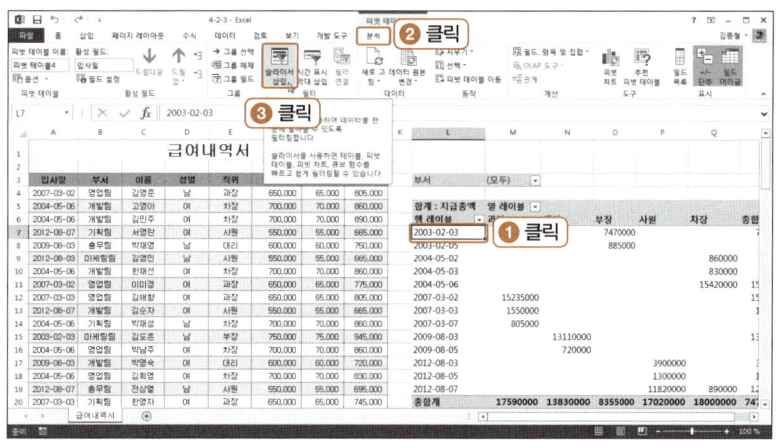

❷ '부서, 직위'를 체크 표시한 후 〈확인〉을 클릭합니다.

❸ 슬라이서에서 원하는 항목을 클릭하면 데이터가 필터링되어 나타납니다.

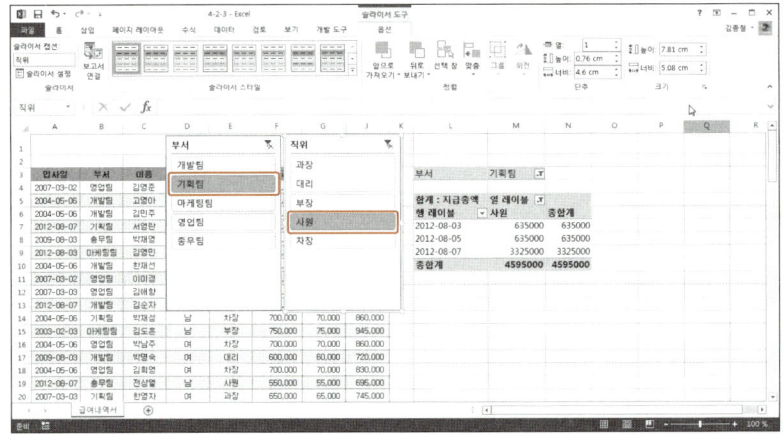

Chapter 03 피벗 차트 만들기

3-1 피벗 차트

작성된 피벗 테이블이 있을 경우에는 간단하게 피벗 차트도 만들 수 있습니다. 피벗 차트는 피벗 테이블을 한 눈에 볼 수 있게 차트로 정리해서 보여주는 기능입니다. 시각적인 효과가 필요할 경우 사용하면 편리합니다.

⊙ 예제 파일 : 4-3-1.xlsx

❖ **[A3:I100] 영역을 이용하여 다음과 같이 새로운 워크시트에 피벗 차트를 삽입하시오(시트 이름은 '모자이크'로 변경할 것).**

필터	축	범례	값
부서	성별	직위	지급총액

❶ 표 안의 임의의 셀을 클릭한 후 [삽입] 탭-[차트] 그룹-[피벗 차트] 명령 단추를 클릭합니다.

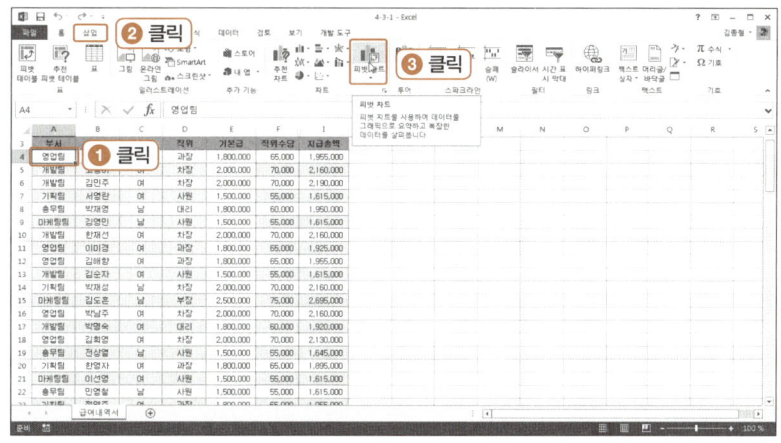

❷ '새 워크시트'로 되어 있는지 확인한 후 〈확인〉을 클릭합니다.

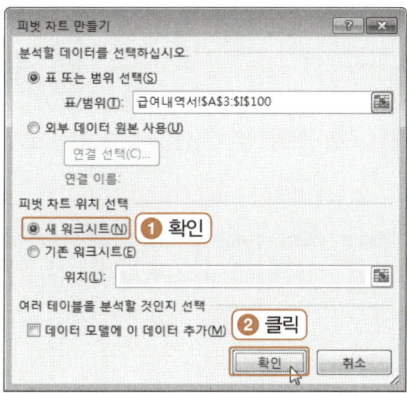

❸ '필터 : 부서, 축 : 성별, 범례 : 직위, 값 : 지급총액'을 드래그 하면 피벗 테이블에 만들어집 니다.

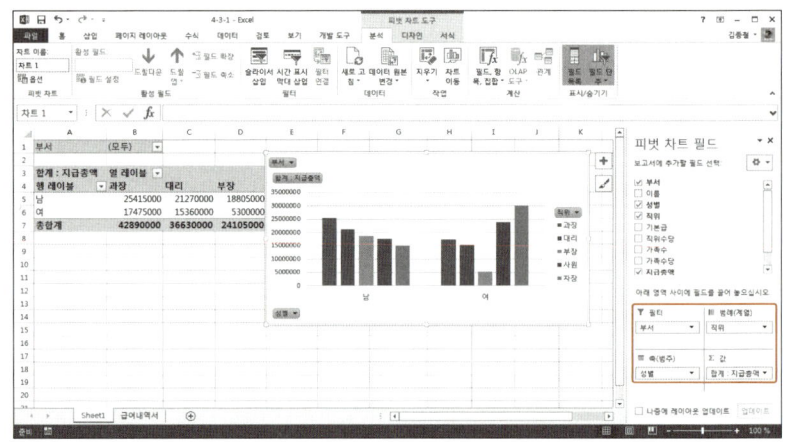

❹ 시트 위에서 마우스 오른쪽 단 추를 클릭한 후 '이름 바꾸기' 를 선택합니다.

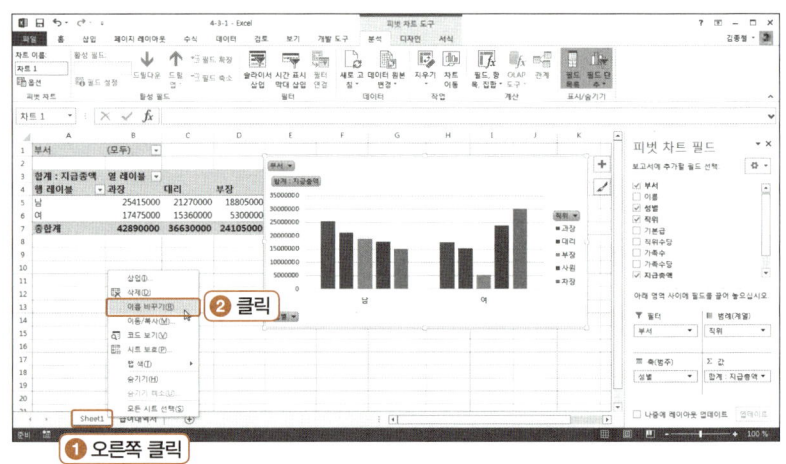

❺ '모자이크'를 입력한 후 Enter 를 누릅니다.

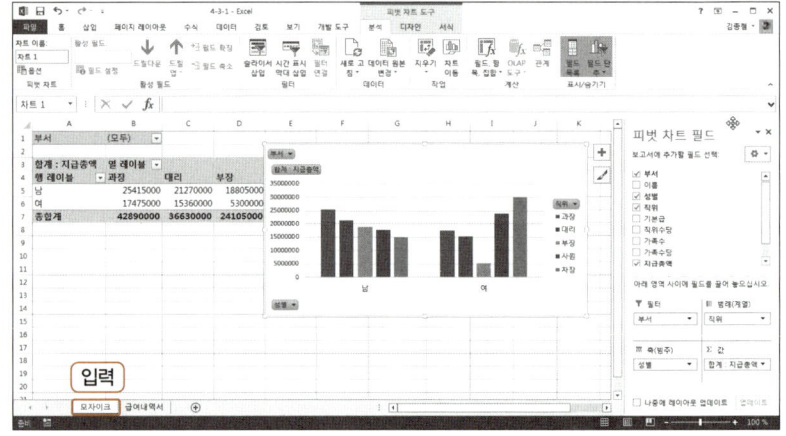

3-2 피벗 차트 옵션

삽입된 피벗 차트는 사용자의 필요에 따라 여러 가지 옵션을 설정할 수 있습니다. 스타일, 레이아웃, 차트 종류 등 다양한 옵션을 이용하여 피벗 차트를 꾸미면 멋지게 만들 수 있습니다.

❖ **피벗 차트를 '묶은 가로 막대형'으로 변경하시오.**

❶ 피벗 차트를 선택한 후 [피벗 차트 도구]–[디자인] 탭–[종류] 그룹–[차트 종류 변경] 명령 단추를 클릭합니다.

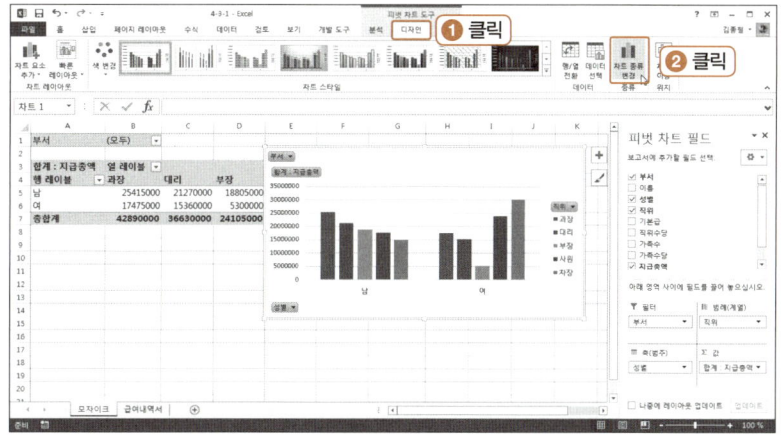

❷ '묶은 가로 막대형' 차트를 선택한 후 〈확인〉을 클릭합니다.

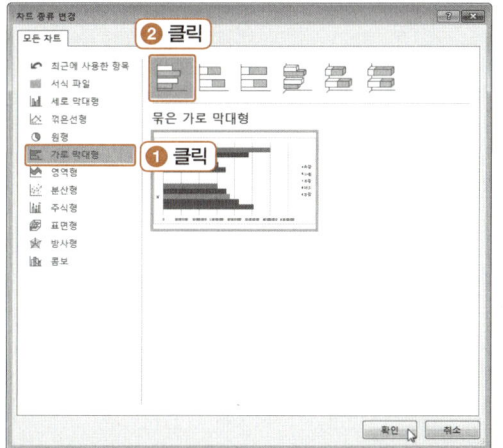

❸ 차트가 '묶은 가로 막대형'으로 변경됩니다.

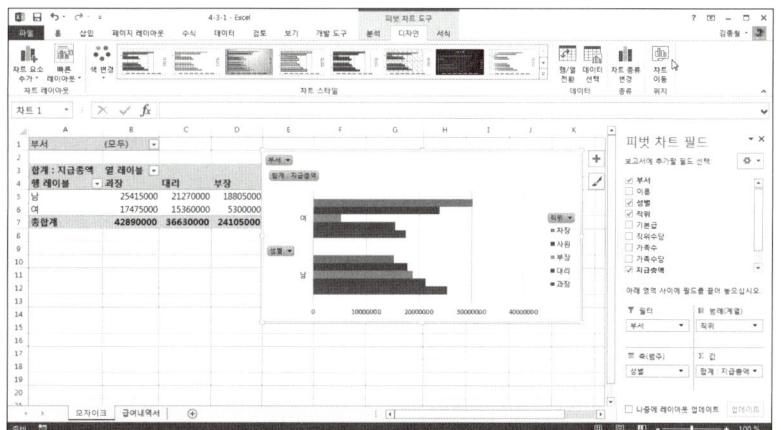

M·E·M·O

PART

5

기출유형 모의고사

학습목표

1~4 파트에서 익힌 기능을 바탕으로 최신 출제유형과 같은 문제를 풀어봄으로써 최종적으로 실력을 점검합니다.

01회 기출유형 모의고사

◉ 예제 : test1.xlsx   ◉ 결과 : test1(완성).xlsx

1. 통합 문서의 속성(회사)에 '모자이크아이씨티'를 추가하시오.

❶ [파일] 탭을 클릭한 후 [정보]−[모든 속성 표시]를 클릭합니다.

❷ '회사' 항목에 '모자이크아이씨티'를 추가합니다.

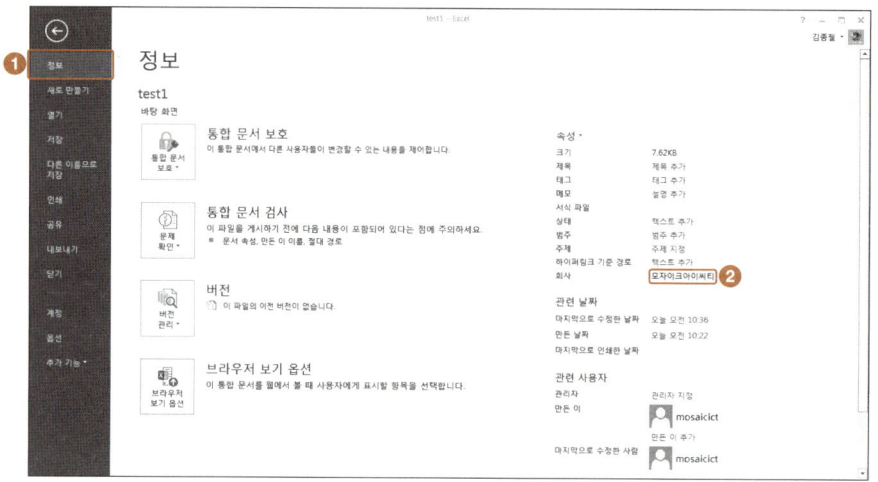

2. [B3] 셀 데이터를 '학과명'으로 수정하시오.

❶ [B3] 셀을 더블 클릭합니다.

❷ '학과'를 '학과명'으로 수정합니다.

3. 사용자 지정 서식을 이용하여 [G3:G23] 영역의 수당을 '통화 기호 : ¥ 일본어, 소수 자릿수 : 1'이 표시되도록 설정하시오.

❶ [G3:G23] 영역에서 마우스 오른쪽 단추를 클릭한 후 '셀 서식'을 선택합니다.

❷ [표시 형식] 탭의 '범주 : 통화'를 선택한 후 '기호'에서 목록 단추를 클릭하고 '¥ 일본어'를 선택합니다.

❸ '소수 자릿수 : 1'로 설정한 후 〈확인〉을 클릭합니다.

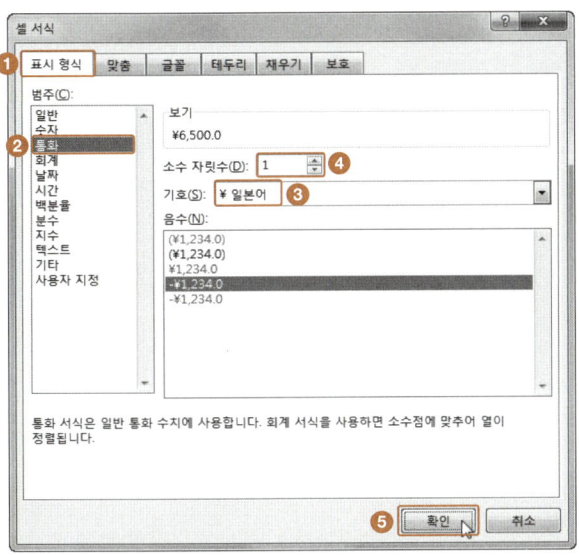

4. [D4:E17] 영역에 잠금을 설정하시오.

❶ [D4:E17] 영역에서 마우스 오른쪽 단추를 클릭한 후 '셀 서식'을 선택합니다.

❷ [보호] 탭에서 '잠금'을 체크 표시한 후 〈확인〉을 클릭합니다.

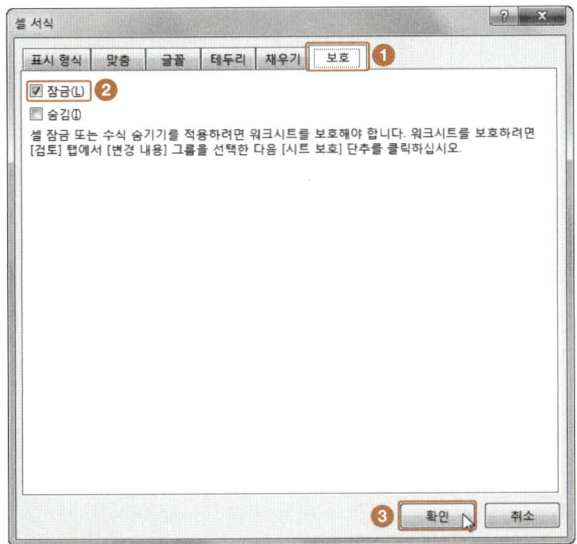

5. 다음과 같이 조건부 서식을 이용하여 설정하시오.

영역	조건	서식
[E3:E23]	대리	굵은 기울임꼴

❶ [E3:E23] 영역을 선택한 후 [홈] 탭-[스타일] 그룹-[조건부 서식] 명령 단추를 클릭하고 '새 규칙'을 선택합니다.

❷ '수식을 사용하여 서식을 지정할 셀 결정'을 선택한 후 '=$E3="대리"'를 설정하고 〈서식〉을 클릭합니다.

❸ [글꼴] 탭의 '글꼴 스타일'에서 '굵은 기울임꼴'을 선택합니다.

❹ 〈확인〉을 클릭합니다.

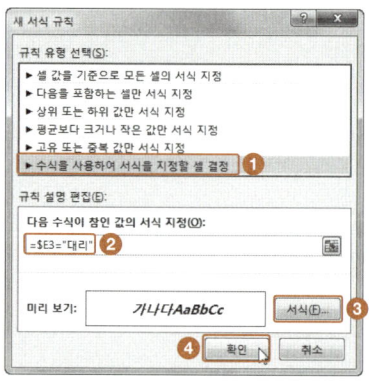

6. 조건부 서식의 규칙을 '대리'에서 '부장'으로 변경하시오.

❶ [홈] 탭-[스타일] 그룹-[조건부 서식] 명령 단추를 클릭한 후 '규칙 관리'를 선택합니다.

❷ '서식 규칙 표시' 항목에서 목록 단추를 클릭한 후 '현재 워크시트'를 선택합니다.

❸ 규칙을 선택한 후 〈규칙 편집〉을 클릭합니다.

❹ '대리'를 '부장'으로 변경합니다.

❺ 〈확인〉을 클릭합니다.

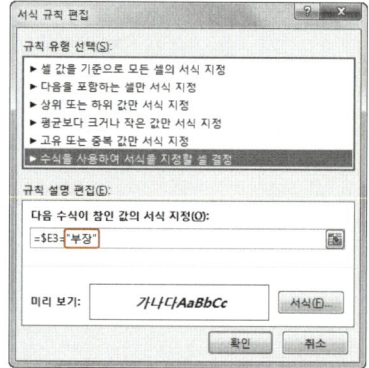

❻ 〈확인〉을 클릭합니다.

7. 다음과 같이 사용자 지정 색을 변경하시오.

테마 색	색상	이름
강조 3	빨강(100), 녹색(150), 파랑(180)	모자이크

❶ [페이지 레이아웃] 탭-[테마] 그룹-[색] 명령 단추를 클릭한 후 '색 사용자 지정'을 선택합니다.

❷ '강조 3'에서 목록 단추를 클릭한 후 '다른 색'을 선택합니다.

❸ '빨강(100), 녹색(150), 파랑(180)'을 설정한 후 〈확인〉을 클릭합니다.

❹ '이름 : 모자이크'로 변경한 후 〈저장〉을 클릭합니다.

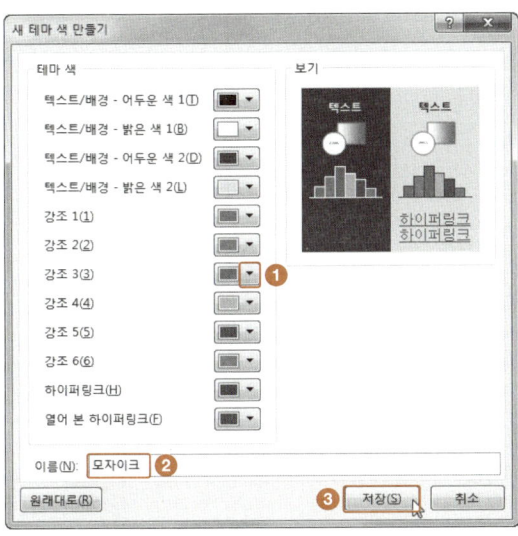

8. [M4] 셀에 이재성의 기본급을 구하시오(VLOOKUP 함수를 사용할 것).

❶ [M4] 셀을 선택한 후 [수식] 탭-[함수 라이브러리] 그룹-[찾기/참조 영역] 명령 단추를 클릭한 후 'VLOOKUP'을 선택합니다.

❷ 'Lookup_value : F7, Table_array : L8:M12, Col_index_num : 2, Range_lookup : False'를 설정한 후 〈확인〉을 클릭합니다.

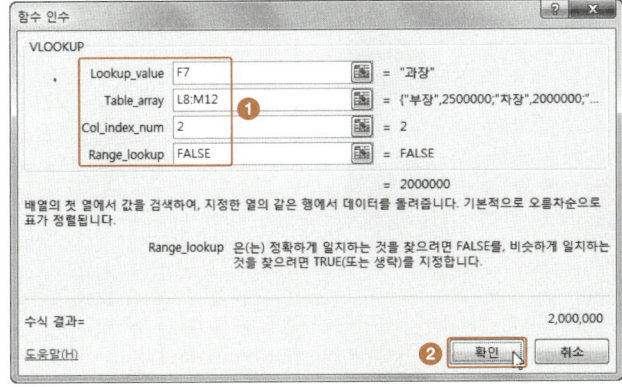

9. [A3:I100] 영역을 이용하여 다음과 같이 새로운 워크시트에 피벗 테이블을 삽입하시오.

필터	열 레이블	행 레이블	값
부서	성별	직위, 이름	지급총액의 최소값

❶ 표 안의 임의의 셀을 클릭한 후 [삽입] 탭–[표] 그룹–[피벗 테이블] 명령 단추를 클릭합니다.

❷ '새 워크시트'로 되어 있는지 확인한 후 〈확인〉을 클릭합니다.

❸ '필터 : 부서, 열 레이블 : 성별, 행 레이블 : 직위, 이름, 값 : 지급총액'을 드래그하면 피벗 테이블에 만들어집니다.

❹ '값' 항목의 목록 단추를 클릭한 후 '값 필드 설정'을 선택합니다.

❺ '최소값'을 선택한 후 〈확인〉을 클릭합니다.

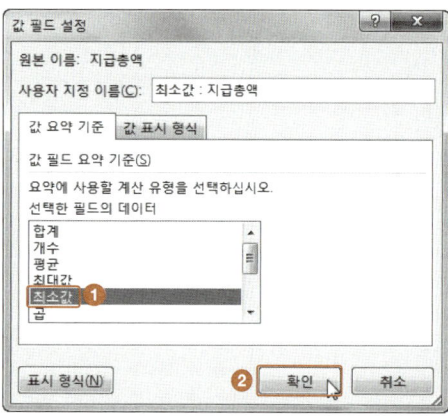

10. 9번에 만든 피벗 테이블의 시트 이름을 '10'으로 변경한 후 '기획팀, 영업팀'만 나타나도록 하시오(시트를 마지막으로 이동할 것).

❶ 'Sheet9' 위에서 마우스 오른쪽 단추를 클릭한 후 '이름 바꾸기'를 선택합니다.

❷ '10'를 입력한 후 Enter 를 누릅니다.

❸ '모두'를 클릭한 후 '여러 항목 선택'을 체크 표시합니다.

❹ '기획팀, 영업팀'을 선택한 후 〈확인〉을 클릭합니다.

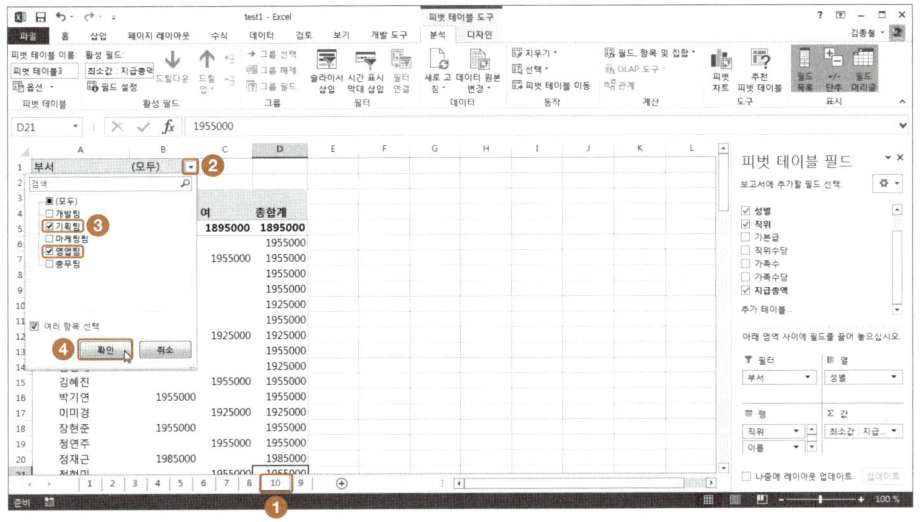

❺ '10' 시트를 드래그해서 마지막에 놓습니다.

11. [F3] 셀에 'IF, NETWORKDAYS' 함수를 이용하여 주말과 휴일을 제외한 근무일수를 구하시오(근무일수가 없는 경우 '해당없음'을 표시, 수식을 복사할 때 서식은 제외할 것).

❶ [F3] 셀을 선택한 후 [수식] 탭-[함수 라이브러리] 그룹-[논리] 명령 단추를 클릭한 후 'IF'를 선택합니다.

❷ 'Logical_test : D3="", Value_if_true : "해당없음", Value_if_false : NETWORKDAYS(D3,E3)'을 설정한 후 〈확인〉을 클릭합니다.

❸ 나머지 셀은 자동 채우기를 이용하여 채웁니다.

❹ '자동 채우기 옵션'을 클릭한 후 '서식 없이 채우기'를 선택합니다.

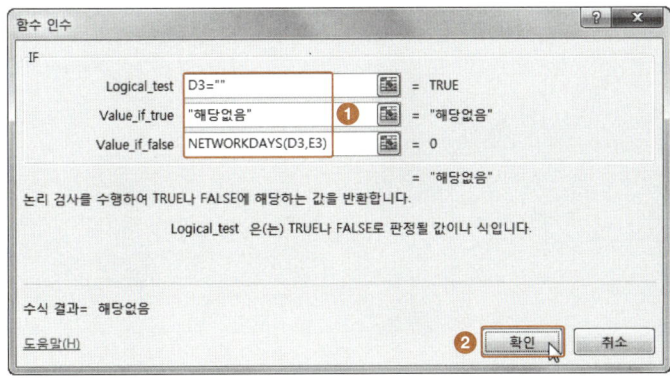

12. [M4] 셀에 가족수가 '2' 이하이고 직위수당이 '50,000' 이상인 지급총액의 합을 구하시오.

❶ [M4] 셀을 선택한 후 [수식] 탭-[함수 라이브러리] 그룹-[수학/삼각] 명령 단추를 클릭한 후 'SUMIFS'를 선택합니다.

❷ 'Sum_range : J4:J17, Criteria range1 : I4:I17, Criteria1 : "<=2", Criteria range1 : H4:H17, Criteria1 : ">=50000"'을 설정한 후 〈확인〉을 클릭합니다.

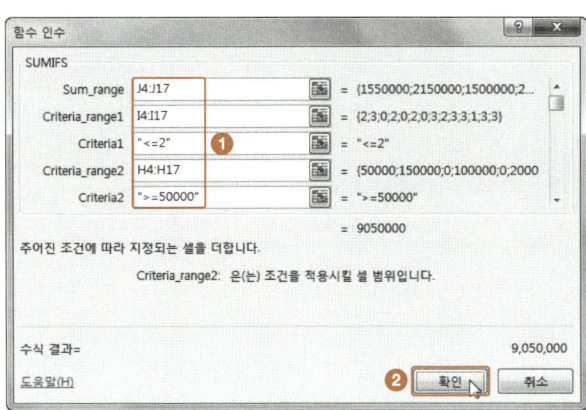

13. [M4] 셀에 직급이 '직급기준'보다 이상이고, 가족수가 '가족수기준'보다 초과인 직원 수를 구하시오.

❶ [M4] 셀을 선택한 후 [수식] 탭-[함수 라이브러리] 그룹-[기타 함수] 명령 단추를 클릭한 후 [통계]-[COUNTIFS]를 클릭합니다.

❷ 'Criteria_range1 : E4:E17, Criteria1 : ">="&O4, Criteria_range2 : I4:I17, Criteria2 : ">="&P4'를 설정한 후 〈확인〉을 클릭합니다.

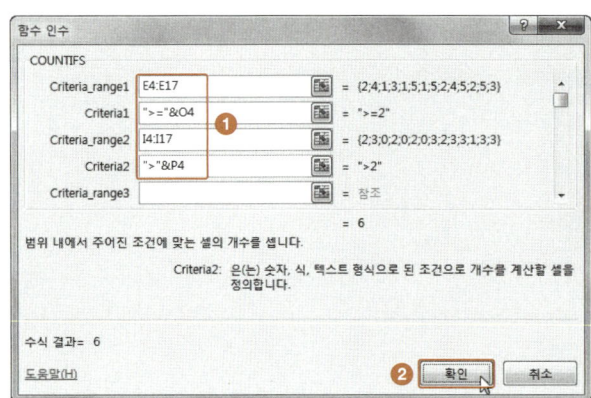

14. 시나리오를 다음과 같이 작성한 후 결과를 표시하시오.

변경 셀(L5)	변경 셀(N5)	시나리오 이름
4%	8%	급여

❶ [데이터] 탭–[데이터 도구] 그룹–[가상 분석] 명령 단추를 클릭한 후 '시나리오 관리자'를 선택합니다.

❷ 〈추가〉를 클릭합니다.

❸ '시나리오 이름' 항목에 '급여'를, '변경 셀' 항목에서 Ctrl 을 누르면서 [L5, N5] 셀을 선택한 후 〈확인〉을 클릭합니다.

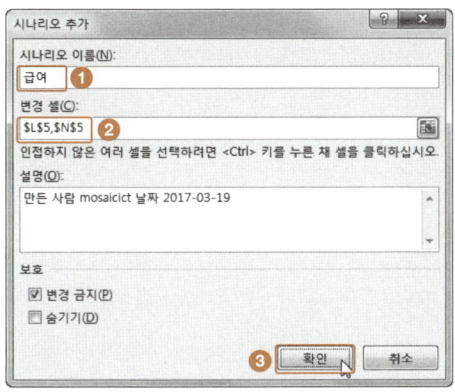

❹ '$L$5 : 0.04, $N$5 : 0.08'을 입력한 후 〈확인〉을 클릭합니다.

❺ 〈표시〉를 클릭합니다.

❻ 〈닫기〉를 클릭합니다.

15. [A3:I100] 영역을 이용하여 다음과 같이 새로운 워크시트에 피벗 차트를 삽입하시오.

필터	축	범례	값
직위	부서	성별	기본급 평균

❶ 표 안의 임의의 셀을 클릭한 후 [삽입] 탭–[차트] 그룹–[피벗 차트] 명령 단추를 클릭합니다.

❷ '새 워크시트'로 되어 있는지 확인한 후 〈확인〉을 클릭합니다.

❸ '필터 : 직위, 축 : 부서, 범례 : 성별, 값 : 기본급'을 드래그하면 피벗 테이블에 만들어집니다.

❹ '값'에서 목록 단추를 클릭한 후 '값 필드 설정'을 선택합니다.

❺ '평균'을 선택한 후 〈확인〉을 클릭합니다.

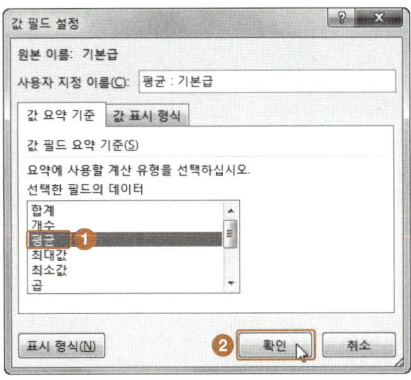

16. 차트 이름(기본급), 시트 이름(16)으로 수정한 후 시트를 마지막으로 이동하시오.

❶ 차트를 선택한 후 [피벗 차트 도구]–[분석] 탭–[피벗 차트] 그룹–'차트 이름'에서 '기본급'으로 수정한 후
  Enter 를 누릅니다.

❷ 시트 위에서 마우스 오른쪽 단추를 클릭한 후 '이름 바꾸기'를 선택합니다.

❸ '16'을 입력한 후 Enter 를 누릅니다.

❹ 시트를 드래그해서 마지막으로 이동합니다.

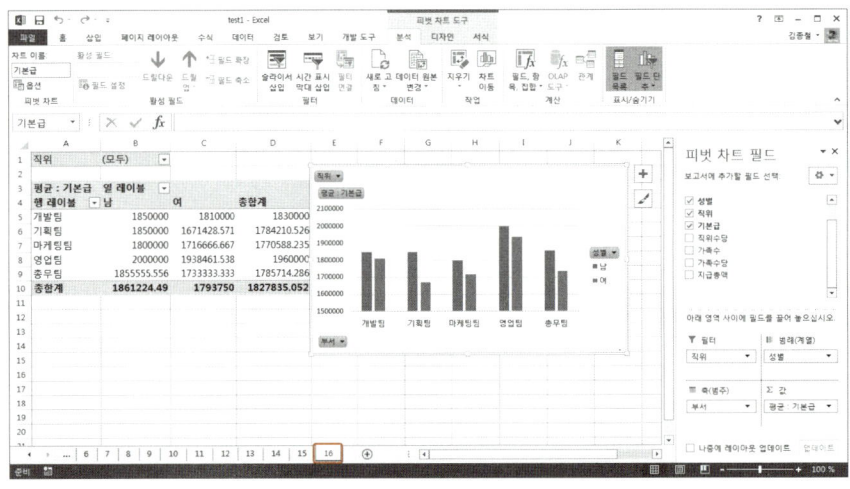

17. 피벗 차트를 '원형'으로 변경하시오.

❶ 차트를 선택한 후 [피벗 차트 도구]–[디자인] 탭–[종류] 그룹–[차트 종류 변경] 명령 단추를 클릭합니다.

❷ '원형'을 선택한 후 〈확인〉을 클릭합니다.

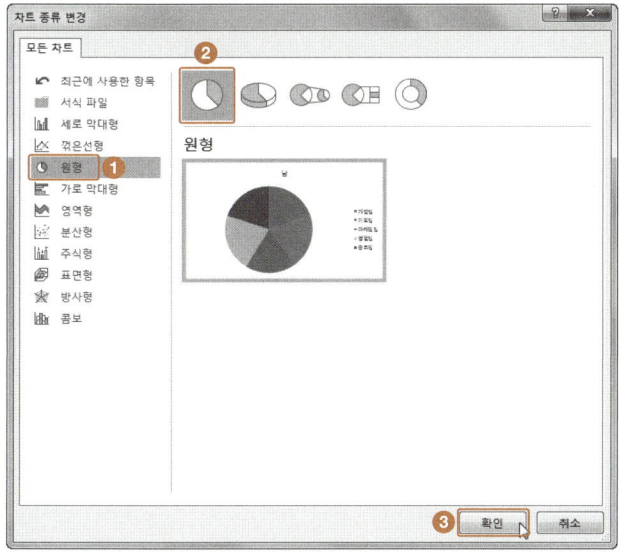

18. 다음과 같은 데이터가 나타나도록 슬라이서를 삽입하시오.

부서	성별
개발팀, 마케팅팀	남

❶ 피벗 테이블의 임의의 데이터를 클릭한 후 [피벗 테이블 도구]–[분석] 탭–[필터] 그룹–[슬라이서 삽입] 명령 단추를 클릭합니다.

❷ '부서, 성별'을 체크 표시한 후 〈확인〉을 클릭합니다.

❸ Ctrl 을 누르면서 '개발팀, 마케팅팀, 남'을 클릭합니다.

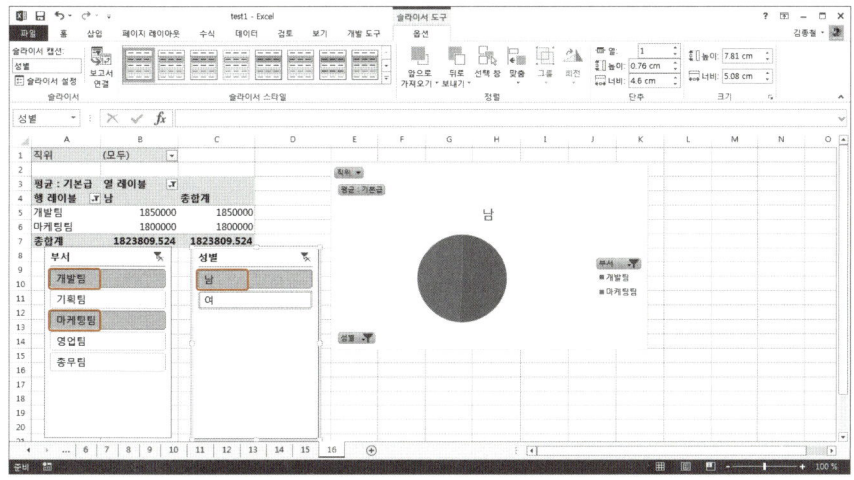

19. 다음과 같은 콤보 차트를 삽입하시오.

가로 축	1사분기(기본 축)	2사분기(보조 축)
부서	묶은 세로 막대형	꺾은선형

❶ [A3:C7] 영역을 선택합니다.

❷ [삽입] 탭-[차트] 그룹-[콤보 차트 삽입] 명령 단추를 클릭합니다.

❸ '사용자 지정 콤보 차트 만들기'를 선택합니다.

❹ '1사분기 : 묶은 세로 막대형, 2사분기 : 꺾은선형'으로 설정합니다.

❺ '2사분기'의 보조 축에 체크 표시를 한 후 〈확인〉을 클릭합니다.

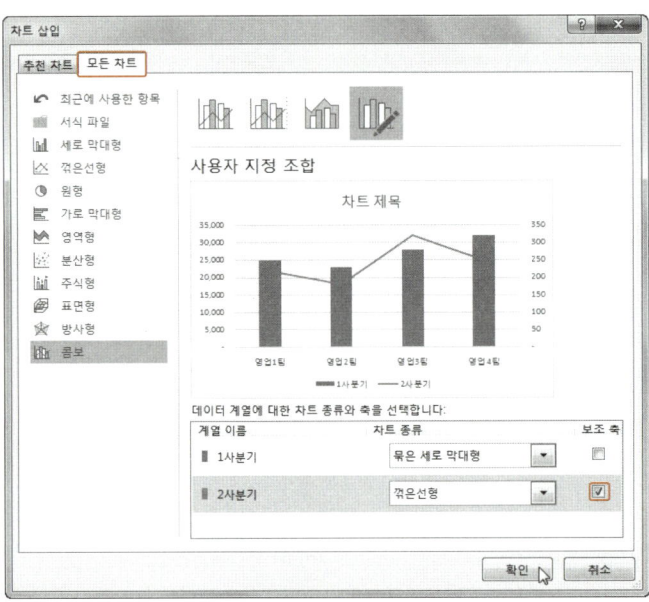

20. 콤보 차트를 새로운 워크시트(20)에 삽입한 후 마지막 시트로 이동하시오.

❶ 차트를 선택한 후 [차트 도구]-[디자인] 탭-[위치] 그룹-[차트 이동] 명령 단추를 클릭합니다.

❷ '새 시트'를 선택한 후 '20'을 입력합니다. 그런 다음 〈확인〉을 클릭합니다.

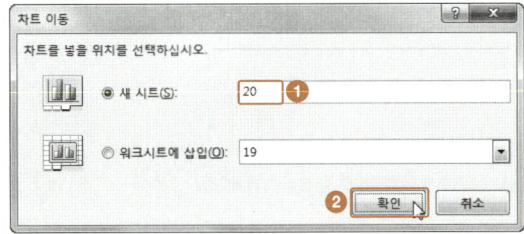

❸ 드래그해서 마지막 시트를 이동합니다.

21. 축 값을 다음과 같이 설정하시오.

기본 축	보조 축
최소값 : 0, 최대값 : 33,000	최소값 : 0, 최대값 : 330

❶ 기본 축 위에서 마우스 오른쪽 단추를 클릭한 후 '축 서식'을 선택합니다.

❷ '최소값 : 0, 최대값 : 33,000'으로 설정합니다.

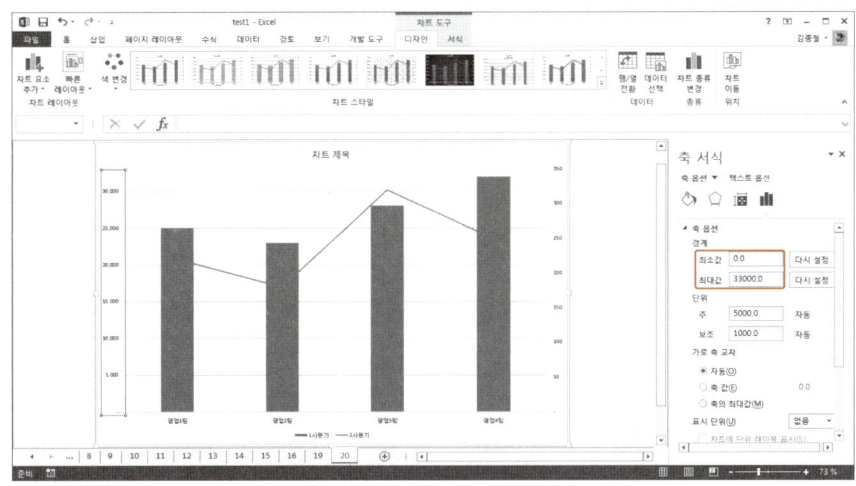

❸ 보조 축 위에서 마우스 오른쪽 단추를 클릭한 후 '축 서식'을 선택합니다.

❹ '최소값 : 0, 최대값 : 330'으로 설정합니다.

22. 첫 번째 계열에 '지수' 추세선을 추가하시오.

❶ 영업1팀 계열에서 마우스 오른쪽 단추를 클릭한 후 '추세선 추가'를 선택합니다.

❷ '지수'를 선택합니다.

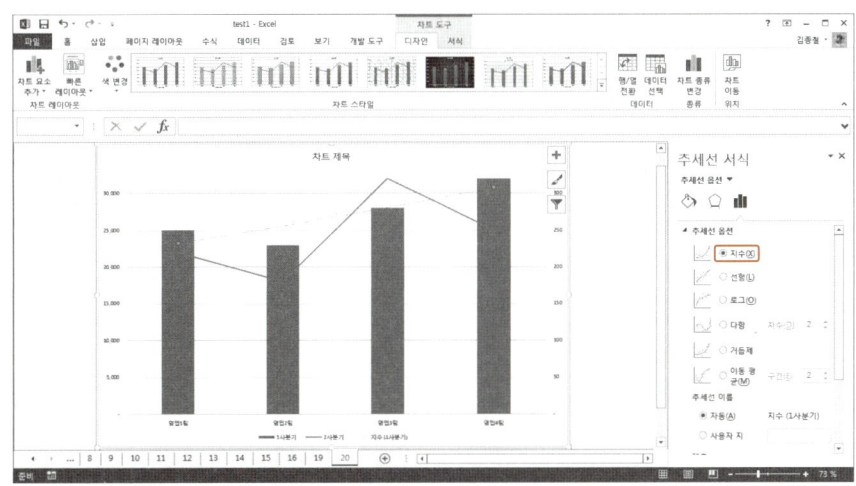

23. 'C:₩MOS2013₩ExcelExpert₩스타일.xlsx' 파일의 '모자이크' 스타일을 복사하시오.

❶ [홈] 탭-[스타일] 그룹-[셀 스타일] 명령 단추를 클릭한 후 '스타일 병합'을 선택합니다.

❷ '스타일.xlsx' 파일을 선택한 후 〈확인〉을 클릭합니다(스타일.xlsx 파일이 열려 있어야 함).

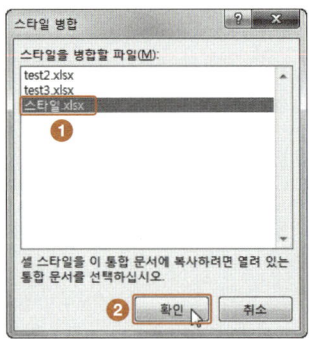

24. '모자이크' 스타일의 배경색을 '노랑'으로 설정하시오.

❶ [홈] 탭-[스타일] 그룹-[셀 스타일] 명령 단추를 클릭합니다. 그런 다음 '모자이크' 스타일 위에서 마우스 오른쪽 단추를 클릭한 후 '수정'을 선택합니다.

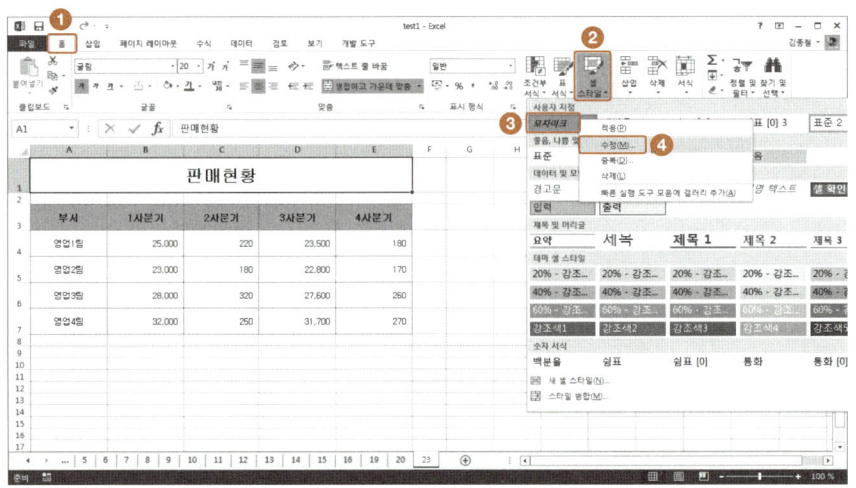

❷ 〈서식〉을 클릭합니다.

❸ [채우기] 탭에서 '배경색 : 노랑'으로 설정한 후 〈확인〉을 클릭합니다.

❹ 〈확인〉을 클릭합니다.

◉ 예제 : test2.xlsx　　◉ 결과 : test2(완성).xlsx

1. 통합 문서를 검사한 후 '문서 속성 및 개인 정보'를 모두 삭제하시오.

❶ [파일] 탭－[정보]－[문제 확인]－[문서 검사]를 클릭합니다.

❷ 〈검사〉를 클릭합니다.

❸ 〈모두 제거〉를 클릭합니다.

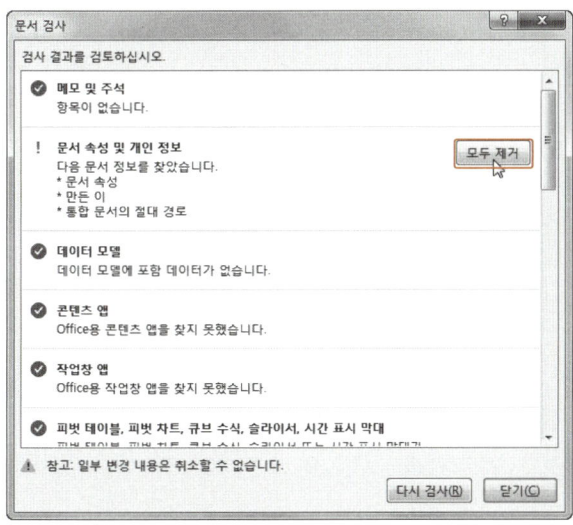

❹ 〈닫기〉를 클릭합니다.

2. 사용자 지정 서식을 이용하여 [A3:A23] 영역에서 연도만 표시되도록 설정하시오.

❶ [A3:A23] 영역을 선택한 후 [홈] 탭－[표시 형식] 그룹－[자세히]를 클릭합니다.

❷ [표시 형식] 탭의 '범주 : 사용자 지정'을 선택한 후 '형식'에 'yyyy'를 추가하고 〈확인〉을 클릭합니다.

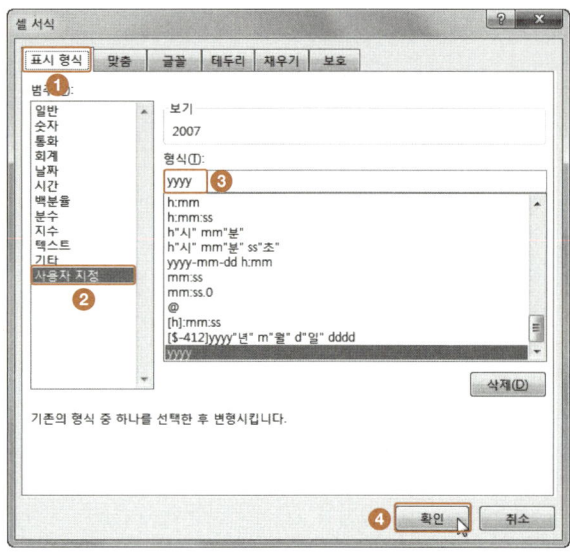

3. [G2] 셀에 '직급별 수당 정확히 입력 요망'이라는 메모를 삽입하시오.

❶ [G2] 셀을 선택한 후 [검토] 탭-[메모] 그룹-[새 메모] 명령 단추를 클릭합니다.

❷ 메모(직급별 수당 정확히 입력 요망)를 입력합니다.

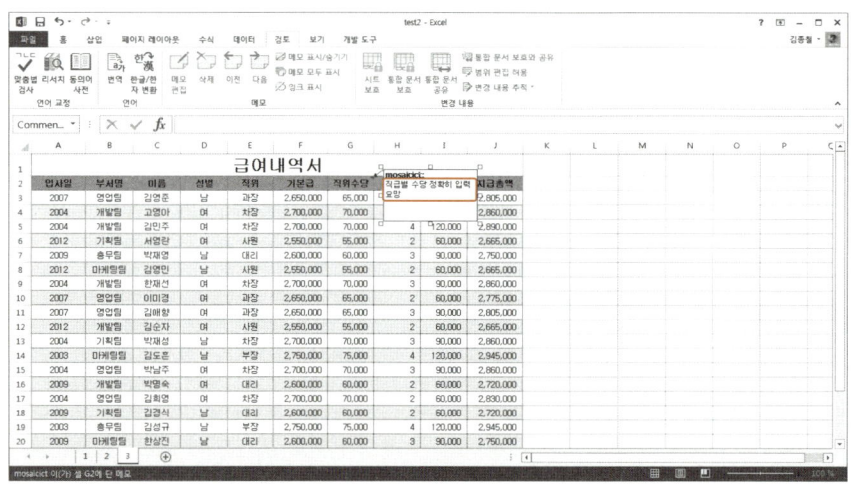

4. 다음과 같이 조건부 서식을 이용하여 설정하시오(월요일이 0으로 시작하는 유형).

영역	조건	서식
[A3:A23]	토요일	빨강 글꼴 색

❶ [A3:A23] 영역을 선택한 후 [홈] 탭-[스타일] 그룹-[조건부 서식] 명령 단추를 클릭한 후 '새 규칙'을 선택합니다.

❷ '수식을 사용하여 서식을 지정할 셀 결정'을 선택한 후 '=WEEKDAY($A4,3)=5'를 설정하고 〈서식〉을 클릭합니다.

❸ '색'의 목록 단추를 클릭한 후 '빨강'을 선택합니다.

❹ 〈확인〉을 클릭합니다.

❺ 〈확인〉을 클릭합니다.

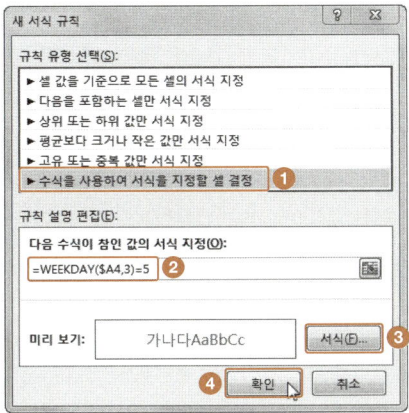

5. 다음과 같이 조건부 서식을 이용하여 설정하시오.

영역	조건	서식(채우기 색)
[J2]	오늘 4일 이전	빨강 : 150, 녹색 : 250, 파랑 : 170

❶ [J2] 셀을 선택한 후 [홈] 탭-[스타일] 그룹-[조건부 서식] 명령 단추를 클릭한 후 '새 규칙'을 선택합니다.

❷ '수식을 사용하여 서식을 지정할 셀 결정'을 선택한 후 '=$J$2〈=TODAY( )-4'를 설정하고 〈서식〉을 클릭합니다.

❸ [채우기] 탭에서 〈다른 색〉을 클릭합니다.

❹ [사용자 지정] 탭에서 '빨강 : 150, 녹색 : 250, 파랑 : 170'으로 설정한 후 〈확인〉을 클릭합니다.

❺ 〈확인〉을 클릭합니다.

❻ 〈확인〉을 클릭합니다.

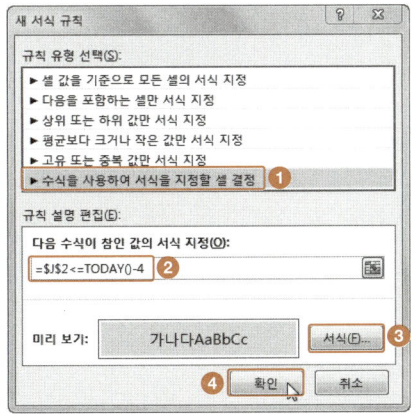

6. 조건부 서식의 순서를 굵게, 색 채우기, 밑줄 순으로 변경하시오.

❶ [홈] 탭-[스타일] 그룹-[조건부 서식] 명령 단추를 클릭한 후 '규칙 관리'를 선택합니다.

❷ '서식 규칙 표시' 항목에서 목록 단추를 클릭한 후 '현재 워크시트'를 선택합니다.

❸ '굵게' 조건부 서식을 선택한 후 '위로 이동'을 클릭합니다.

❹ '색 채우기' 조건부 서식을 선택한 후 '위로 이동'을 클릭합니다.

❺ 〈확인〉을 클릭합니다.

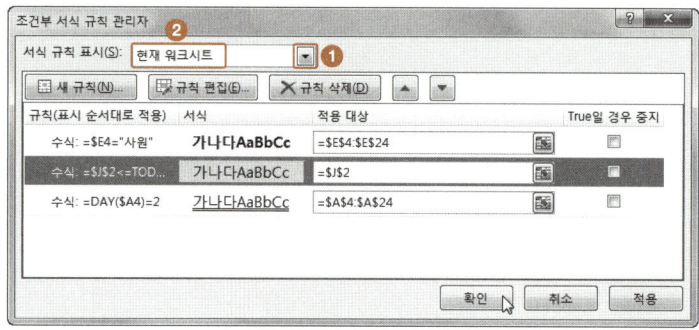

7. 다음과 같이 사용자 지정 색을 변경하시오.

테마 색	색상	이름
강조 6	빨강(160), 녹색(75), 파랑(170)	mosaic

❶ [페이지 레이아웃] 탭-[테마] 그룹-[색] 명령 단추를 클릭한 후 '색 사용자 지정'을 선택합니다.

❷ '강조 6'에서 목록 단추를 클릭한 후 '다른 색'을 선택합니다.

❸ '빨강(160), 녹색(75), 파랑(170)'을 설정한 후 〈확인〉을 클릭합니다.

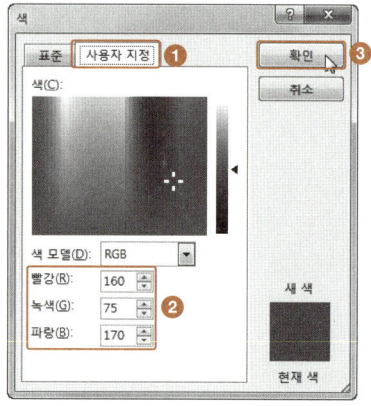

❹ '이름 : mosaic'로 변경한 후 〈저장〉을 클릭합니다.

8. [G4:G17] 영역에 기본급을 구한 후 원화로 변경하시오(VLOOKUP 함수를 사용할 것).

❶ [G4] 셀을 선택한 후 [수식] 탭-[함수 라이브러리] 그룹-[찾기/참조 영역] 명령 단추를 클릭하고 'VLOOKUP'을 선택합니다.

❷ 'Lookup_value : F4, Table_array : $L$4:$M$8, Col_index_num : 2, Range_lookup : False'를 설정한 후 〈확인〉을 클릭합니다.

❸ 수식 입력줄에서 '=VLOOKUP(F4,$L$4:$M$8,2,False)*$O$4'로 수정합니다.

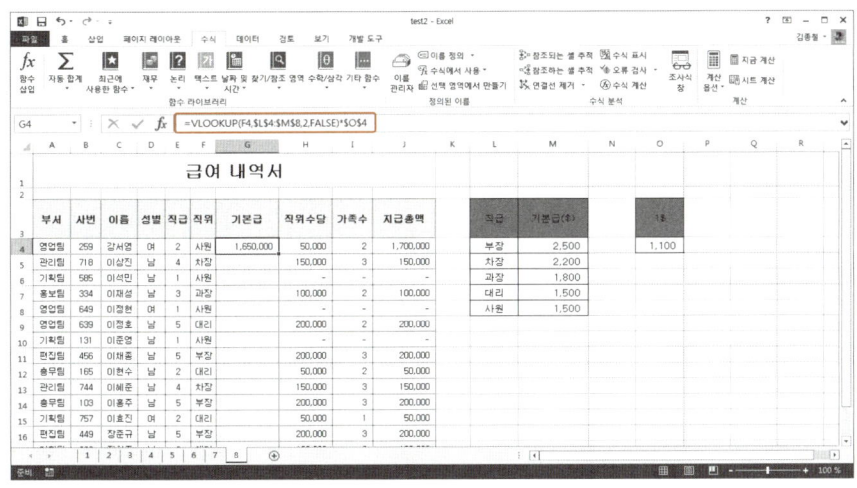

❹ 자동 채우기를 이용하여 수식을 아래로 복사합니다.

9. [A3:J24] 영역을 이용하여 다음과 같이 새로운 워크시트에 피벗 테이블을 삽입하시오.

필터	열 레이블	행 레이블	값
성별	직위	부서명	가족수당의 최대값

❶ 표 안의 임의의 셀을 클릭한 후 [삽입] 탭-[표] 그룹-[피벗 테이블] 명령 단추를 클릭합니다.

❷ '새 워크시트'로 되어 있는지 확인한 후 〈확인〉을 클릭합니다.

❸ '필터 : 성별, 열 레이블 : 직위, 행 레이블 : 부서명, 값 : 가족수당'을 드래그하면 피벗 테이블에 만들어집니다.

❹ '값' 항목의 목록 단추를 클릭한 후 '값 필드 설정'을 선택합니다.

❺ '최대값'을 선택한 후 〈확인〉을 클릭합니다.

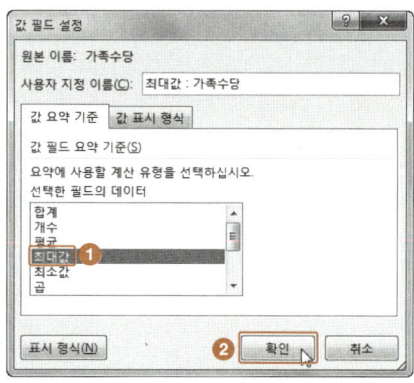

10. 9번에 만든 피벗 테이블의 시트 이름을 '10'으로 변경한 후 '남'만 나타나도록 하시오(시트를 마지막으로 이동할 것).

❶ 'Sheet9' 위에서 마우스 오른쪽 단추를 클릭한 후 '이름 바꾸기'를 선택합니다.

❷ '10'을 입력한 후 [Enter]를 누릅니다.

❸ '모두'를 클릭한 후 '남'을 선택합니다. 그런 다음 〈확인〉을 클릭합니다.

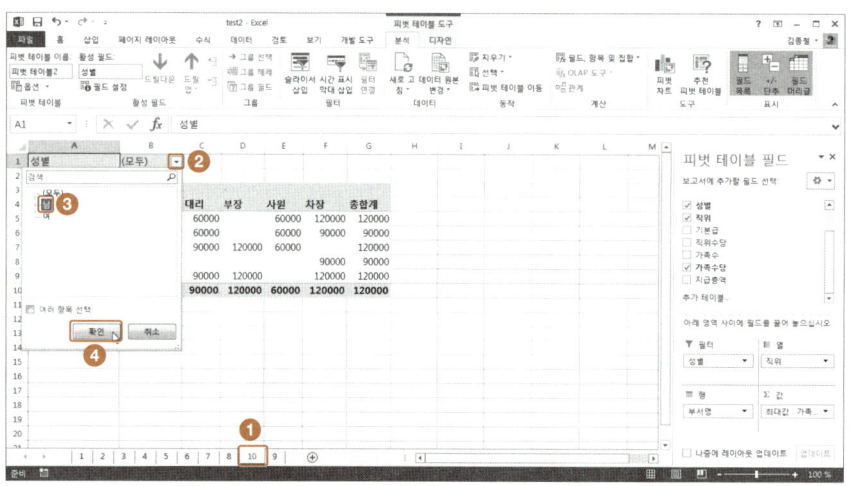

❹ '10' 시트를 드래그해서 마지막에 놓습니다.

11. [M4] 셀에 이름이 '이'로 시작되고 기본급이 '1,500,000' 이상인 지급총액의 합을 구하시오.

❶ [M4] 셀을 선택한 후 [수식] 탭-[함수 라이브러리] 그룹-[수학/삼각] 명령 단추를 클릭한 후 'SUMIFS'를 선택합니다.

❷ 'Sum_range : J4:J17, Criteria range1 : C4:C17, Criteria1 : "이*", Criteria range1 : G4:G17, Criteria1 : ">=1500000"'를 설정한 후 〈확인〉을 클릭합니다.

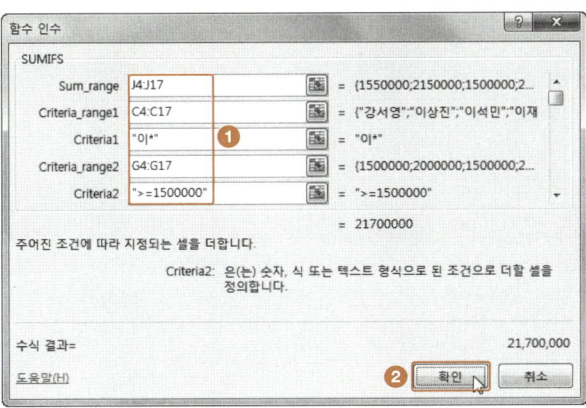

12. [M4] 셀에 성별이 '남'이고, 지급총액이 '2,000,000'원 초과인 직원 수를 구하시오.

❶ [M4] 셀을 선택한 후 [수식] 탭-[함수 라이브러리] 그룹-[기타 함수] 명령 단추를 클릭한 후 [통계]-[COUNTIFS]를 클릭합니다.

❷ 'Criteria_range1 : D4:D17, Criteria1 : 남, Criteria_range2 : J4:J17, Criteria2 : 〉2000000'을 설정한 후 〈확인〉을 클릭합니다.

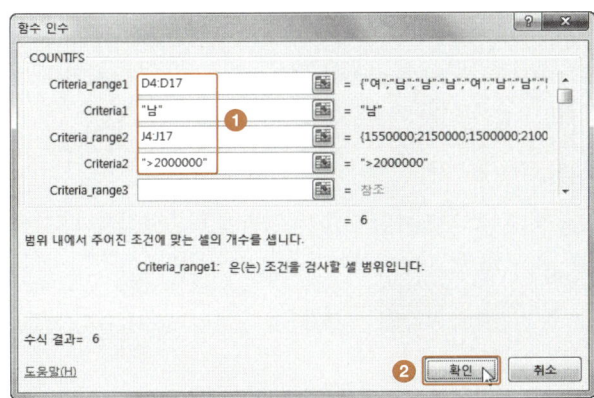

13. 시나리오를 다음과 같이 작성한 후 결과를 표시하시오.

변경 셀(M5)	시나리오 이름
8%	급여

❶ [데이터] 탭-[데이터 도구] 그룹-[가상 분석] 명령 단추를 클릭한 후 '시나리오 관리자'를 선택합니다.

❷ 〈추가〉를 클릭합니다.

❸ '시나리오 이름' 항목에 '급여'를, '변경 셀' 항목에서 [M5] 셀을 선택한 후 〈확인〉을 클릭합니다.

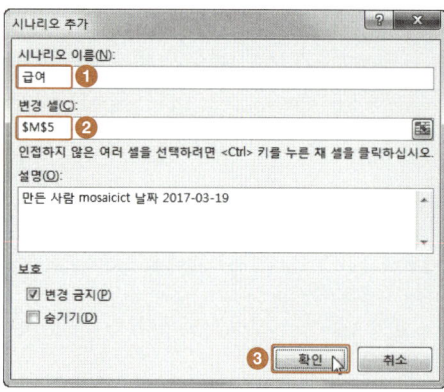

❹ '$M$5 : 0.08'을 입력한 후 〈확인〉을 클릭합니다.

❺ 〈표시〉를 클릭합니다.

❻ 〈닫기〉를 클릭합니다.

14. [A3:I100] 영역을 이용하여 다음과 같이 새로운 워크시트에 피벗 차트를 삽입하시오.

필터	축	범례	값
부서	성별	직위	지급총액 합계

❶ 표 안의 임의의 셀을 클릭한 후 [삽입] 탭–[차트] 그룹–[피벗 차트] 명령 단추를 클릭합니다.

❷ '새 워크시트'로 되어 있는지 확인한 후 〈확인〉을 클릭합니다.

❸ '필터 : 부서, 축 : 성별, 범례 : 직위, 값 : 지급총액'을 드래그하면 피벗 테이블에 만들어집니다.

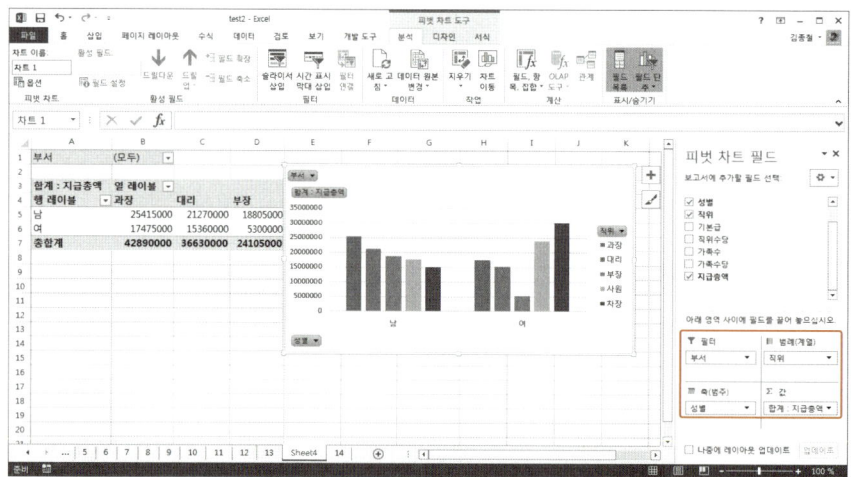

15. 차트 이름(지급총액), 시트 이름(15)을 수정한 후 시트를 마지막으로 이동하시오.

❶ 차트를 선택한 후 [피벗 차트 도구]-[분석] 탭-[피벗 차트] 그룹-'차트 이름'에서 '지급총액'으로 수정하고 Enter 를 누릅니다.

❷ 시트 위에서 마우스 오른쪽 단추를 클릭한 후 '이름 바꾸기'를 선택합니다.

❸ '15'를 입력한 후 Enter 를 누릅니다.

❹ 시트를 드래그해서 마지막으로 이동합니다.

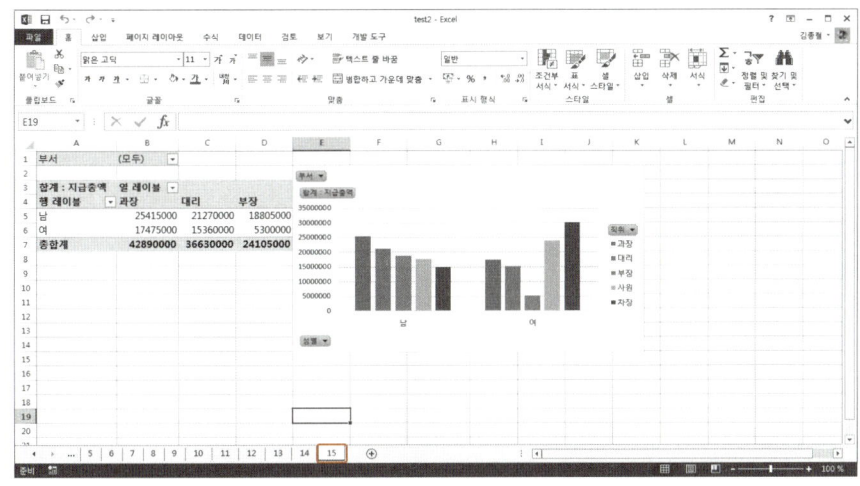

16. 피벗 차트를 '3차원 묶은 가로 막대형'으로 변경하시오.

❶ 차트를 선택한 후 [피벗 차트 도구]-[디자인] 탭-[종류] 그룹-[차트 종류 변경] 명령 단추를 클릭합니다.

❷ '3차원 묶은 가로 막대형'을 선택한 후 〈확인〉을 클릭합니다.

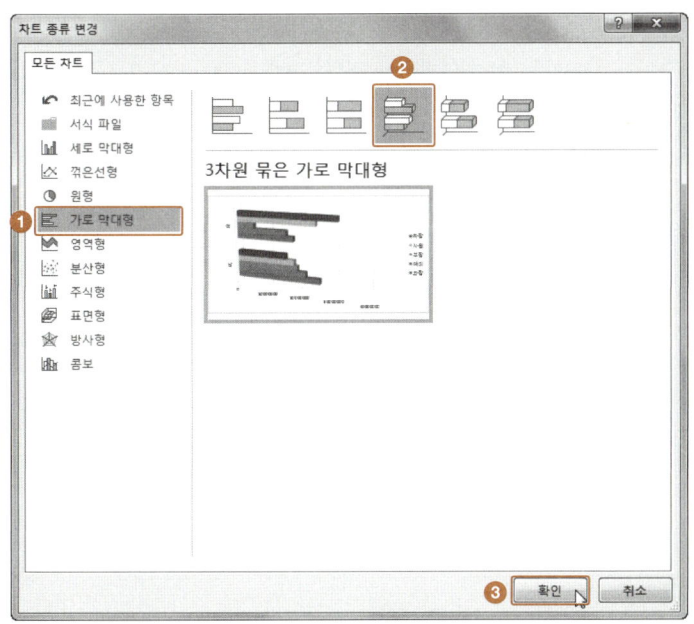

17. 다음과 같은 데이터가 나타나도록 슬라이서를 삽입하시오.

부서	직위
기획팀, 영업팀	대리, 사원

❶ 피벗 테이블의 임의의 데이터를 클릭한 후 [피벗 테이블 도구]–[분석] 탭–[필터]–[슬라이서 삽입]을 클릭합니다.

❷ '부서, 직위'를 체크 표시한 후 〈확인〉을 클릭합니다.

❸ Ctrl 을 누르면서 '기획팀, 영업팀, 대리, 사원'을 클릭합니다.

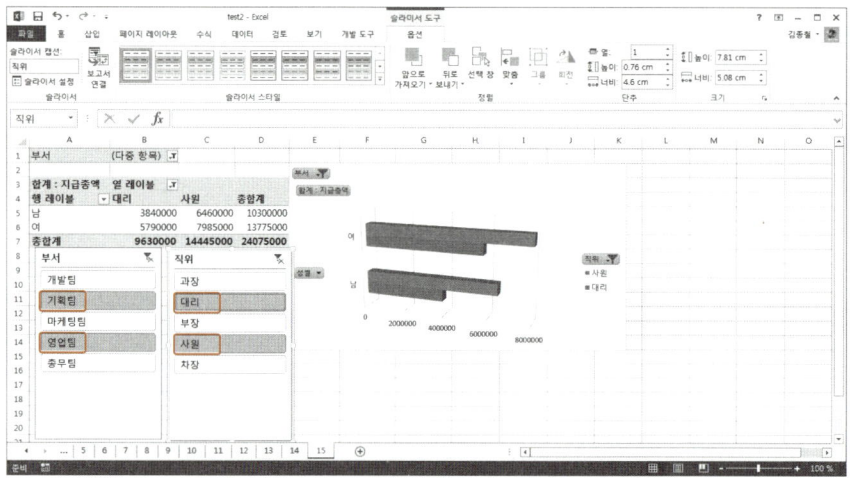

18. [G4:I13] 영역에 점수가 공백이 아닌 경우 HLOOKUP 함수를 이용하여 학점을 구하시오.

❶ [G4] 셀을 선택한 후 [수식] 탭–[함수 라이브러리] 그룹–[논리] 명령 단추를 클릭한 후 'IF'를 선택합니다.

❷ 'Logical_test : B4〈〉"", Value_if_true : HLOOKUP(B4,$B$16:$F$17,2), Value_if_false : ""'를 설정한 후 〈확인〉을 클릭합니다.

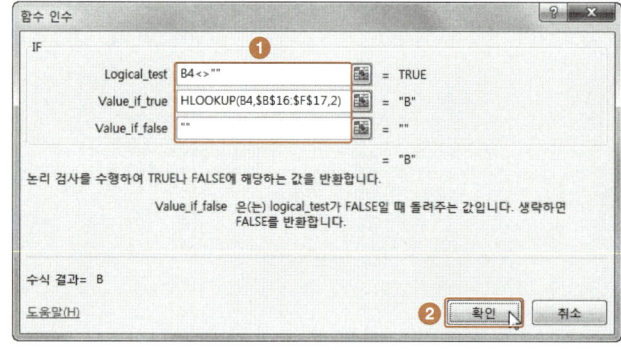

❸ 성적이 구해지면 자동 채우기를 이용하여 나머지 셀을 채웁니다.

19. [G4:I13] 영역에 LOOKUP 함수를 이용하여 학점을 구하시오(lookup_value,lookup_vector,result_vector 를 이용할 것).

❶ [G4] 셀을 선택한 후 [수식] 탭-[함수 라이브러리] 그룹-[찾기/참조 영역] 명령 단추를 클릭한 후 'LOOKUP'을 선택합니다.

❷ '인수 : lookup_value,lookup_vector,result_vector'를 선택한 후 〈확인〉을 클릭합니다.

❸ 'Lookup_value : B4, Lookup_vector : $B$16:$F$16, Result_vector : $B$17:$F$17'을 설정한 후 〈확인〉을 클릭합니다.

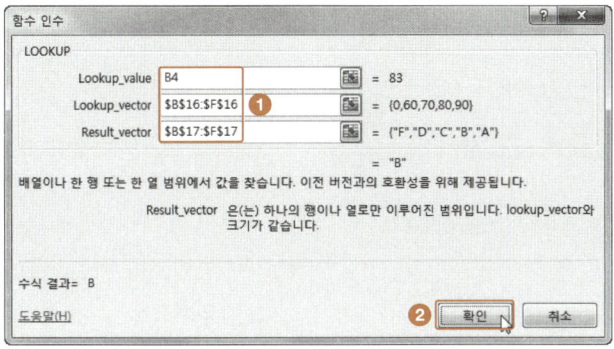

❹ 성적이 구해지면 자동 채우기를 이용하여 나머지 셀을 채웁니다.

20. 다음과 같은 콤보 차트를 삽입하시오.

가로 축	3사분기(기본 축)	4사분기(보조 축)
부서	누적 세로 막대형	누적 꺾은선형

❶ [A3:C7] 영역을 선택합니다.

❷ Ctrl 을 누르면서 [D3:E7] 영역을 선택합니다.

❸ [삽입] 탭-[차트] 그룹-[콤보 차트 삽입] 명령 단추를 클릭합니다.

❹ '사용자 지정 콤보 차트 만들기'를 선택합니다.

❺ '3사분기 : 누적 세로 막대형, 4사분기 : 누적 꺾은선형'으로 설정합니다.

❻ '4사분기'의 보조 축에 체크 표시를 한 후 〈확인〉을 클릭합니다.

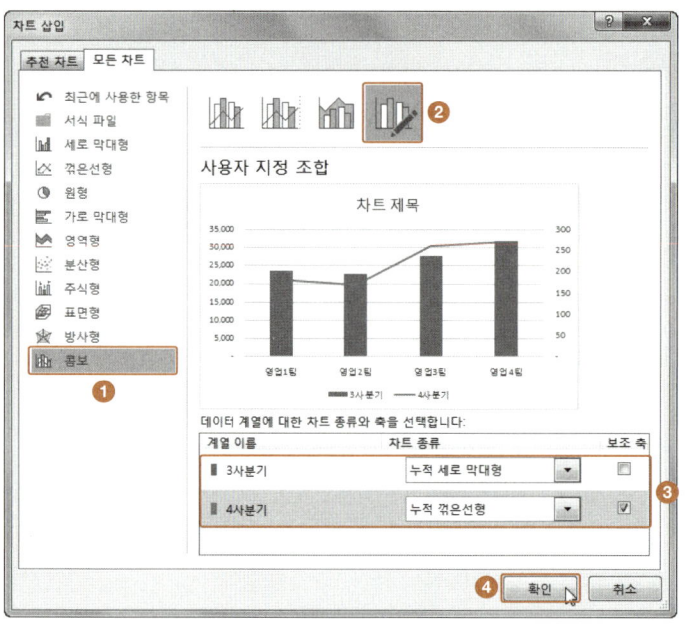

21. 콤보 차트를 새로운 워크시트(21)에 삽입한 후 마지막 시트로 이동하시오.

❶ 차트를 선택한 후 [차트 도구]–[디자인] 탭–[위치] 그룹–[차트 이동] 명령 단추를 클릭합니다.

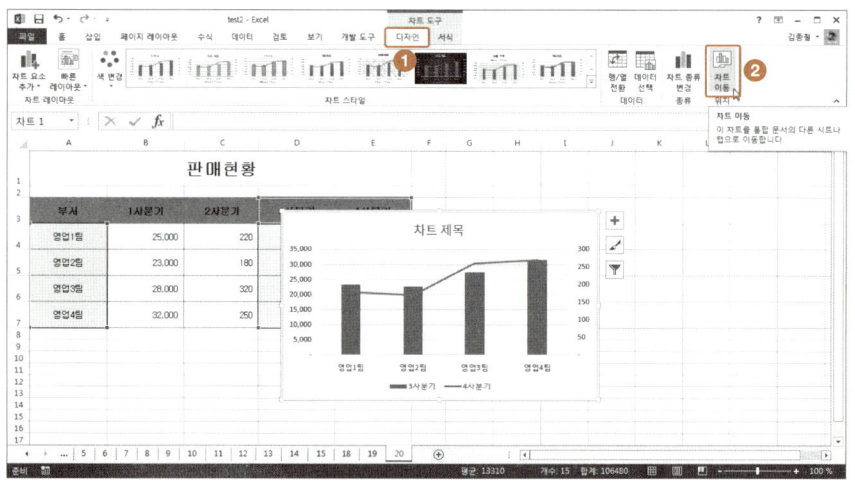

❷ '새 시트'를 선택한 후 '21'을 입력합니다. 그런 다음 〈확인〉을 클릭합니다.

❸ 드래그해서 마지막 시트를 이동합니다.

22. 축 값을 다음과 같이 설정하시오.

기본 축	보조 축
최소값 : 0, 최대값 : 32,000	최소값 : 0, 최대값 : 280

❶ 기본 축 위에서 마우스 오른쪽 단추를 클릭한 후 '축 서식'을 선택합니다.

❷ '최소값 : 0, 최대값 : 32,000'으로 설정합니다.

❸ 보조 축 위에서 마우스 오른쪽 단추를 클릭한 후 '축 서식'을 선택합니다.

❹ '최소값 : 0, 최대값 : 280'으로 설정합니다.

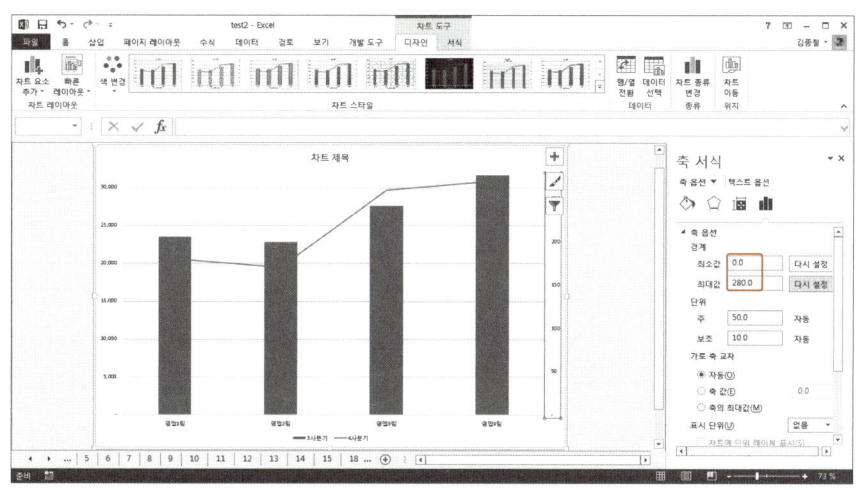

○ 예제 : test3.xlsx   ○ 결과 : test3(완성).xlsx

1. 통합 문서를 검사한 후 '문서 속성 및 개인 정보'를 모두 삭제하시오.

❶ [파일] 탭-[정보]-[문제 확인]-[문서 검사]를 클릭합니다.

❷ 〈검사〉를 클릭합니다.

❸ 〈모두 제거〉를 클릭합니다.

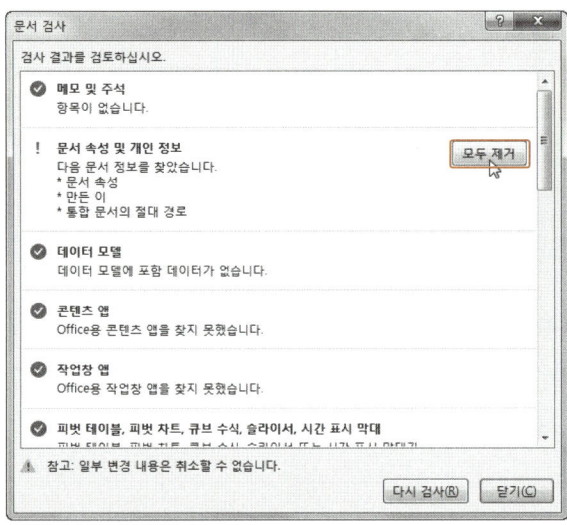

❹ 〈닫기〉를 클릭합니다.

2. [B2] 셀 데이터를 '부서명'으로 수정하시오.

❶ [B2] 셀을 더블 클릭합니다.

❷ '부서'를 '부서명'으로 수정합니다.

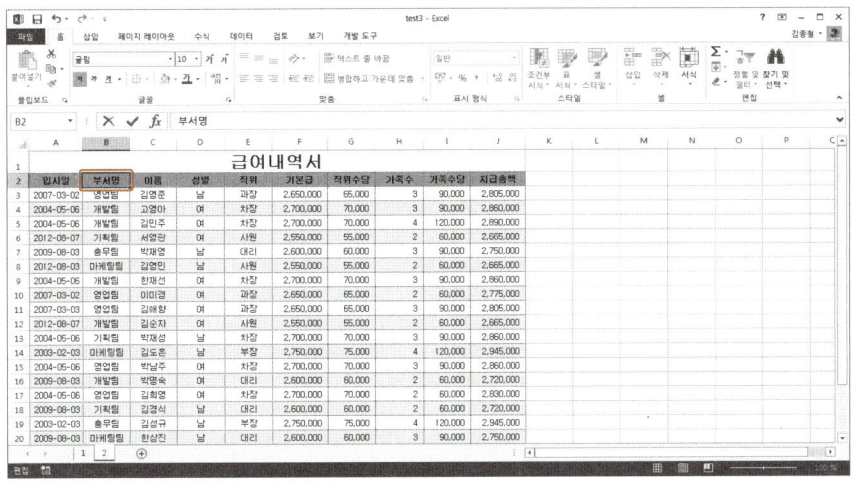

3. [H4:H17] 영역에 수식 숨기기를 설정하시오.

❶ [H4:H17] 영역에서 마우스 오른쪽 단추를 클릭한 후 '셀 서식'을 선택합니다.

❷ [보호] 탭에서 '숨김'을 체크 표시한 후 〈확인〉을 클릭합니다.

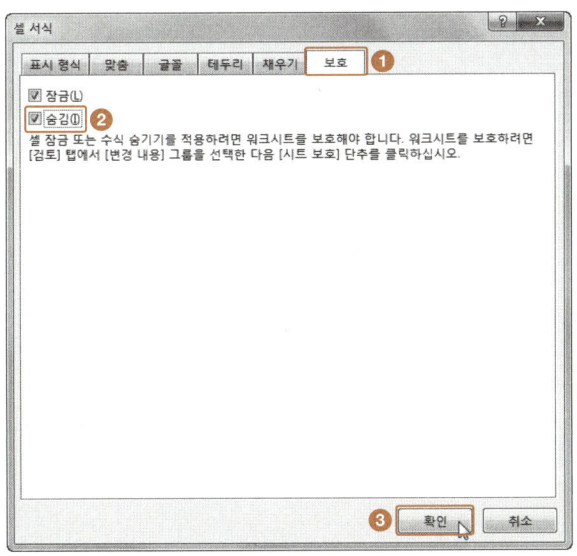

4. 다음과 같이 조건부 서식을 이용하여 설정하시오(월요일이 1로 시작하는 유형).

영역	조건	서식
[A3:A23]	토요일이거나 일요일	노랑 채우기 색

❶ [A3:A23] 영역을 선택한 후 [홈] 탭−[스타일] 그룹−[조건부 서식] 명령 단추를 클릭한 후 '새 규칙'을 선택합니다.

❷ '수식을 사용하여 서식을 지정할 셀 결정'을 선택한 후 '=OR(WEEKDAY($A4,2)=6, WEEKDAY($A4,2)=7)'을 설정하고 〈서식〉을 클릭합니다.

❸ [채우기] 탭의 '배경색'에서 '노랑'을 선택합니다.

❹ 〈확인〉을 클릭합니다.

❺ 〈확인〉을 클릭합니다.

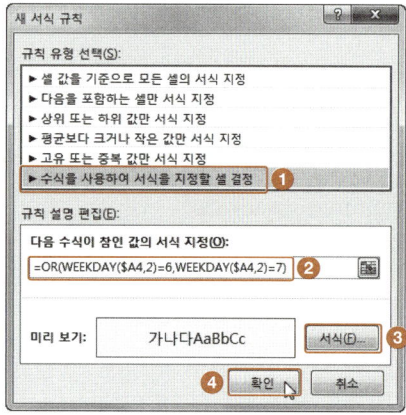

5. 다음과 같이 조건부 서식을 이용하여 설정하시오.

영역	조건	서식
[A3:A23]	6일	밑줄(이중 실선)

❶ [A3:A23] 영역을 선택한 후 [홈] 탭–[스타일] 그룹–[조건부 서식] 명령 단추를 클릭한 후 '새 규칙'을 선택합니다.

❷ '수식을 사용하여 서식을 지정할 셀 결정'을 선택한 후 '=DAY($A3)=6'을 설정하고 〈서식〉을 클릭합니다.

❸ [글꼴] 탭의 '밑줄'에서 목록 단추를 클릭한 후 '이중 실선'을 선택합니다.

❹ 〈확인〉을 클릭합니다.

❺ 〈확인〉을 클릭합니다.

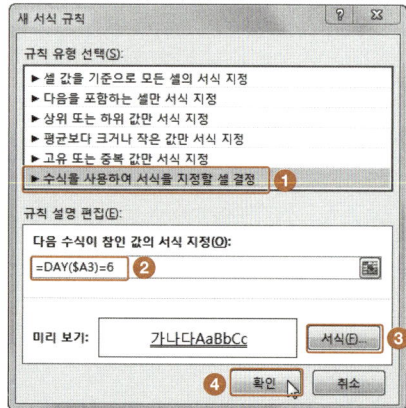

6. 조건부 서식의 규칙을 '6일'에서 '2일'로 변경하시오.

❶ [홈] 탭-[스타일] 그룹-[조건부 서식] 명령 단추를 클릭한 후 '규칙 관리'를 선택합니다.

❷ '서식 규칙 표시' 항목에서 목록 단추를 클릭한 후 '현재 워크시트'를 선택합니다.

❸ 규칙을 선택한 후 〈규칙 편집〉을 클릭합니다.

❹ '6'을 '2'로 변경합니다.

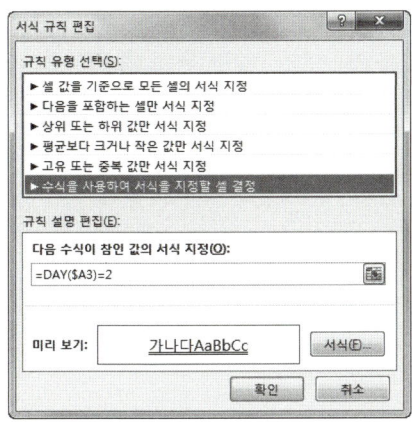

❺ 〈확인〉을 클릭합니다.

❻ 〈확인〉을 클릭합니다.

7. 다음과 같이 사용자 지정 글꼴을 변경하시오.

한글 제목 글꼴	이름
돋움체	mosaic

❶ [페이지 레이아웃] 탭-[테마] 그룹-[글꼴] 명령 단추를 클릭한 후 '글꼴 사용자 지정'을 선택합니다.

❷ '한글 글꼴'에서 '제목 글꼴'의 목록 단추를 클릭한 후 '돋움체'를 선택합니다.

❸ '이름 : mosaic'로 변경한 후 〈저장〉을 클릭합니다.

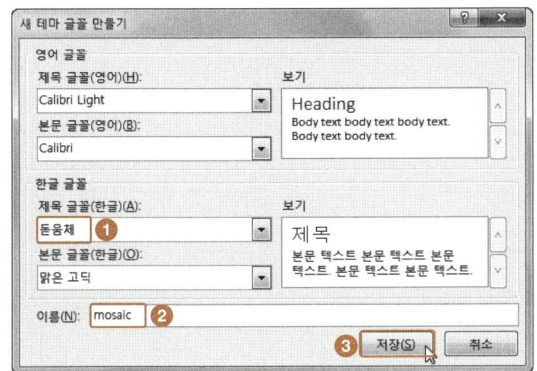

8. [A3:I100] 영역을 이용하여 다음과 같이 새로운 워크시트에 피벗 테이블을 삽입하시오.

필터	열 레이블	행 레이블	값
부서	성별	직위	지급총액의 평균

❶ 표 안의 임의의 셀을 클릭한 후 [삽입] 탭-[표] 그룹-[피벗 테이블] 명령 단추를 클릭합니다.

❷ '새 워크시트'로 되어 있는지 확인한 후 〈확인〉을 클릭합니다.

❸ '필터 : 부서, 열 레이블 : 성별, 행 레이블 : 직위, 값 : 지급총액'을 드래그하면 피벗 테이블에 만들어집니다.

❹ '값' 항목의 목록 단추를 클릭한 후 '값 필드 설정'을 선택합니다.

❺ '평균'을 선택한 후 〈확인〉을 클릭합니다.

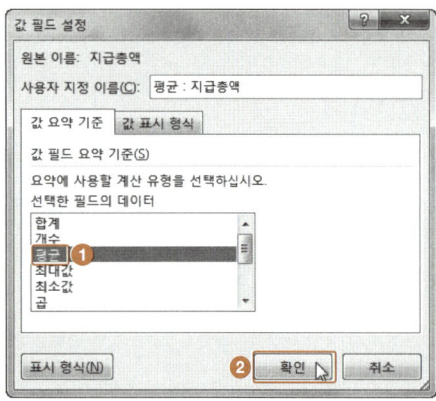

9. 8번에 만든 피벗 테이블의 시트 이름을 '9'로 변경한 후 '기획팀'만 나타나도록 하시오(시트를 마지막으로 이동할 것).

❶ 'Sheet8' 위에서 마우스 오른쪽 단추를 클릭한 후 '이름 바꾸기'를 선택합니다.

❷ '9'를 입력한 후 Enter 를 누릅니다.

❸ '모두'를 클릭한 후 '기획팀'을 선택합니다. 그런 다음 〈확인〉을 클릭합니다.

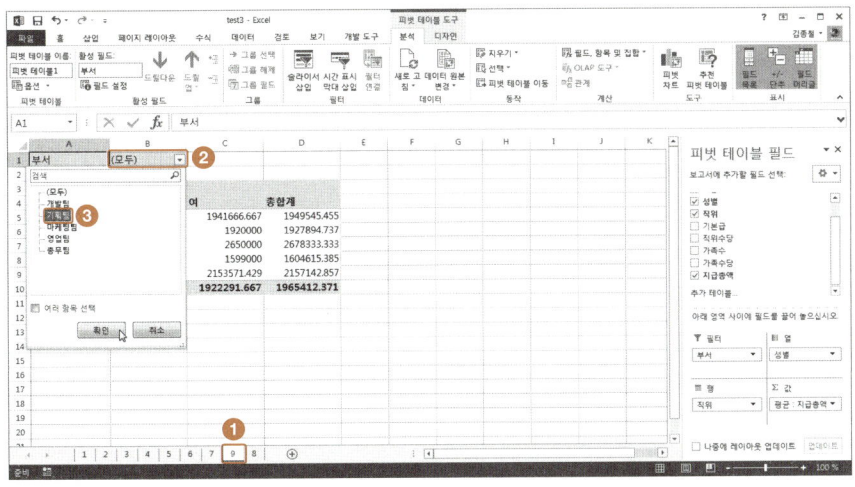

❹ '9' 시트를 드래그해서 마지막에 놓습니다.

10. [F3:F10] 영역에 'NETWORKDAYS' 함수를 이용하여 주말과 휴일을 제외한 근무일수를 구하시오(수식을 복사할 때 서식은 제외할 것).

❶ [F3] 셀을 선택한 후 [수식] 탭-[함수 라이브러리] 그룹-[날짜 및 시간] 명령 단추를 클릭하고 'NETWORKDAYS'를 선택합니다.

❷ 'Start_date' 항목에 'D3', 'End_date' 항목에 'E3'을 설정한 후 〈확인〉을 클릭합니다.

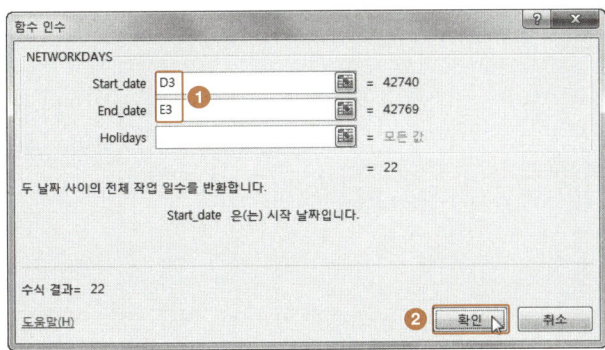

❸ 나머지 셀은 자동 채우기를 이용하여 채웁니다.

❹ '자동 채우기 옵션'을 클릭한 후 '서식 없이 채우기'를 선택합니다.

11. [M4] 셀에 성별이 '남'이고 기본급이 '1,500,000' 초과인 지급총액의 합을 구하시오.

❶ [M4] 셀을 선택한 후 [수식] 탭-[함수 라이브러리] 그룹-[수학/삼각] 명령 단추를 클릭한 후 'SUMIFS'를 선택합니다.

❷ 'Sum_range : J4:J17, Criteria range1 : D4:D17, Criteria1 : "남", Criteria range1 : G4:G17, Criteria1 : ">1500000"'를 설정한 후 〈확인〉을 클릭합니다.

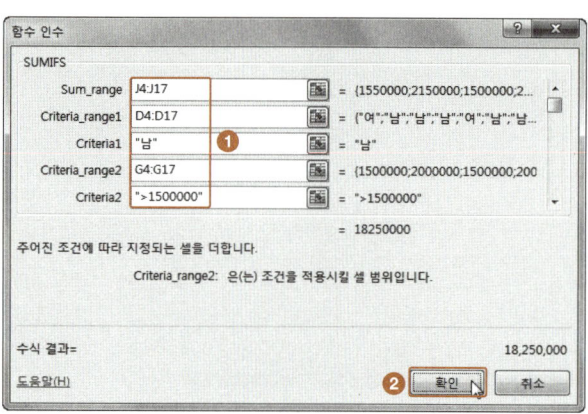

12. [M4] 셀에 직위가 '부장, 차장, 과장'이고 가족수가 '가족수기준' 이상인 직원 수를 구하시오.

❶ [M4] 셀을 선택한 후 [수식] 탭-[함수 라이브러리] 그룹-[기타 함수] 명령 단추를 클릭한 후 [통계]-[COUNTIFS]를 클릭합니다.

❷ 'Criteria_range1 : F4:F17, Criteria1 : *장, Criteria_range2 : I4:I17, Criteria2 : ">="&O4'를 설정한 후 〈확인〉을 클릭합니다.

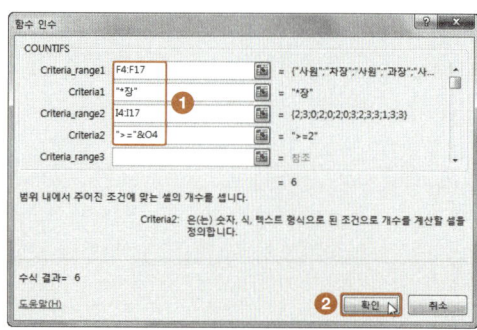

13. [A3:I100] 영역을 이용하여 다음과 같이 새로운 워크시트에 피벗 차트를 삽입하시오.

필터	축	범례	값
부서	직위	성별	지급총액 개수

❶ 표 안의 임의의 셀을 클릭한 후 [삽입] 탭-[차트] 그룹-[피벗 차트] 명령 단추를 클릭합니다.

❷ '새 워크시트'로 되어 있는지 확인한 후 〈확인〉을 클릭합니다.

❸ '필터 : 부서, 축 : 직위, 범례 : 성별, 값 : 지급총액'을 드래그하면 피벗 테이블에 만들어집니다.

❹ '값'에서 목록 단추를 클릭한 후 '값 필드 설정'을 선택합니다.

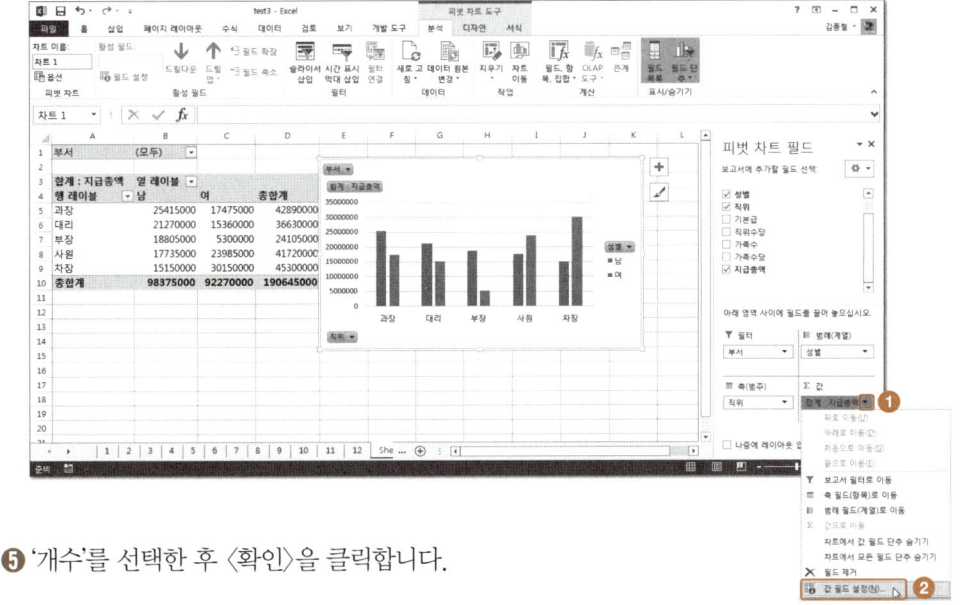

❺ '개수'를 선택한 후 〈확인〉을 클릭합니다.

14. 차트 이름(인원수), 시트 이름(14)을 수정한 후 시트를 마지막으로 이동하시오.

❶ 차트를 선택한 후 [피벗 차트 도구]-[분석] 탭-[피벗 차트] 그룹-'차트 이름'에서 '인원수'로 수정하고 Enter 를 누릅니다.

❷ 시트 위에서 마우스 오른쪽 단추를 클릭한 후 '이름 바꾸기'를 선택합니다.

❸ '14'를 입력한 후 Enter 를 누릅니다.

❹ 시트를 드래그해서 마지막으로 이동합니다.

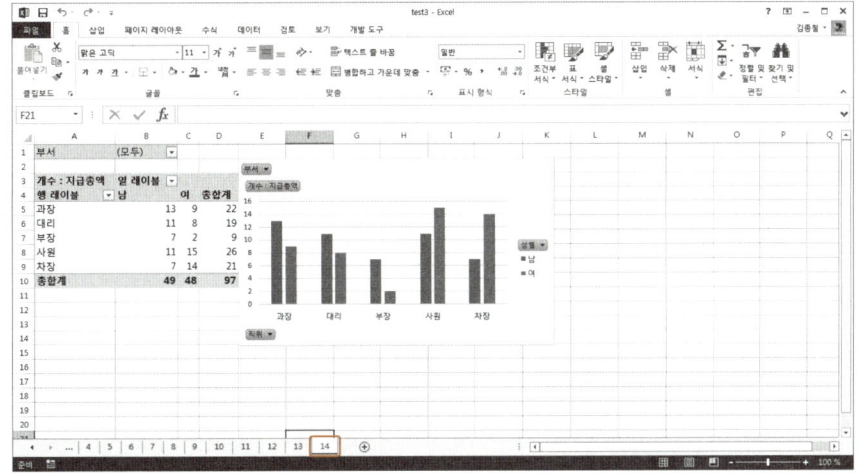

15. 피벗 차트를 '꺾은선형'으로 변경하시오.

❶ 차트를 선택한 후 [피벗 차트 도구]–[디자인] 탭–[종류] 그룹–[차트 종류 변경] 명령 단추를 클릭합니다.

❷ '꺾은선형'을 선택한 후 〈확인〉을 클릭합니다.

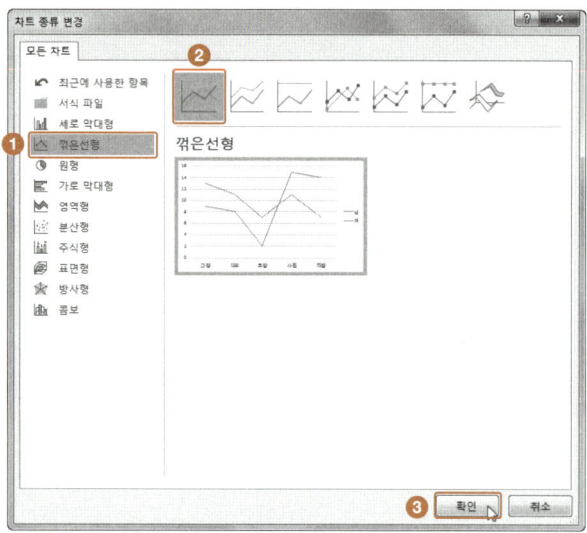

16. 다음과 같은 데이터가 나타나도록 슬라이서를 삽입하시오.

성별	직위
여	부장, 차장

❶ 피벗 테이블의 임의의 데이터를 클릭한 후 [피벗 테이블 도구]–[분석] 탭–[필터] 그룹–[슬라이서 삽입] 명령 단추를 클릭합니다.

❷ '성별, 직위'를 체크 표시한 후 〈확인〉을 클릭합니다.

❸ Ctrl 을 누르면서 '여, 부장, 차장'을 클릭합니다.

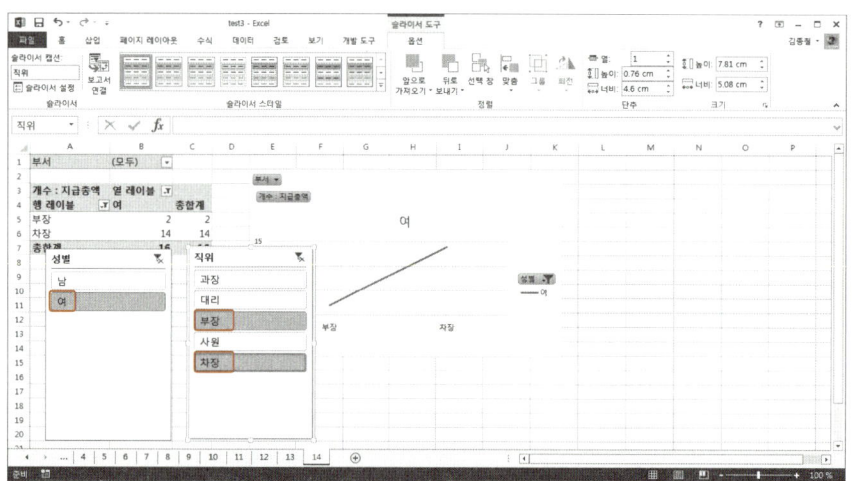

17. [G4:I13] 영역에 점수가 공백이 아닌 경우 VLOOKUP 함수를 이용하여 학점을 구하시오.

❶ [G4] 셀을 선택한 후 [수식] 탭-[함수 라이브러리] 그룹-[논리] 명령 단추를 클릭하고 'IF'를 선택합니다.

❷ 'Logical_test : B4〈〉"", Value_if_true : VLOOKUP(B4,$A$16:$B$20,2), Value_if_false : """를 설정한 후 〈확인〉을 클릭합니다.

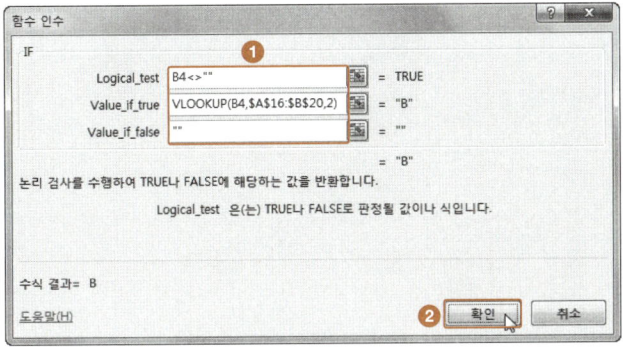

❸ 성적이 구해지면 자동 채우기를 이용하여 나머지 셀을 채웁니다.

18. [G4:I13] 영역에 LOOKUP 함수를 이용하여 학점을 구하시오(lookup_value,array를 이용할 것).

❶ [G4] 셀을 선택한 후 [수식] 탭-[함수 라이브러리] 그룹-[찾기/참조 영역] 명령 단추를 클릭하고 'LOOKUP'을 선택합니다.

❷ '인수 : lookup_value,array'를 선택한 후 〈확인〉을 클릭합니다.

❸ 'Lookup_value : B4, Array : $B$16:$F$17'을 설정한 후 〈확인〉을 클릭합니다.

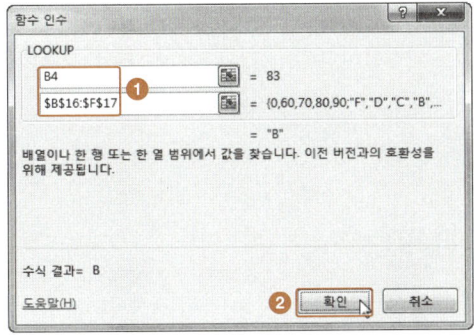

❹ 성적이 구해지면 자동 채우기를 이용하여 나머지 셀을 채웁니다.

19. 세 번째 계열에 '이동 평균' 추세선을 추가하시오.

❶ '영업3팀' 계열에서 마우스 오른쪽 단추를 클릭한 후 '추세선 추가'를 선택합니다.

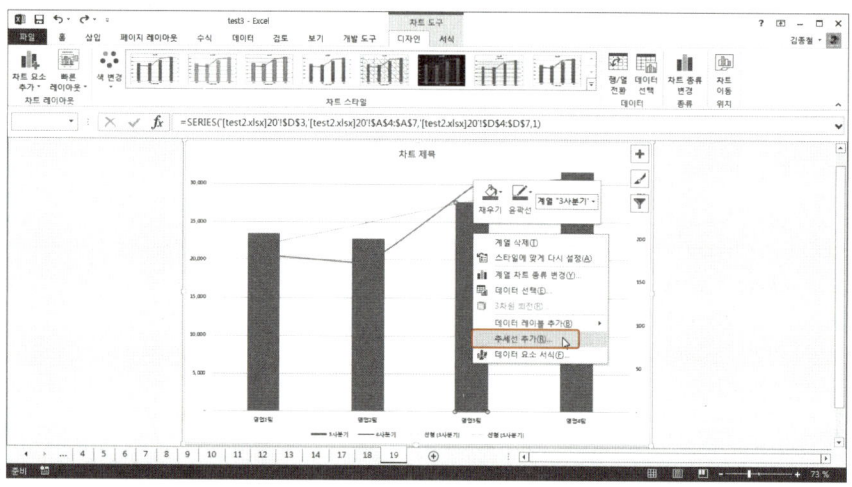

❷ '이동 평균'을 선택합니다.

20. [E4:G19] 영역을 조사식 창에 추가하시오.

❶ [E4:G19] 영역을 선택한 후 [수식] 탭-[수식 분석] 그룹-[조사식 창] 명령 단추를 클릭합니다.

❷ '조사식 추가'를 클릭합니다.

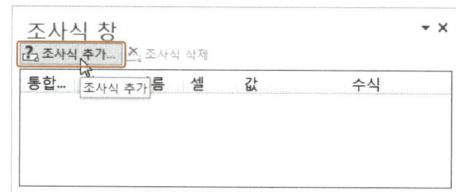

❸ 〈추가〉를 클릭합니다.

21. 'C:₩MOS2013₩ExcelExpert₩점수.xlsx' 파일의 점수 데이터를 연결하시오.

❶ [B4] 셀에 '='을 입력합니다.

❷ [보기] 탭–[창] 그룹–[창 전환] 명령 단추를 클릭합니다.

❸ '점수' 파일을 선택합니다.

❹ [B4] 셀을 선택합니다.

❺ 상대 주소로 변경하기 위해 F4 를 세 번 누른 후 Enter 를 누릅니다.

❻ 수식을 드래그해서 나머지 셀도 채웁니다.

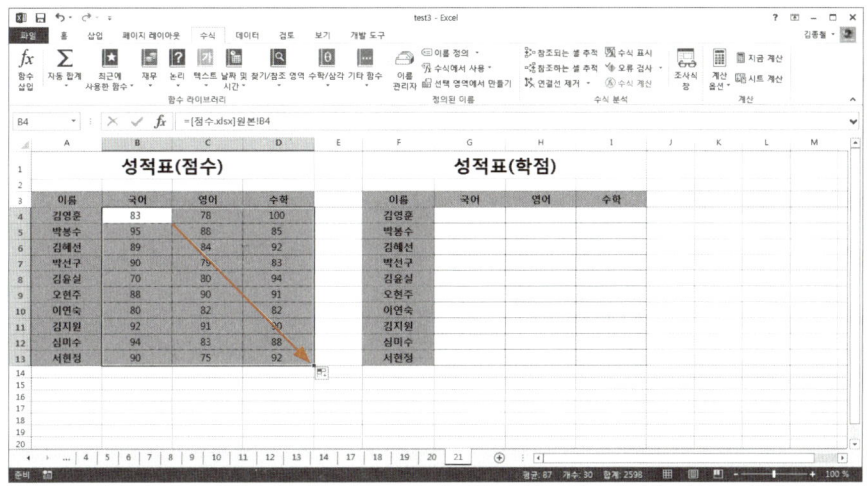

22. '21'번에서 '알림 표시 없이 자동 연결 업데이트 안 함' 확인 메시지가 나타나도록 설정하시오.

❶ [데이터] 탭–[연결] 그룹–[연결 편집] 명령 단추를 클릭합니다.

❷ 〈시작할 때 확인 메시지 표시〉를 클릭합니다.

❸ '알림 표시 없이 자동 연결 업데이트 안 함'을 체크 표시한 후 〈확인〉을 클릭합니다.

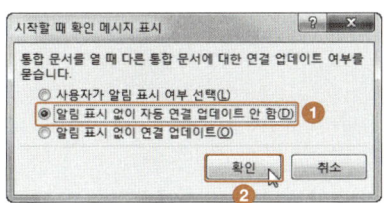

❹ 〈닫기〉를 클릭합니다.

23. 'C:₩MOS2013₩ExcelExpert₩스타일.xlsx' 파일의 '모자이크' 스타일을 복사하시오.

❶ [홈] 탭–[스타일] 그룹–[셀 스타일] 명령 단추를 클릭한 후 '스타일 병합'을 선택합니다.

❷ '스타일.xlsx' 파일을 선택한 후 〈확인〉을 클릭합니다(스타일.xlsx 파일이 열려 있어야 함).

24. '모자이크' 스타일의 가로 맞춤을 '가운데'로 설정하시오.

❶ [홈] 탭–[스타일] 그룹–[셀 스타일] 명령 단추를 클릭합니다. 그런 다음 '모자이크' 스타일 위에서 마우스 오른쪽 단추를 클릭한 후 '수정'을 선택합니다.

❷ 〈서식〉을 클릭합니다.

❸ [맞춤] 탭에서 '가로 : 가운데'로 설정한 후 〈확인〉을 클릭합니다.

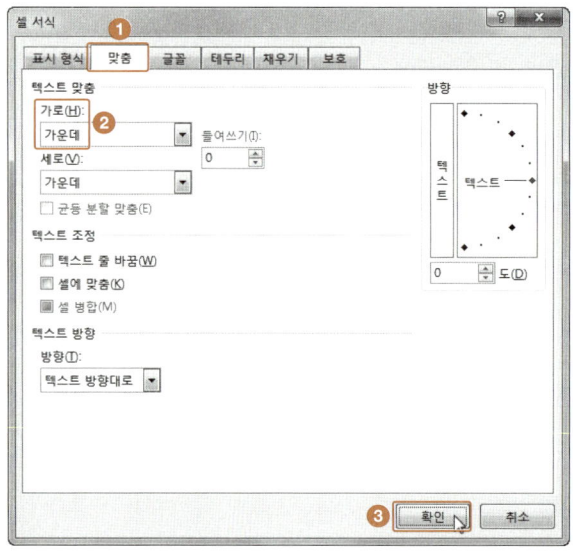

❹ 〈확인〉을 클릭합니다.

◉ 예제 : test4.xlsx ◉ 결과 : test4(완성).xlsx

1. 통합 문서의 키워드에 'MOS'를 추가하시오.

❶ [파일] 탭을 클릭한 후 [정보]-[속성]-[고급 속성]을 클릭합니다.

❷ [요약] 탭의 '키워드' 항목에 'MOS'를 입력한 후 〈확인〉을 클릭합니다.

2. 사용자 지정 서식을 이용하여 [A3:A23] 영역에서 '일'만 표시되도록 설정하시오.

❶ [A3:A23] 영역을 선택한 후 [홈] 탭-[표시 형식] 그룹-[자세히]를 클릭합니다.

❷ [표시 형식] 탭의 '범주 : 사용자 지정'을 선택한 후 '형식'에 'dd'를 추가한 후 〈확인〉을 클릭합니다.

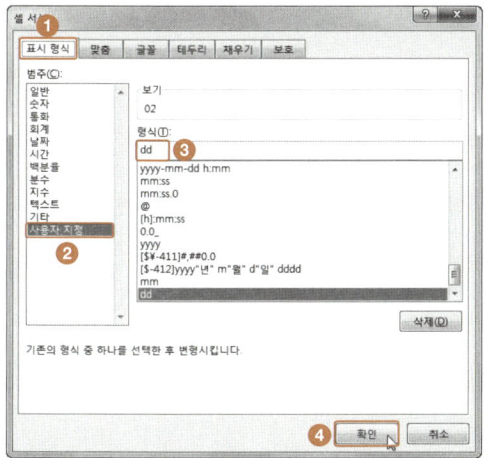

3. [I2] 셀에 '가족 수당은 1인당 30,000원입니다'라는 메모를 삽입하시오.

❶ [I2] 셀을 선택한 후 [검토] 탭-[메모] 그룹-[새 메모] 명령 단추를 클릭합니다.

❷ 메모(가족 수당은 1인당 30,000원입니다)를 입력합니다.

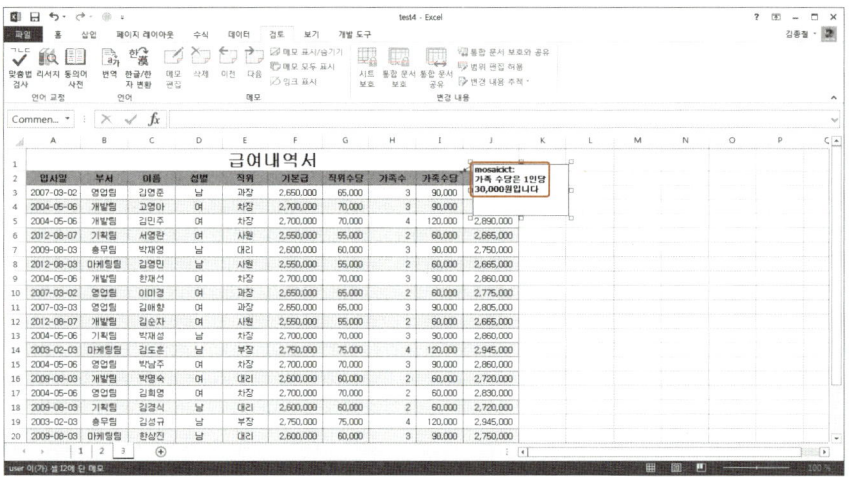

4. [D4:E17] 영역에 잠금을 설정하시오.

❶ [D4:E17] 영역에서 마우스 오른쪽 단추를 클릭한 후 '셀 서식'을 선택합니다.

❷ [보호] 탭에서 '잠금'을 체크 표시한 후 〈확인〉을 클릭합니다.

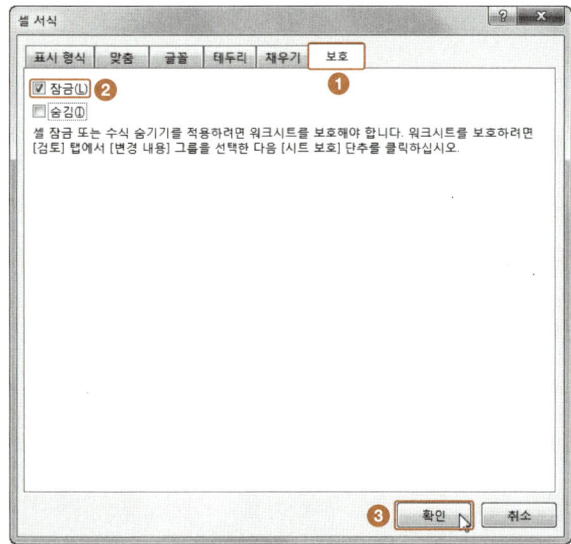

5. 다음과 같이 조건부 서식을 이용하여 설정하시오(월요일이 0으로 시작하는 유형).

영역	조건	서식
[A3:A23]	금요일	파랑 글꼴 색

❶ [A3:A23] 영역을 선택한 후 [홈] 탭-[스타일] 그룹-[조건부 서식] 명령 단추를 클릭하고 '새 규칙'을 선택합니다.

❷ '수식을 사용하여 서식을 지정할 셀 결정'을 선택한 후 '=WEEKDAY($A4,3)=4'를 설정하고 〈서식〉을 클릭합니다.

❸ '색'의 목록 단추를 클릭한 후 '파랑'을 선택합니다.

❹ 〈확인〉을 클릭합니다.

❺ 〈확인〉을 클릭합니다.

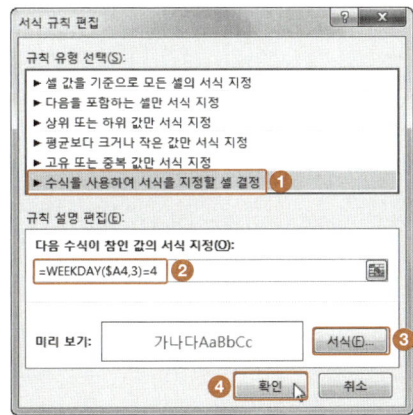

6. 다음과 같이 조건부 서식을 이용하여 설정하시오.

영역	조건	서식
[E3:E23]	과장	기울임꼴

❶ [E3:E23] 영역을 선택한 후 [홈] 탭-[스타일] 그룹-[조건부 서식] 명령 단추를 클릭하고 '새 규칙'을 선택합니다.

❷ '수식을 사용하여 서식을 지정할 셀 결정'을 선택한 후 '=$E3="과장"'을 설정하고 〈서식〉을 클릭합니다.

❸ [글꼴] 탭의 '글꼴 스타일'에서 '기울임꼴'을 선택합니다.

❹ 〈확인〉을 클릭합니다.

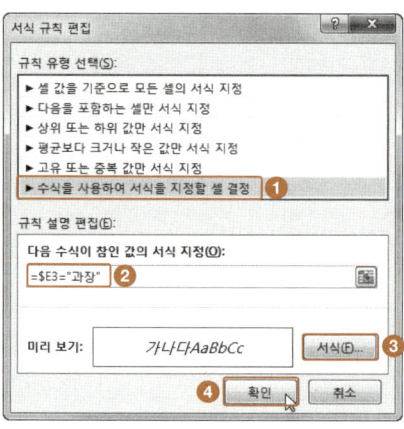

7. 다음과 같이 조건부 서식을 이용하여 설정하시오.

영역	오늘 3일 이전
[J2]	서식
조건	채우기 색(빨강 : 155, 녹색 : 255, 파랑 : 175)

❶ [J2] 셀을 선택한 후 [홈] 탭-[스타일] 그룹-[조건부 서식] 명령 단추를 클릭한 후 '새 규칙'을 선택합니다.

❷ '수식을 사용하여 서식을 지정할 셀 결정'을 선택한 후 '=$J$2〈=TODAY( )−3'을 설정하고 〈서식〉을 클릭합니다.

❸ [채우기] 탭에서 〈다른 색〉을 클릭합니다.

❹ [사용자 지정] 탭에서 '빨강 : 155, 녹색 : 255, 파랑 : 175'로 설정한 후 〈확인〉을 클릭합니다.

❺ 〈확인〉을 클릭합니다.

❻ 〈확인〉을 클릭합니다.

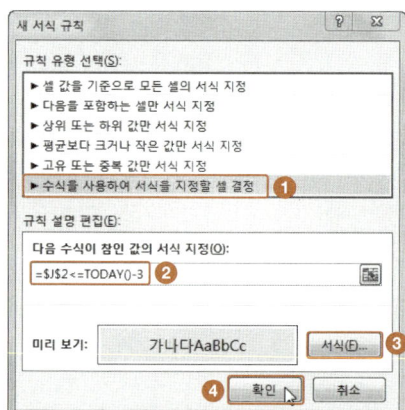

8. 다음과 같이 사용자 지정 색을 변경하시오.

테마 색	색상	이름
강조 5	빨강(150), 녹색(170), 파랑(190)	mosaicict

❶ [페이지 레이아웃] 탭-[테마] 그룹-[색] 명령 단추를 클릭한 후 '색 사용자 지정'을 선택합니다.

❷ '강조 5'에서 목록 단추를 클릭한 후 '다른 색'을 선택합니다.

❸ '빨강(150), 녹색(170), 파랑(190)'을 설정한 후 〈확인〉을 클릭합니다.

❹ '이름 : mosaicict'로 변경한 후 〈저장〉을 클릭합니다.

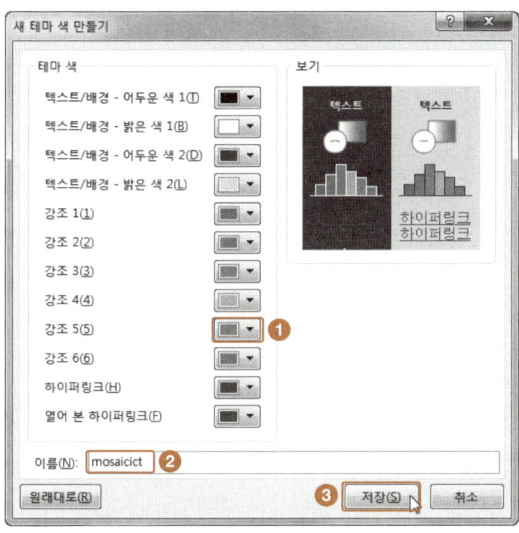

9. [G4:G17] 영역에 기본급을 구한 후 원화로 변경하시오(VLOOKUP 함수를 사용할 것).

❶ [G4] 셀을 선택한 후 [수식] 탭-[함수 라이브러리] 그룹-[찾기/참조 영역] 명령 단추를 클릭한 후 'VLOOKUP'을 선택합니다.

❷ 'Lookup_value : F4, Table_array : $L$4:$M$8, Col_index_num : 2, Range_lookup : False'를 설정한 후 〈확인〉을 클릭합니다.

❸ 수식 입력줄에서 '=VLOOKUP(F4,$L$4:$M$8,2,False)*$O$4'로 수정합니다.

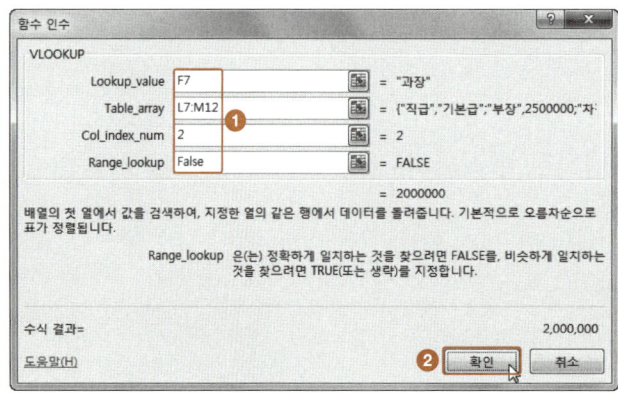

❹ 자동 채우기를 이용하여 수식을 아래로 복사합니다.

10. [M4] 셀에 이재성의 기본급을 구하시오(VLOOKUP 함수를 사용할 것).

❶ [M4] 셀을 선택한 후 [수식] 탭–[함수 라이브러리] 그룹–[찾기/참조 영역] 명령 단추를 클릭하고 'VLOOKUP'을 선택합니다.

❷ 'Lookup_value : F7, Table_array : L8:M12, Col_index_num : 2, Range_lookup : False'를 설정 한 후 〈확인〉을 클릭합니다.

11. [A3:J24] 영역을 이용하여 다음과 같이 새로운 워크시트에 피벗 테이블을 삽입하시오.

필터	열 레이블	행 레이블	값
성별	직위	부서명	가족수당의 최소값

❶ 표 안의 임의의 셀을 클릭한 후 [삽입] 탭–[표] 그룹–[피벗 테이블] 명령 단추를 클릭합니다.

❷ '새 워크시트'로 되어 있는지 확인한 후 〈확인〉을 클릭합니다.

❸ '필터 : 성별, 열 레이블 : 직위, 행 레이블 : 부서명, 값 : 가족수당'을 드래그하면 피벗 테이블에 만들어집니다.

❹ '값' 항목의 목록 단추를 클릭한 후 '값 필드 설정'을 선택합니다.

❺ '최소값'을 선택한 후 〈확인〉을 클릭합니다.

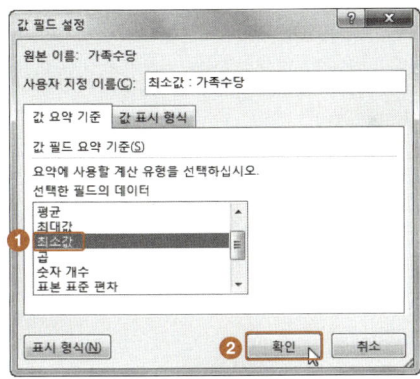

12. 11번에 만든 피벗 테이블의 시트 이름을 '12'로 변경한 후 '여'만 나타나도록 하시오(시트를 마지막으로 이동할 것).

❶ 'Sheet10' 위에서 마우스 오른쪽 단추를 클릭한 후 '이름 바꾸기'를 선택합니다.

❷ '12'를 입력한 후 Enter 를 누릅니다.

❸ '모두'를 클릭한 후 '여'를 선택합니다. 그런 다음 〈확인〉을 클릭합니다.

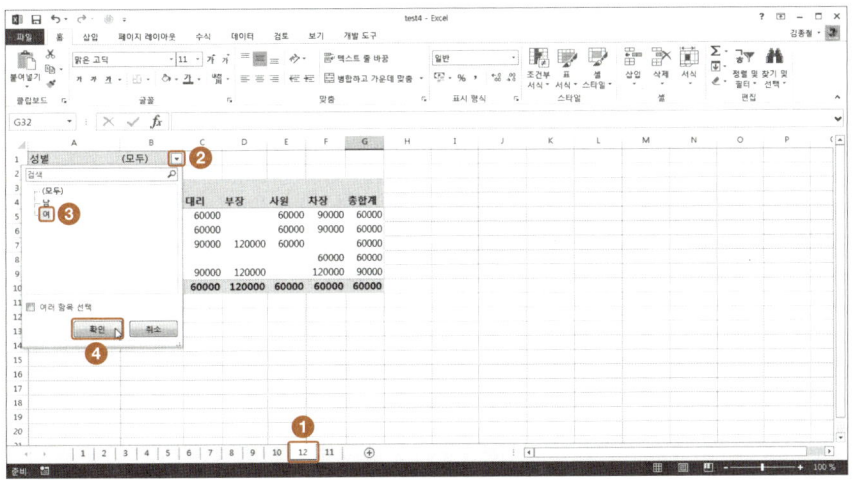

❹ '12' 시트를 드래그해서 마지막에 놓습니다.

13. [F3:F10] 영역에 'NETWORKDAYS' 함수를 이용하여 주말과 휴일을 제외한 근무일수를 구하시오(수식을 복사할 때 서식은 제외할 것).

❶ [F3] 셀을 선택한 후 [수식] 탭-[함수 라이브러리] 그룹-[날짜 및 시간] 명령 단추를 클릭하고 'NETWORKDAYS'를 선택합니다.

❷ 'Start_date' 항목에 'D3', 'End_date' 항목에 'E3'을 설정한 후 〈확인〉을 클릭합니다.

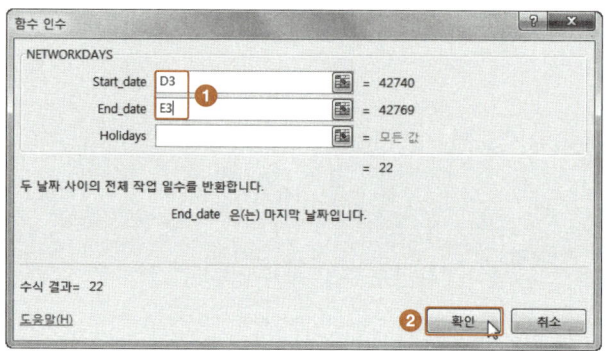

❸ 나머지 셀은 자동 채우기를 이용하여 채웁니다.

❹ '자동 채우기 옵션'을 클릭한 후 '서식 없이 채우기'를 선택합니다.

14. [M4] 셀에 성별이 '남'이고, 기본급이 '1,500,000' 초과인 지급총액의 합을 구하시오.

❶ [M4] 셀을 선택한 후 [수식] 탭-[함수 라이브러리] 그룹-[수학/삼각] 명령 단추를 클릭하고 'SUMIFS'를 선택합니다.

❷ 'Sum_range : J4:J17, Criteria range1 : D4:D17, Criteria1 : "남", Criteria range1 : G4:G17, Criteria1 : ">1500000"'을 설정한 후 〈확인〉을 클릭합니다.

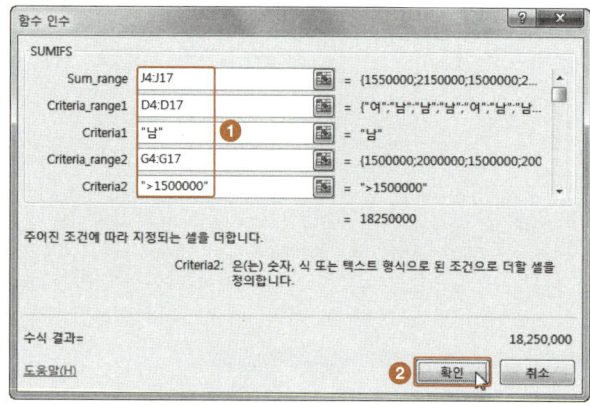

15. 시나리오를 다음과 같이 작성한 후 결과를 표시하시오.

변경 셀(M5)	시나리오 이름
9%	급여

❶ [데이터] 탭–[데이터 도구] 그룹–[가상 분석] 명령 단추를 클릭한 후 '시나리오 관리자'를 선택합니다.

❷ 〈추가〉를 클릭합니다.

❸ '시나리오 이름' 항목에 '급여'를, '변경 셀' 항목에서 [M5] 셀을 선택한 후 〈확인〉을 클릭합니다.

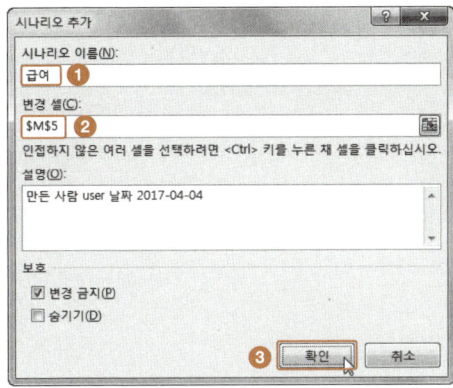

❹ '$M$5 : 0.09'를 입력한 후 〈확인〉을 클릭합니다.

❺ 〈표시〉를 클릭합니다.

❻ 〈닫기〉를 클릭합니다.

16. [A3:I100] 영역을 이용하여 다음과 같이 새로운 워크시트에 피벗 차트를 삽입하시오.

필터	축	범례	값
부서	성별	직위	지급총액 합계

❶ 표 안의 임의의 셀을 클릭한 후 [삽입] 탭–[차트] 그룹–[피벗 차트] 명령 단추를 클릭합니다.

❷ '새 워크시트'로 되어 있는지 확인한 후 〈확인〉을 클릭합니다.

❸ '필터 : 부서, 축 : 성별, 범례 : 직위, 값 : 지급총액'을 드래그하면 피벗 테이블에 만들어집니다.

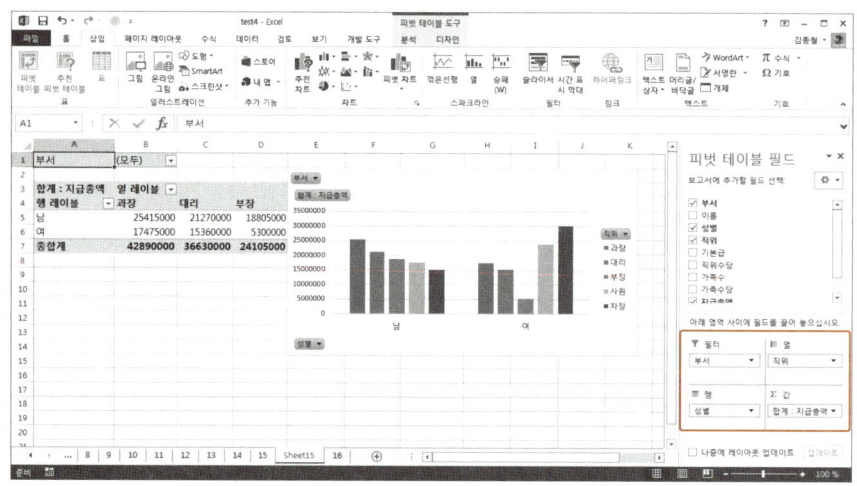

17. 차트 이름(지급총액), 시트 이름(17)을 수정한 후 시트를 마지막으로 이동하시오.

❶ 차트를 선택한 후 [피벗 차트 도구]−[분석] 탭−[피벗 차트] 그룹−'차트 이름'에서 '지급총액'으로 수정한 후 Enter 를 누릅니다.

❷ 시트 위에서 마우스 오른쪽 단추를 클릭한 후 '이름 바꾸기'를 선택합니다.

❸ '17'을 입력한 후 Enter 를 누릅니다.

❹ 시트를 드래그해서 마지막으로 이동합니다.

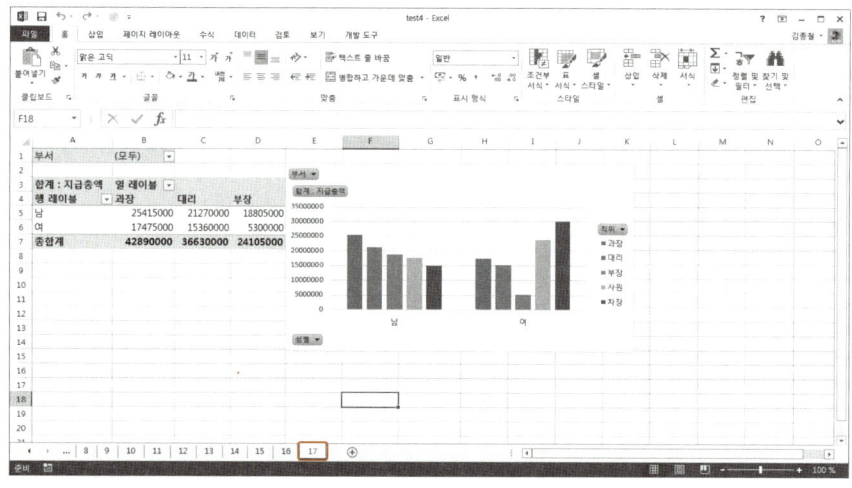

18. 피벗 차트를 '100% 기준 누적 세로 막대형'으로 변경하시오.

❶ 차트를 선택한 후 [피벗 차트 도구]−[디자인] 탭−[종류] 그룹−[차트 종류 변경] 명령 단추를 클릭합니다.

❷ '100% 기준 누적 세로 막대형'을 선택한 후 〈확인〉을 클릭합니다.

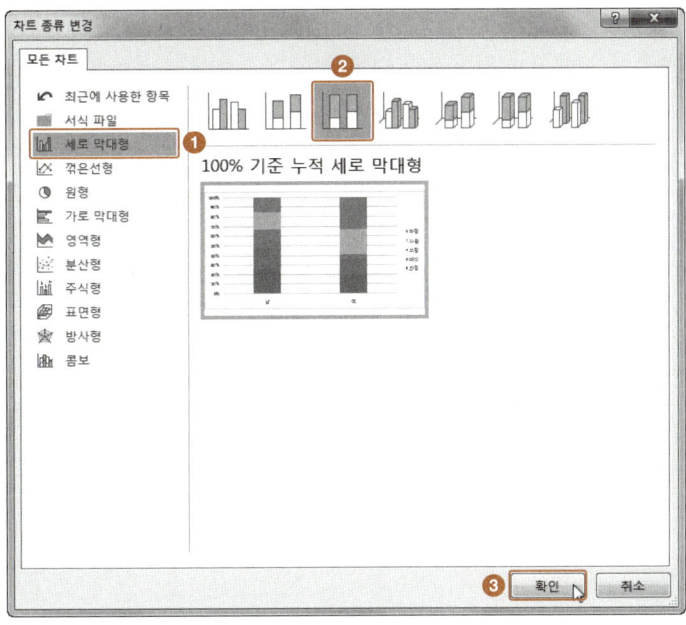

19. 다음과 같은 데이터가 나타나도록 슬라이서를 삽입하시오.

부서	직위
개발팀, 마케팅팀	과장, 차장

❶ 피벗 테이블의 임의의 데이터를 클릭한 후 [피벗 테이블 도구]–[분석] 탭–[필터]–[슬라이서 삽입]을 클릭합니다.

❷ '부서, 직위'를 체크 표시한 후 〈확인〉을 클릭합니다.

❸ Crtl을 누르면서 '개발팀, 마케팅팀, 과장, 차장'을 클릭합니다.

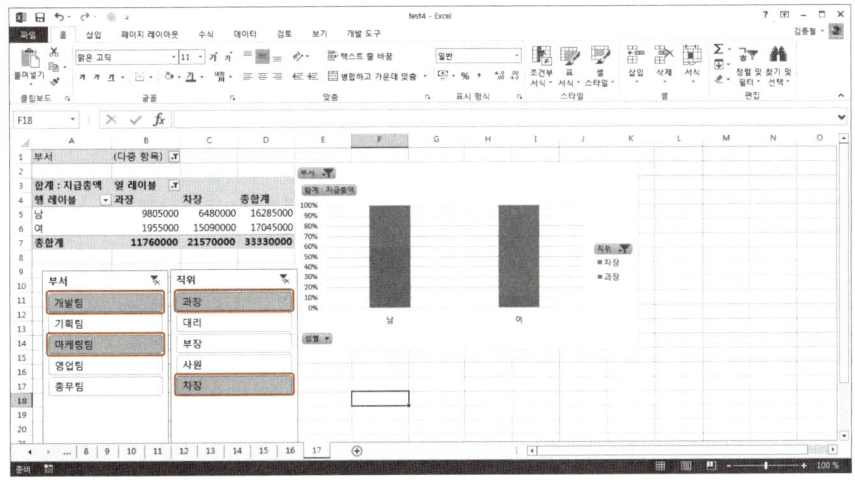

20. 세 번째 계열에 '로그' 추세선을 추가하시오.

❶ '영업3팀' 계열에서 마우스 오른쪽 단추를 클릭한 후 '추세선 추가'를 선택합니다.

❷ '로그'를 선택합니다.

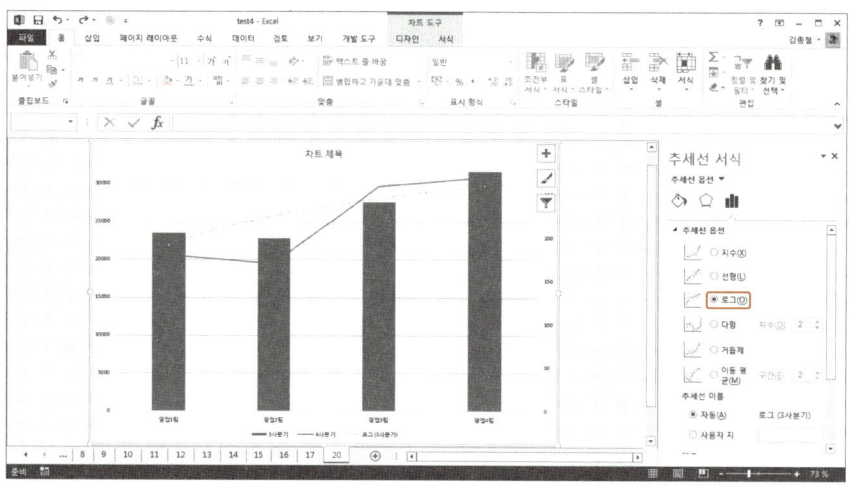

21. [E4:G19] 영역을 조사식 창에 추가하시오.

❶ [E4:G19] 영역을 선택한 후 [수식] 탭–[수식 분석] 그룹–[조사식 창] 명령 단추를 클릭합니다.

❷ '조사식 추가'를 클릭합니다.

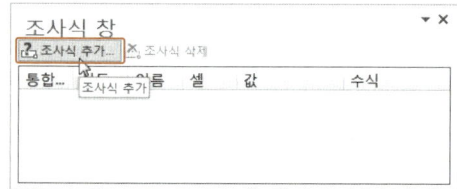

❸ 〈추가〉를 클릭합니다.

22. 'C:₩MOS2013₩ExcelExpert₩점수.xlsx' 파일의 점수 데이터를 연결하시오.

❶ [B4] 셀에 '='을 입력합니다.

❷ [보기] 탭–[창] 그룹–[창 전환] 명령 단추를 클릭합니다.

❸ '점수' 파일을 선택합니다.

❹ [B4] 셀을 선택합니다.

❺ 상대 주소로 변경하기 위해 F4를 세 번 누른 후 Enter를 누릅니다.

❻ 수식을 드래그해서 나머지 셀도 채웁니다.

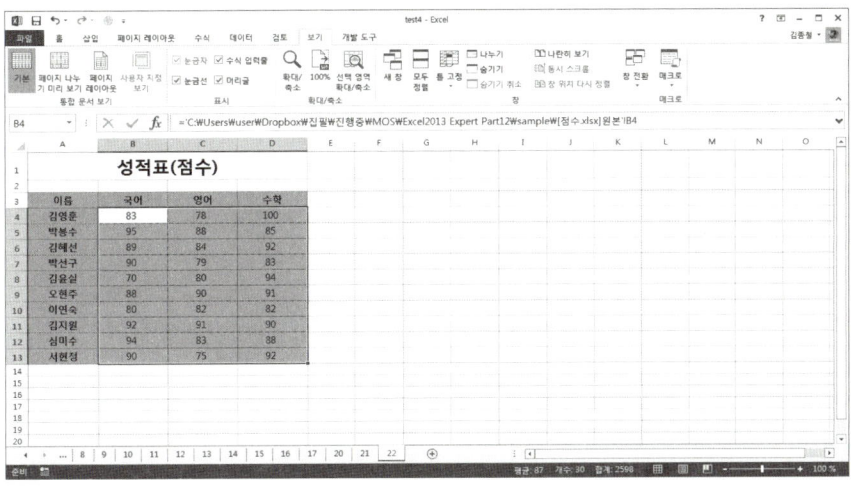

23. '22'번에서 '알림 표시 없이 자동 연결 업데이트 안 함' 확인 메시지가 나타나도록 설정 하시오.

❶ [데이터] 탭–[연결] 그룹–[연결 편집] 명령 단추를 클릭합니다.

❷ 〈시작할 때 확인 메시지 표시〉를 클릭합니다.

❸ '알림 표시 없이 자동 연결 업데이트 안 함'을 체크 표시한 후 〈확인〉을 클릭합니다.

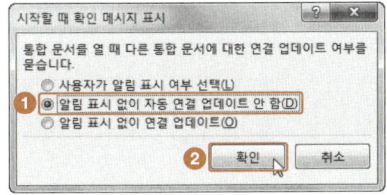

❹ 〈닫기〉를 클릭합니다.

24. 다음과 같은 콤보 차트를 삽입하시오.

가로 축	3사분기(기본 축)	4사분기(보조 축)
부서	누적 세로 막대형	누적 꺾은선형

❶ [A3:A7] 영역을 선택합니다.

❷ Crtl 을 누르면서 [D3:E7] 영역을 선택합니다.

❸ [삽입] 탭–[차트] 그룹–[콤보 차트 삽입] 명령 단추를 클릭합니다.

❹ '사용자 지정 콤보 차트 만들기'를 선택합니다.

❺ '3사분기 : 누적 세로 막대형, 4사분기 : 누적 꺾은선형'으로 설정합니다.

❻ '4사분기'의 보조 축에 체크 표시를 한 후 〈확인〉을 클릭합니다.

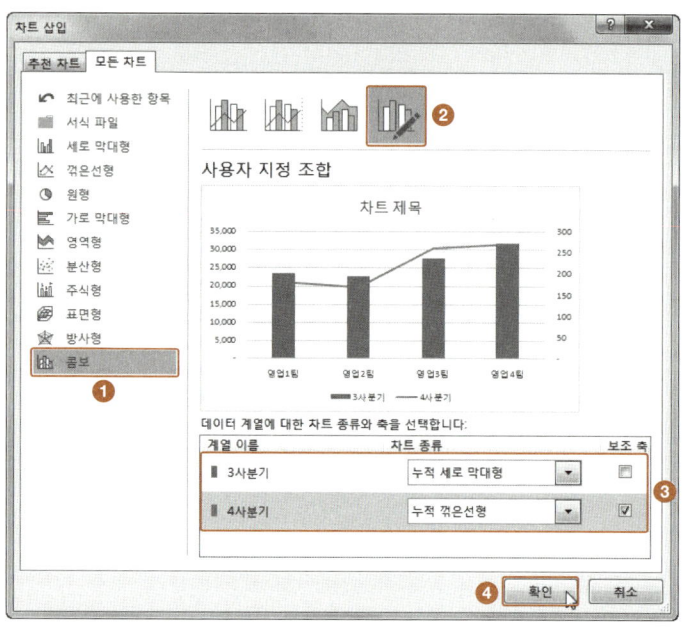

25. 축 값을 다음과 같이 설정하시오.

기본 축	보조 축
최소값 : 0, 최대값 : 33,000	최소값 : 0, 최대값 : 330

❶ 기본 축 위에서 마우스 오른쪽 단추를 클릭한 후 '축 서식'을 선택합니다.

❷ '최소값 : 0, 최대값 : 33,000'으로 설정합니다.

❸ 보조 축 위에서 마우스 오른쪽 단추를 클릭한 후 '축 서식'을 선택합니다.

❹ '최소값 : 0, 최대값 : 330'으로 설정합니다.

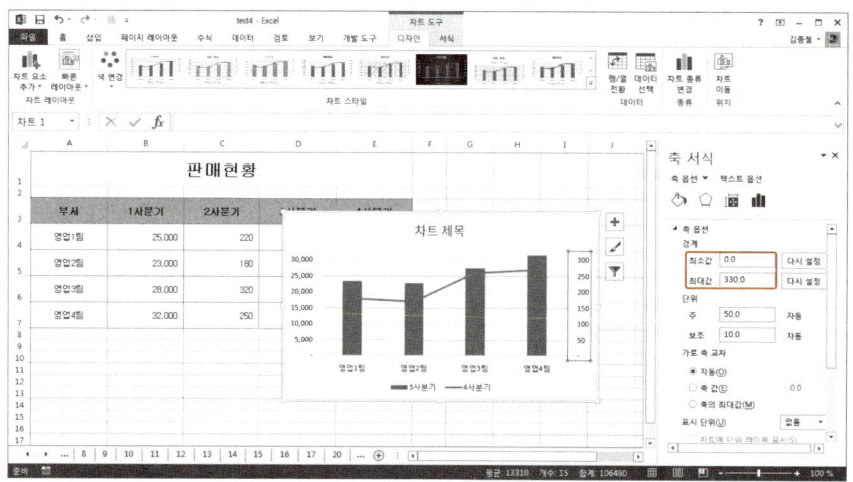

저자 김종철(kjc006@nate.com)

- 현 (주)모자이크아이씨티 CEO
- 전 삼육의명대학 컴퓨터정보과 겸임교수
- 2005년도 평생교육강사대상 수상(한국평생교육강사연합회)
- 한국표준협회 / 삼성에듀 튜터
- MOS Master / ICDL Certificate / ICDL Korea 공인강사
- EBS ICDL / 11번가 쇼핑몰 창업 강의

주요저서

- MOS 2013 Word, Excel, Powerpoint(성안당)
- MOS 2000/2002/2003(18권) 집필(길벗 시나공)
- CDL 2003/2010 Word, Excel, PPT, Access 집필(길벗 시나공)

MOS 엑셀 2013 Expert 1, 2

2017. 4. 14. 1판 1쇄 인쇄
2017. 4. 20. 1판 1쇄 발행

지은이 | 김종철
펴낸이 | 이종춘
펴낸곳 | **BM** 주식회사 **성안당**
주소 | 04032 서울시 마포구 양화로 127 첨단빌딩 5층(출판기획 R&D 센터)
      | 10881 경기도 파주시 문발로 112 출판문화정보산업단지(제작 및 물류)
전화 | 02) 3142-0036
      | 031) 950-6300
팩스 | 031) 955-0510
등록 | 1973. 2. 1. 제406-2005-000046호
출판사 홈페이지 | **www.cyber.co.kr**
ISBN | 978-89-315-5447-2 (13000)
정가 | 17,000원

저자와의
협의하에
검인생략

이 책을 만든 사람들

기획 | 최옥현
진행 | 최창동
교정·교열 | 인투
전산편집 | 인투
표지 디자인 | 박현정
홍보 | 박연주
국제부 | 이선민, 조혜란, 김해영, 고운채, 김필호
마케팅 | 구본철, 차정욱, 나진호, 이동후, 강호묵
제작 | 김유석